볼로냐 협약의 집행성과

Evaluation of Bologna Process Implementation

남궁근 · 김상묵 · 김소영 · 손명구

Keun Namkoong Sangmook Kim Soyoung Kim MyoungKoo Sohn

法 文 社

이 저서는 2010년도 정부재원(교육과학기술부 인문사회연구역량강화사업비)으로 한국연구재단의 지원을 받아 연구되었음(NRF-2010-32A-B00246)

서 문

이 책의 목적은 1999년 유럽연합 29개 국가가 참여하여 2010년까지 유럽고등교육권역(EHEA)을 구축하고자 한 볼로냐 협약의 집행과정과 성과를 살펴보는 것이다. 이 책에서는 1단계 목표 기간인 2010년이 경과한 시점에서 협약의 주요 영역별로 집행과정과 성과를 점검하고 평가하고자 한다. 볼로냐 협약 이후 매 2년 마다 교육부장관 회의가 개최되어 볼로냐 협약의 집행성과를 점검하는 한편 새로운 과제들이 추가되었다. 즉, 소르본느 선언(1998년)과 볼로냐 협약(1999년) 이후 프라하 회의(2001년), 베를린 회의(2003년), 베르겐 회의(2005년), 런던 회의(2007년), 루밴 회의(2009년)에 이르기까지 유럽고등교육권역 국가의 교육장관 회의에서 기존과제들의 집행과정을 모니터링하고 새로운 의제가 추가되었다. 2012년에 발간된 집행보고서에서는 볼로냐 협약의 주요과제를 학제개편, 고등교육의 질 보장, 고등교육 기회균등, 고등교육 성취수준과 취업, 평생학습, 국제교류 등 여섯 가지 범주로 구분하였다.

이 책은 제1부 볼로냐 협약의 맥락과 제2부 영역별 집행성과 분석으로 구성되었다. 제1부에서는 제1장 볼로냐 협약의 추진과정, 제2장 집행성과 분석의 틀을 다루었다. 제2부는 제1장 학제개편, 제2장 고등교육의 질 보장, 제3장 고등교육 기회균등, 제4장 고등교육성취수준과 취업, 제5장 평생교육, 제6장 국제교류, 제7장 분야별 성과요약 및 향후과제 등 7개 장으로 구성되었다. 즉, 2012년에 발간된 집행보고서의 여섯 가지 범주 구분에 따라 각 장별로 영역별 집행성과를 분석하였고 마지막 7장에서 집행성과를 종합적으로 요약하고 향후과제를 간략하게 제시하였다. 유럽의 고등권역을 하나의 지식공동체로 통합하고자 하는 볼로냐 협약의 목표는 분야별로 차이는 있지만 일정한 성과를 거두었다. 볼로냐 협약의 집행을 통하여 유럽고등교육의 매력은 상당히 증가하였지만 볼로냐 선언에서 명시한 목적들이 완전히 달성될 수 있도록 앞으로도 협약과제들이 지속적으로 추진되어야 할 것이다.

이 책은 한국연구재단의 2010년 기초연구 인문사회 일반연구지원사업의 연구비지원과제인 '경쟁력 제고를 위한 유럽연합(EU)의 대학개혁 정책 평가'(NRF-2010-32A-B00246)의 연구결과를 토대로 한 것이다. 연구결과의 일부는 '유럽연합의 대학개혁'(법문사, 2014.2.25 출판)으로 이미 발간되었으므로, 이 책은 그 후속편에 해당한다. '유럽연합의 대학개혁'에서는 대학개혁과 고등교육거버넌스 개혁에 초점을 맞추어, 주요국가의 사례를 심층적으로 다루고자 하였다. 이와 대조적으로 이 책에서는 유럽고등교육권역(EHEA) 전반에서 이루어진 볼로냐 협약의 집행성과를 점검하고 평가하고자 하였다. '유럽연합의 대학개혁'과 이 책의 내용이 중복되지 않도록 최대한 노력하였으나, 독자들이 볼로냐 협약의 맥락을 이해할 수 있도록 돕기 위하여 불가피하게 겹치는 부분이 있으므로 양해를 구하고자 한다.

이 책의 집필진은 연구과제의 연구책임자 남궁 근, 공동연구원인 김상묵 교수, 김소영 교수, 그리고 손명구 박사이다. 공동연구자 가운데 노종호 교수가 개인적인 사정으로 최종집필과정에 참여하지 못하여 아쉽게 생각한다. 이 기회에 2년에 걸쳐 귀중한 연구비를 지원해 준 한국연구재단에 다시 한번 감사드린다. 이 책의 출판과정에서 도표작성 및 교정 작업에 도움을 준 총장 비서실의 전현기 선생과 이경미 선생에게 감사드린다. 깔끔한 편집을 위하여 애써준 법문사 편집부의 예상현 과장과 영업부 장지훈 차장 및 정해찬 선생에게도 감사드린다.

2014년 8월 저자들을 대표하여

남궁 근 씀

차 례

제1부 볼로냐 협약의 맥락

제2부 영역별 집행성과 분석

PART

I

볼로냐 협약의 맥락

제1장 볼로냐 협약의 과정과 내용

Ⅰ. 서　론

이 책의 목적은 1999년 유럽연합 29개 국가가 서명한 볼로냐 협약의 집행과정과 성과를 살펴보는 것이다. 볼로냐 협약에서는 2010년까지 유럽고등교육권역(EHEA)을 구축한다는 정책목표를 설정하고, '교육의 질 보장', '학위구조 개편', '학점교환시스템 채택', '학생과 교직원 교류 확산'을 주요과제로 추진하기로 하였다. 이 책에서는 1단계 목표 기간인 2010년이 경과한 시점에서 협약의 주요 영역별로 집행과정과 성과를 점검하고 평가하고자 한다.

유럽고등교육권역(EHEA) 창설 요청은 유럽의 교육문제에 관하여 국가적 주권을 뛰어넘는 패러다임 전환과도 같은 획기적인 일이었다. 유럽에서 교육문제는 전통적으로 국가별 주권적 책무성이 보장되는 영역, 즉 교육 분야의 정책입안과 규제는 주권국가의 책임이었다(남궁 근 외, 2014: 257-258; Thompson, 2011). 이러한 상황에서 볼로냐 협약의 서명국가들이 국가를 초월한 협약에 합의한 것은 유럽 고등교육에서 역사적 전환점이 된 것이다.

볼로냐 협약 이전에 유럽의 교육통합을 추진하게 된 주체는 유럽연합(European Union)이라고 볼 수 있다(Thompson, 2011). 유럽연합은 1987년에 ERASMUS 프로그램을 시작하였고, 1995년에는 대학간 계약을 통하여 학생교류에서 대학기관들이 직접 관여할 수 있도록 하였다. 유럽교육협력 프로그램, 특히 ERASMUS 프로그램은 볼로냐과정의 목표와 일치하게 되었고, 2001년 프라하 회의에서 정식으로 승인되기에 이르렀다.

Thompson(2011)은 볼로냐 협약의 기원을 Attali위원회가 프랑스 정부를 위해 작성한 Attali보고서에서 찾을 수 있다고 보았다. 이 보고서는 1997년 프랑스 교육장관 Claude Allèegre에게 제출한 보고서인데, 당시 프랑스 대학이 직면한 세 가지 과제는 첫째 대학 수요 증가, 둘째 연구 분야의 다양성, 셋째 지속적으로 증가하는 대학 비용인 것으로 규정하였다. 또한 프랑스 고등교육이 장차 나아갈 방향은 유럽 대학의 모델을 제공하는 것으로 결론을 맺었다. 다시 말하면 그 보고서는 프랑스 대학교육이 직면하는 과제들에 대한 해결방안을 전반적인 유럽고등교육의 조화에서 찾아야 한다고 강조하였다. 또한 그 보고서는 고등교육이 비용지불능력을 가진 사람들만 대학에 입학하고, 재정적 보상을 거둘 수 있는 프로그램들만 제공되는 시장경쟁의 방향으로 나아갈 때, 그에 수반되는 사회적 위험성 또한 크다고 지적하였다. 아울러 유럽연합 회원국가 국민들이 취득한 학위의 가치에 관한 비교가능성이 없을 경우에는 재화, 서비스, 인력의 이동도 가능하지 않을 것이라고 주장하였다.

1998년 5월 소르본느대학 개교 800주년을 기념하기 위하여 프랑스 대학총장협회의 지원으로 프랑스, 독일, 이탈리아, 영국 교육장관들이 초대되었다. 소르본느 선언은 유럽에서 고등교육의 잠재적 매력은 대학 학위 및 교육시스템의 '쉽게 이해하기'(readability)에 달려 있다고 강조하면서 유럽 고등교육 시스템 구축의 조화를 요청하였다. 소르본느 선언은 학 · 석사 2단계 시스템의 필요성을 명확하게 제시하였다.

이 장은 이 책 전체의 서장에 해당되는 것으로 볼로냐 협약의 추진 과정과 주요 내용을 개관하기로 한다. 제2절에서는 1998년 소르본느 선언이 직접적인 계기가 되어 시작된 1999년 볼로냐 협약 이후 매 2년마다 개최되었던 유럽고등교육권역(European Higher Education Area) 국가의 교육장관 회의의 주요 의제와 결정사항을 살펴보기로 한다. 제3절에서는 2012년 시점에서 정리된 볼로냐 협약의 주요 내용을 여섯 가지 범주, 즉 학제개편, 고등교육의 질 보장, 고등교육 기회균등, 고등교육 성취수준과 취업, 평생학습(또는 평생교육), 국제교류로 구분하여 개관하기로 한다. 이러한 여섯 가지 범주별로 제2부에서 볼로냐 협약의 집행성과를 살펴볼 것이다.

Ⅱ. 볼로냐 협약의 추진경과

여기에서는 볼로냐 협약의 계기가 소르본느 선언(1998년)과 볼로냐 협약(1999년)에 이어 매 2년마다 개최된 프라하 회의(2001년), 베를린 회의(2003년), 베르겐 회의(2005년), 런던 회의(2007년), 그리고 루밴/루뱅-라-뇌브 회의(2009년)의 핵심과제를 회의 당시의 선언문(communiqué)을 중심으로 살펴보겠다.[1)]

1. 소르본느 선언(1998년)

볼로냐 협약의 직접적 계기가 된 소르본느 선언[2)]에서는 지식에 대하여 하나의 유럽이 형성되어야 한다는 점이 강조되었다. 중요한 전환기에 유럽 차원에서 지적, 문화적, 사회적, 기술적 측면에서 중요한 역사적 진전이 이루어져야 한다는 것이다. 지식에 대하여 하나의 유럽을 형성하는 과정에서 유럽 대학들이 주도적 역할을 지속적으로 수행하여야

---

1) 여기에서 기술하고자 하는 내용은 이 책의 자매편인 유럽연합의 대학개혁(법문사, 2014: 3-23) 제1부 제1장 대학개혁정책의 역사적 배경과 현황 가운데 'I. 유럽고등교육 개혁정책'과 일정 부분 중복된다. 그러나 이 책만을 읽는 독자들을 위하여 다소 중복되는 것을 무릅쓰고 소개하였다. 중복을 최대한 피하기 위하여 자매편에서 간략하게 소개된 볼로냐 협약과 베를린 회의에 관하여는 보다 상세하게 소개하고자 하였고, 그 책에서 다루지 않았던 소르본느 선언, 베르겐 회의(2005년), 런던 회의(2007년)에 관하여 비교적 상세하게 소개하였다. 한편 그 책에서 비교적 상세하게 다루었던 프라하 회의(2001년)와 루밴/루뱅-라-뇌브 회의(2009년)에 관하여는 간략하게 소개하기로 한다.

2) Joint Declaration on Harmonisation of The Architecture of The European Higher Education System by the four Ministers in charge for France, Germany, Italy and the United Kingdom. Paris, the Sorbonne, May 25 1998.

한다고 선언하였다. 소르본느 선언의 핵심 과제는 다음과 같다.

1) 지식에 대하여 하나 되는 유럽
2) 학생 및 교직원들의 학술교류
3) 학위 및 학제 전반적 틀의 점진적 조화
4) 유럽학점교류시스템(ECTS)과 같은 학점체계 확립

Croché(2009)는 소르본느 선언을 다음과 같은 두 가지 시각으로 바라볼 수 있다고 보았다. 첫째, 공격적인 측면, 즉 글로벌 고등교육 시장에서 미국 대학들과 경쟁할 수 있도록 유럽국가의 교육시스템을 강화하려는 전략이라고 보는 시각이다. 1990년대 초반에 미국에서 공부하는 유럽인의 숫자가 유럽에서 공부하는 미국인의 숫자보다 처음으로 많아졌고, 이러한 상황을 유럽에서 심각한 위협으로 받아들였다고 한다(Charlier & Croché, 2008: 10). 그러므로 주요 유럽국가들이 왜 미국보다 유럽 고등교육의 매력이 뒤쳐지는지 살펴보고 대책을 마련하고자 했다는 것이다. 둘째, 방어적인 측면, 즉 유럽연합 산하 기관들을 배제하면서 배타적인 국가 책무로서의 고등교육을 유지할 수 있는 협력방식을 구축하기 위한 것이라는 시각이다.

1998년 5월 소르본느에서 개최된 4개국(프랑스, 영국, 이탈리아, 독일) 교육부 장관들의 국가간 협력에 관한 협정의 결과로써 29개국 교육부 장관들이 1999년 볼로냐 회의를 개최하게 된다. 그 주도자인 프랑스 교육부 장관 Claude Allègre는 볼로냐 협약의 핵심 주도그룹에서 유럽위원회(European Commission)를 명시적으로 제외시키고자 하였다. 그러나 유럽위원회는 소르본느 모임에서 옵저버 자격을 가질 수 있도록 Claude Allègre에게 강력하게 요청하였다. 유럽공동체 역사의 처음부터 고등교육부문은 유럽공동체 의사결정자들의 이해관계가 복잡하게 얽힌 문제였으며, 또한 1960년대 이래 유럽위원회는 유럽 고등교육시스템들이 서로 긴밀하게 협력하도록 노력하여 왔기 때문에 유럽위원회를 제외시킨다는

것은 상상할 수 없는 것이었다. 이러한 측면에서 볼로냐 협약은 소르본느 선언을 주도한 4개국이 유럽연합 기관들을 배제한 채 배타적인 국가 책무로서의 고등교육을 유지하고자 하는 협력체 구축에는 실패하고, 유럽위원회가 계속 관여하는 연장선상에서 이루어진 것이라고 볼 수 있다. 그렇지만 글로벌 고등교육 시장에서 미국 대학들과 경쟁하도록 준비하기 위하여 유럽 국가들의 교육시스템을 강화하고자 하는 강력한 전략의 기회라는 기조는 유지한 것으로 이해할 수 있다.

여기에서 보다 주목해야 할 부분은 다음과 같다. 프랑스 교육장관 Claude Allègre가 주도적인 역할을 담당했던 소르본느 선언의 핵심인 "유럽에서 전반적인 교육의 틀을 점진적으로 조화시켜야 한다고 강조하는 유럽 고등교육 시스템 구축의 조화"는 볼로냐 협약에서 제외되었다. 그 대신 29개 교육장관들의 서명으로 고등교육시스템의 보다 큰 '비교가능성과 양립가능성'을 보장하겠다는 것으로 결론이 내려진 것이다. Croché(2009)에 따르면 볼로냐 협약에서 이 부분이 문제되지 않았다고 한다. 그 이유는 볼로냐 협약 서명국들에게 '조화'(harmonise)라는 용어를 사용함으로써 각국의 교육주권을 해칠 가능성보다는 '유럽고등교육권역'(EHEA)이라는 개념이 국가별로 용인 가능하기 때문이었다. 그래서 유럽연합의 대학개혁은 '조화'(harmonise)가 아니라 '유럽고등교육권역'(EHEA) 개념을 적용하여 각국의 특수성을 허용하면서 출발하게 되었다.

2. 볼로냐 협약(1999년)

1999년 볼로냐 회의는 이탈리아 교육부 장관이 소르본느 선언의 후속조치 회의를 다른 유럽연합 회원국가의 교육부 장관들에게 개방하고 초청하면서 이루어지게 되었다(Garben, 2010). 1999년 볼로냐 선언[3]에서

3) Joint declaration of the European Ministers of Education, The Bologna Declaration of 19 June 1999.

도 소르본느 선언에서 언급이 되었던 지식에 대한 하나의 유럽이 강조되었다. 그 수사(修辭) 역시 더욱 풍부해져 지적, 문화적, 사회적, 과학적, 그리고 기술적인 차원에서 지식에 대한 하나의 유럽이 강조되었다. 유럽연합 시민들의 교류와 취업가능성을 촉진시킬 수 있는 핵심적 방식으로 유럽 고등교육 시스템의 조화가 아니라 고등교육의 유럽권역 구축(the creation of the European area of higher education)이 언급되었다. 유럽고등교육권역의 구축을 지속적으로 추진할 수 있도록 '보다 큰 비교가능성과 양립가능성'이 강조되었다. 아울러 볼로냐 선언문에서는 유럽 고등교육 시스템의 국제 경쟁력 증진이라는 목적도 특별히 강조되었다. 볼로냐 선언문에서 합의한 여섯 가지 핵심과제는 다음과 같다.

1) 쉽게 이해되고 비교가능한 학위체제 채택
   목적: 유럽 시민들의 취업가능성과 유럽고등교육 체제의 국제 경쟁력 제고
   수단: 학위 설명자료(Diploma Supplement)
2) 공통의 2단계 학위체제 도입
   *2단계 학위체제 용도/목적
   - 1단계 학위 체제(학사): 유럽 노동시장에서의 취업자격 부여(최소3년)
   - 2단계 학위 체제(석/박사): 유럽지역 내에서 석/박사 학위 취득
3) 유럽학점교류시스템(ECTS)과 같은 학점체제 구축
   * 학점체제 구축목적: 학생 교류 촉진 수단
   * 평생학습을 통한 학점 취득 가능(고등교육과 평생교육 연계)
4) 학술교류 촉진(학생/교직원)
5) 유럽 질 보장 협력 촉진(비교 가능한 기준과 방법론 개발 관점에서)
6) 차별적인 유럽만의 고등교육 특성 확보
   * 커리큘럼 개발, 기관 간 협력, 교류 계획, 통합 연구 및 교육훈련 프로그램 등

Thompson(2011)은 볼로냐 선언의 여섯 가지 항목을 다음과 같이 재정리하였다. 또한 볼로냐 협약에서는 여섯 가지 핵심과제를 달성하기 위한 수단으로 유럽학점교류시스템(ECTS)과 학위 설명자료(Diploma Supplement)의 필요성이 언급이 되었다고 강조한다.

1) 유럽 고등교육 시스템은 투명하고 이해하기 쉬운 것이 될 것이며 2단계 학위 체계(학사/석사)로 구성될 것이다.
2) 유럽고등교육권역(EHEA)의 일부 지역에서 취득한 학위/졸업장은 EHEA의 다른 지역에서도 진학 및 취업 모두에서 동일하게 인정받게 될 것이다.
3) 졸업생들은 유럽 노동시장 전 지역에서 취업이 가능할 것이다.
4) 학생과 교원들은 EHEA 내에서 자유로운 이동이 가능할 것이고 또한 이런 기회를 효과적으로 활용할 수 있을 것이다.
5) 평생학습은 더 이상 고등교육과 분리되지 않을 것이다. 즉 평생학습을 통하여 취득한 지식과 기술은 학위/자격으로 다듬어질 것이고 고등교육 과정의 모듈들을 평생학습자들이 효과적으로 활용할 것이다.
6) 세계시장은 유럽 고등교육을 추구하게 될 것이다.

3. 프라하 회의(2001년)

볼로냐 협약서명 2년 후인 2001년에 볼로냐 협약을 진전시키고 구체화하기 위하여 교육장관들은 프라하 회의를 갖게 되었다. 프라하 회의[4]에는 32개국이 서명에 참여하게 된다. 프라하 회의에서는 다양한 형태의 학술교류의 중요성과 추진 노력의 필요성이 재확인되었다. 또한 볼로냐 협약 이행과정에서 유럽위원회(European Commission)의 건설적인

4) Towards The European Higher Education Area, Communiqué of the meeting of European Ministers in charge of Higher Education in Prague on May 19th 2001.

지원이 확인되었고 2단계 학위체제 이행이 대부분의 국가들에서 다루어졌음이 확인이 되었다. 아울러 질 보장 노력, 초국가적 차원의 교육, 평생학습의 필요성이 언급되었다. 프라하 회의에서는 다음과 같은 아홉 가지 핵심과제가 다루어졌다.[5] 처음 여섯 가지 과제는 기존 볼로냐 협약과 관련된 것이고, 마지막 세 가지 과제는 추가로 강조된 사항이다.

1) 쉽게 이해되고 비교가능한 학위체제 도입
2) 공통의 2단계 학위체제 도입
3) 학점체제 확립
4) 학술교류 촉진(볼로냐 선언 여섯 가지 과제 가운데 가장 중요한 것임을 재확인)
5) 교육의 질 보장을 위한 유럽 차원의 협력 증진
6) 차별적인 유럽만의 고등교육 특성 강조

추가된 세 가지 과제는 다음과 같다.

7) 평생학습
8) 고등교육기관과 학생의 적극적 참여
9) 유럽고등교육권역(EHEA)의 매력 증진

4. 베를린 회의(2003년)

볼로냐 협약 서명 4년 후인 2003년 베를린 회의가 개최되어 협약 진행사항을 점검하였다. 베를린 회의의 서명국은 33개국으로 증가하였다. 베를린 회의[6]에서는 볼로냐 협약과 관련하여 사회적 차원의 중요성을 재확인하였다. 고등교육의 경쟁력 제고가 유럽고등교육권역(EHEA)의 사

5) 각 과제에 관한 비교적 상세한 소개는 이 책의 자매편인 유럽연합의 대학개혁(2014, 남궁근 외) 5–9쪽 참조.

6) "Realising the European Higher Education Area", Communiqué of the Conference of Ministers responsible for Higher Education in Berlin on 19 September 2003.

회적 특성, 즉 유럽 사회의 특징을 향상시키는 방향이 되어야 한다고 강조되었다. 이는 소르본느 선언부터 이면에 담고 있었던 글로벌 고등교육 시장에서 미국 대학들과 경쟁하기 위하여 유럽 국가들의 교육시스템을 강화하려는 의도가 계속 강조된 것으로 이해할 수 있다. 또한 소르본느 선언에서 핵심으로 언급된 '유럽 고등교육시스템의 조화'의 또 다른 수식어인 것을 확인할 수 있다.

베를린 회의에서는 고등교육과 연구체계들과의 긴밀한 연계를 통하여 유럽의 지식기반을 강화시키기 위하여 유럽고등교육권역(EHEA)과 유럽연구권역(European Research Area: ERA) 간의 시너지 역할이 강조되었다. 추가 조치사항으로는 볼로냐 협약에서의 2단계 학위 체계(학사/석사) 구축을 넘어서 3단계 학위체계(학-석-박사)가 포함되어야 할 필요성이 논의되었다. 베를린 회의에서 다루어진 핵심과제들을 구체적으로 살펴보기로 하겠다.

1) 쉽게 이해되고 비교가능한 학위체제 도입

쉽게 이해되고 비교가능한 학위체제의 정착을 위하여 2005년도부터 졸업하는 모든 학생들은 자동적으로 무료로 학위 설명자료(Diploma Supplement)를 받게 되고, 이 자료는 가장 널리 활용되는 영어로 발행되어야 한다는 목표를 설정하였다. 또한 취업 장려와 대학원 진학을 독려하기 위하여 개선된 고등교육 학위체제의 투명성과 유연성을 충분하게 활용할 수 있도록 유관 기관들과 고용주들이 학위 설명자료를 활용할 것을 당부하였다.

2) 공통의 2단계 학위체제 도입

2005년도에는 2단계 학위체제가 정착되어야 한다고 다짐하였다. 이미 이루어진 진척사항을 공고화시키며, 아울러 기관 내에서, 기관과 고용주 사이의 대화를 강화함으로서 새로운 자격들에 대한 이해와 수용성을 향상시켜야 한다고 강조되었다. 회원국들에게 자국의 고등교육체계에 대하여 비교가능하고 양립가능한 틀을 구축하는 데 정성을 기울이도록 촉구하였다. 이 틀에서는 학업 량, 학업 수준, 학습 결과, 역량과 프로필 측면에서 자격을 기술하도록 노력해야 한다고 강조하였다. 무엇보다 중요한 유럽고등교육권역(EHEA) 자격 틀에 정성을 기울이기로 하였다.

이러한 틀 내에서 학위가 차별적으로 정의되어야 한다는 것이다. 즉 1단계 학위(학사)와 2단계 학위(석사)는 개인적, 학문적, 그리고 노동 시장 요구의 다양성을 수용하기 위하여 다양한 프로필과 차별적 지향성을 가져야 한다. 리스본 협약의 의미에서 1단계 학위는 2단계 학위로 진학할 수 있는 통로가 되어야 하고, 2단계 학위는 3단계 학위인 박사과정으로 진학할 수 있는 통로가 되어야 한다. 또한 단기적인 고등교육이 유럽고등교육권역(EHEA) 자격 틀의 1단계 학위체제와 연계될 수 있는지 검토하도록 하였다. 한편 고등교육은 모든 사람이 능력에 기초하여, 모든 적절한 수단을 통하여 동등하게 접근할 수 있도록 하는 것이 중요하다고 강조하였다.

3) 학점체제 구축

장관들은 학생교류와 국제적 커리큘럼 개발을 촉진함에 있어 유럽학점교류시스템(ECTS)이 가지는 역할의 중요성을 강조하였다. 또한 ECTS가 국가별 학점체계의 일반화된 기반이 되어가고 있음에 주목하였다. 향후 유럽고등교육권역(EHEA)내에서 학점체계가 일관되게 적용될 수 있도록 ECTS는 학점 이전체제뿐 아니라 학점 누적체제가 된다는 목표를 가지고 추진할 것을 요청하였다.

4) 학술교류 촉진

학생과 교직원들의 학술교류는 유럽고등교육권역(EHEA)을 구축하기 위한 기초단계이다. 장관들은 학술교류가 학문적, 문화적, 정치적, 사회적, 그리고 경제적으로 중요하다고 강조하였다. 또한 유럽고등교육권역(EHEA)내에서 교류에 대한 장애물들을 제거하기 위하여 모든 노력을 기울여야 한다고 재확인하였다. 학생교류 촉진수단으로 장관들은 국가 대부금과 보조금(loans and grants)의 이동이 가능하도록 필요한 조치를 취하기로 하였다.

5) 유럽 질 보장 협력 촉진

고등교육의 질이 유럽고등교육권역(EHEA) 구축에서 핵심과제인 것이 증명이 되었다. 장관들은 기관, 국가, 유럽 차원에서 질 보장의 심층적 발전을 지원하기로 하였다. 이에 따라 질 보장에 관하여 상호 공유된 기준과 방법론을 개발할 필요성이 강조되었다. 고등교육기관 자치원칙과 일관된 질 보장이 강조되었고, 고등교육에서 질 보장에 대한 주요책임은 각 고등교육기관 자체에 달려 있으며 이것은 국가 질 보장기준 내에서 대학체제의 실질적인 책무성의 기초를 제공하는 것이다. 그러므로 2005년경 국가 질 보장 체제는 다음과 같은 것들이 포함되어야 한다고 보았다.

- 해당 기구와 기관들의 책임 정의
- 내부 진단, 외부 평가, 학생들의 참여와 결과물 간행을 포함한 프로그램 또는 기관 평가
- 인증, 증명, 혹은 비교 가능한 절차에 대한 체제
- 국제적 참여, 협력과 네트워킹

유럽수준에서 질 보장과 인증기관에 대한 적절한 동료평가 체제를 보장하는 방식을 탐색하고, 질 보장에 관한 합의된 일련의 기준, 절차와

지침을 개발하기 위하여 유럽대학협회(European University Association: EUA), 유럽 고등교육 기관 협회(European Association of Institutions in Higher Education: EURASHE), 유럽학생정보기관(European Student Information Bureau: ESIB)들과 협력하여 회원국들을 통한 유럽교육품질보장네트워크(European Association for Quality Assurance in Higher Education: ENQA)의 협력을 요구하였다.

6) 차별적인 유럽만의 고등교육 특성 강조

차별적인 유럽만의 고등교육 특성의 구축이 다시 주목을 받았다. 여기에는 프라하 회의에서 논의된 유럽만의 모듈, 과정들, 그리고 커리큘럼들이 포함된다. 장관들은 유럽의 정체성, 시민권과 취업 가능성의 잠재력을 온전히 달성하기 위하여 언어의 다양성, 그리고 언어학습을 적절하게 제공할 뿐만 아니라 공동학위과정에서 실질적인 해외연구기간을 보장할 필요성을 강조하였다. 장관들은 국가수준에서 공동학위과정으로 이끌어주는 통합 커리큘럼의 질을 충분하게 보장 · 개발하는 것을 적극적으로 지원하고, 그러한 학위 인증과 구축에 대한 법적 장애물을 제거하기로 합의하였다.

7) 평생학습

장관들은 평생학습이 실현되는 데 고등교육의 기여가 중요하다고 강조하였다. 또한 이 목표를 실현하기 위하여 국가 정책들을 조율하는 조치를 취하기로 하였다. 그리고 고등교육 수준에서 고등교육기관들과 관련 이해관계자들 모두에게 기존 학습의 인정을 포함하여 평생학습 가능성을 고양시키도록 촉구하였다. 이러한 모든 조치들은 고등교육 활동의 일부로 통합되어야 한다고 강조되었다. 유럽고등교육권역(EHEA)의 자격기준에서 그러한 노력들이 유연한 학습 경로, 학습기회, 그리고 학습기법들을 포함시키고 아울러 유럽학점교류시스템(ECTS)을 적절하게 활용할 것을 요구하였다. 또한 개인의 열정과 능력에 따라 고등교육 내에서 평생학습경로를 따르고자 하는 모든 시민들에게 기회를 향상시켜 줄 필요성이 강조되었다.

8) 유럽고등교육권역(EHEA) 구축에 고등교육기관과 학생의 적극적 · 건설적 참여

장관들은 고등교육기관들과 학생들이 볼로냐 협약에 참여하는 것을 환영하고, 모든 파트너들의 적극적인 참여가 궁극적으로 장기적인 성공을 보장하게 된다고 보았다. 또한 고등교육기관들이 기관 내부 조직과 행정에 관한 의사결정을 할 수 있도록 권한을 위임받을 필요가 있다고 인정하였다. 볼로냐 협약에서의 학생 조직의 건설적인 참여에 주목하고 학생들을 심화 활동의 초기 단계부터 지속적으로 관여시켜야 한다고 강조하였다. 학생들이 고등교육 거버넌스에서 중요한 파트너이므로 유럽고등교육권역(EHEA) 국가들이 학생참여를 보장하는 적절한 법적 조치들을 마련해야 한다는 것이다. 장관들은 고등교육관련 기관과 학생조직들이 고등교육 거버넌스에서 실질적인 학생 참여를 증가시키는 방법들을 확인하도록 요구하였다.

9) 유럽고등교육권역(EHEA)의 매력 증진

장관들은 유럽 고등교육이 개방되어야 하고 매력이 강화되어야 한다는데 동의하였다. 또한 제3국가 출신 학생들을 위한 심화 학문 프로그램을 개발하여야 한다고 요청하였다. 장관들은 고등교육에서 초국가적 교류는 학문의 질과 학문적 가치의 기반 하에서 관리되어야 한다고 선언하였다. 세계의 다른 지역에 있는 대표자들에게 볼로냐 세미나와 회의를 개방함으로써 협력을 이끌어낼 것을 요청하였다.

5. 베르겐 회의(2005년)

2010년도를 향한 목표 및 우선순위 설정과 중간평가를 위하여 2005년에 베르겐 회의[7]가 개최되었다. 이 회의에서는 아르메니아, 아제르바이잔, 조지아, 몰도바, 우크라이나가 새로 서명국으로서 참여하게 되어 45개국이 참여하게 되었다. 베르겐 회의에서는 볼로냐 협약 참여 파트너십 강화가 강조되었다. 고등교육기관, 학생과 교직원뿐만 아니라 비즈니스를 대표하는 조직들과 사회적 파트너들의 참여와 지원, 그리고 볼로냐 협약 이행 과정에서의 파트너 조직들과 각종 국제조직들의 기여를 적극 환영한다고 천명하였다. 베르겐 회의에서 다루어진 주요 사항은 다음과 같다.

1) 학위체제

장관들은 2단계 학위 체제가 대부분 정착되고 있음을 확인하였지만, 여전히 학위체제 사이에 장애물이 존재한다고 보았다. 또한 학사 졸업생들의 공직 내의 적절한 직위를 포함한 취업 가능성을 증가시키기 위하여 정부, 고등교육기관, 사회적 파트너들 사이에 보다 고위급의 대화가 필요하다고 보았다. 이 회의에서는 3단계 학위체제(국가 맥락에서, 중간 자격의 가능성을 포함하여) 각 단계에서의 학습 성과와 역량, 그리고 1-2단계 학위 체제에서의 학점 범위에 근거한 일반적 서술을 포함하여 EHEA의 가장 중요한 자격기준(Qualification Frameworks-EHEA)을 채택하였다. 또한 2007년경에 시작하여 2010년도까지 가장 중요한 EHEA 자격기준과 양립가능한 국가 자격기준에 정성을 기울이기로 하였다. 가장 중요한 EHEA 기준, 일반 교육을 포함한 보다 광범위한 평생학습 자격기준, 직업교육, 그리고 유럽 연합에서 개발 중인 교육훈련뿐 아니라

7) The European Higher Education Area-Achieving the Goals, Communiqué of the Conference of European Ministers Responsible for Higher Education, Bergen, 19-20 May 2005.

참여국들이 개발 중인 교육훈련 사이에 상호보완성(complementarity)이 보장되어야 한다고 강조되었다.

2) 질 보장

대부분의 국가들은 긴밀한 협력과 네트워킹으로 베를린 회의에서 설정된 기준에 근거한 질 보장 체제를 준비하였다. 그러나 학생참여 및 국제협력과 관련하여 여전히 이루어져야 할 진전사항이 있었다. 더욱이 장관들은 고등교육기관들에게 체계적인 내부 메커니즘 도입과 외부 질 보장과의 직접적인 상호관계를 통한 활동의 질을 향상시키는 노력이 계속되어야 한다고 촉구하였다. 장관들은 유럽교육품질보장네트워크(ENQA)에 의하여 제안된 EHEA의 질 보장 기준과 지침을 채택하였다. 일반적으로 수용되는 지침과 기준을 존중하면서 국가 기반 하에서 질 보장 기관의 동료 평가를 위하여 제안된 모형을 도입하기로 하였다. 장관들은 국가 평가에 근거를 둔 유럽의 질 보장 기관의 등록 원칙을 환영하였다. 또한 인증제 또는 질 보장 결정에 대한 상호 인정을 고양시키는 관점에서 국가적으로 인정된 기관들 간에 협력이 중요하다고 강조하였다.

3) 학위와 수학 기간 인정

장관들은 45개 참여 국가들 가운데 36개국이 리스본 협정에 비준했음을 확인하였으며 나머지 국가들도 지체 없이 비준할 것을 촉구하였다. 또한 국가 법률로 이들을 적절하게 통합시키고 온전하게 그 원칙들의 집행을 보장할 것을 요청하였다. 유럽정보네트워크센터(European Network of Information Centres: ENIC)와 국가학문인증정보센터(National Academic Recognition Information Centres: NARIC)에 의하여 확인된 인증 문제를 모든 참여 국가들이 다룰 것을 요구하였다. 외국의 자격인증과 관련된 과정의 질을 향상시킬 수 있는 국가 실천 계획을 만들기로 하였다. 이러한 계획들은 차기 장관 회의를 위한 각 국가의 국가보고서의 일부분을 형성할 것이다. 장관들은 모든 국가 당국과 다른 이해관계자들이 EHEA의 2개국 이상에서 수여되는 공동학위를 인정할 것을 요구하였다. 또한 장관들은 국가와 유럽의 자격기준 개발을 고등교육 영역에 평생학습을 통합시킬 기회로 간주하였다. 장관들은 고등교육 프로그램 내에서의 학습, 그리고 비공식적인 학습을 포함한 기존 학습에 대한 인증을 개선하기 위하여 고등교육기관들과 관련 이해관계자들과 더불어 노력하기로 하였다.

이상 세 가지 사항은 베르겐 회의에서 다루어진 것이다. 여기에 추가하여 심화 과제 및 우선순위와 관련하여 고등교육과 연구, 사회적 차원, 국제교류, EHEA의 매력 증진과 세계 다른 권역들과의 협력 등 다음과 같은 네 가지 사항이 논의되었다.

4) 고등교육과 연구

장관들은 고등교육이 우리 사회의 경제적, 문화적 발전, 그리고 사회적 응집력의 강화를 위한 연구를 뒷받침하는 데 중요한 역할을 한다고 강조하였다. 고등교육기관이 구조적 변화를 도입하고 교육의 질을 향상시키려는 노력은 연구와 혁신을 강화시키기 위한 노력으로부터 벗어나면 안 된다고 강조하였다. EHEA의 경쟁력과 매력을 강화시키고 EHEA의 질을 향상시키고 유지하는 데 연구와 연구훈련이 중요하다는 것이다. 보다 나은 결과를 달성한다는 관점에서 장관들은 개별 국가들이 고등교육부문과 연구부문 사이에, 그리고 EHEA와 유럽연구권역(ERA) 사이에 시너지를 향상시킬 필요성을 인정하였다. 이러한 목적들을 달성하기 위하여 박사수준의 자격을 성과중심의 접근법을 활용한 EHEA의 가장 중요한 자격기준과 온전하게 조화시킬 필요가 있다고 강조하였다. 박사훈련의 핵심 구성요소는 독창적인 연구를 통한 지식의 촉진이다. 구조화된 박사 프로그램의 필요성과 투명한 감독 및 평가 필요성을 고려하면서 대부분 국가들에 도입된 3단계 박사 프로그램의 표준 학업량은 전업

3~4년에 상당하게 될 것이라고 강조하였다. 장관들은 대학의 박사프로그램이 학제 간 훈련(interdisciplinary training)과 보다 광범위한 고용시장의 욕구를 충족시키는 이전가능한 기술개발의 촉진을 보장할 것을 촉구하였다. EHEA 내에서 연구경력을 시작하는 박사 후보자들의 규모가 크게 증가되어야 할 필요성도 강조되었다. 3단계 프로그램 참여자들은 학생이자 초기 단계의 연구자로서 간주된다.

5) 사회적 차원

볼로냐 협약의 사회적 차원(social dimension)은 EHEA의 구성요소이며 EHEA의 매력과 경쟁력을 위한 필요조건이다. 그러므로 장관들은 질 높은 고등교육에 모든 사람들이 동등하게 접근할 수 있도록 재정비하고, 그들의 사회적, 경제적 배경과 관련된 장애물 없이 학업을 마칠 수 있도록 학생들을 위한 적절한 조치가 필요하다고 강조하였다. 사회적 차원은 재정적, 경제적 측면에서 사회적으로 혜택을 받지 못하는 집단에 속한 학생들을 돕기 위하여, 그리고 접근성을 넓힌다는 관점에서 정부가 그들에게 서비스를 제공하기 위하여 취한 조치들을 의미한다.

6) 국제교류

모든 참여국들 사이의 학생과 교직원 교류는 볼로냐 협약의 핵심 목적들 가운데 하나이다. 장관들은 EHEA 내에서 교류가 실현되도록 공동 대처방안을 통하여 학생 보조금과 대부금이 적절한 지역에 이동할 수 있는 가능성을 촉진시킬 것을 재확인하였다. 또한 교류 프로그램에 참여를 독려하고, 근로 허용을 촉진시킴으로 교류에 대한 장애물을 제거하는 노력을 강화하기로 하였다. 이와 관련하여 장관들은 기관과 학생들이 교류 프로그램을 온전하게 활용하도록 하고, 그 프로그램 내에서 해외 학업기간을 온전하게 인정할 것을 촉구하였다.

7) EHEA의 매력 증진과 세계 다른 권역들과의 협력

유럽고등교육권역(EHEA)은 세계의 다른 권역들에 개방되어야 하고 매력적이어야 한다. 모든 사람들을 위한 교육을 이룩하겠다는 노력은 지속가능한 개발 원칙에 기초하여야 하고 국경을 넘는 고등교육의 질 제공 지침을 개발함에 있어 지속적인 국제적 노력과 일치되어야 한다. 국제적 학문협력을 통하여 학문적 가치가 성취되어야 함을 강조하였다. 또한 장관들은 유럽고등교육권역(EHEA)을 고등교육기관들 사이에 학생 및 교직원의 균형 잡힌 교류와 협력을 자극하면서 세계의 다른 권역 내에 있는 고등교육체제의 파트너로서 간주하였다. 또한 문화 간의 이해와 존중의 중요성을 강조하였다. 이웃하는 지역들과 개혁과정의 경험을 공유함으로써 다른 대륙에서도 볼로냐 협약에 대한 이해를 높일 것을 기대하였다. 아울러 파트너 지역들을 확인하고 그들 지역과 아이디어 및 경험 교환을 강화시킬 필요성을 인식하였다.

이상으로 베르겐 회의에서 논의된 일곱 가지 핵심 사항을 살펴보았다. 마지막으로 베르겐 회의에서는 학위 체제, 질 보장, 학위와 학업기간 인증 분야의 실적점검이 적절한 방법론에 기반을 두고 지속하게 될 것으로 기대하였다. 그리하여 2007년 경에는 이들 세 가지 중간 우선순위들의 집행이 완성되게 될 것으로 기대하였다. 특히 다음 부분에서의 집행완료를 기대하였다.

* 유럽교육품질보장네트워크(ENQA)보고서에서 제안된 질 보장 기준 및 지침의 집행
* 국가 자격기준 집행
* 박사 수준을 포함한 공동학위 수여 및 인증
* 기존 학습 인증 절차를 포함한 고등교육에서의 유연한 학습경로 기회창출

6. 런던 회의(2007년)

글로벌 세계에서 제기되는 과제들에 대응하면서 EHEA를 구현하기 위하여 2007년에 런던 회의[8]가 개최되었다. 이 회의에서는 고등교육체제들의 다양성을 존중하면서 동시에 비교가능성과 양립가능성을 제고하여야 한다고 재확인하였다. 장관들은 고등교육기관들이 우리 사회의 토대가 되는 가치를 정의하고 전달하는데 핵심적 역할을 담당할 뿐 아니라 학습, 연구, 창조성, 그리고 지식전달의 센터로서의 전통에 기초하여 우리 사회가 발전하는 데 중요한 영향력을 발휘한다고 인정하였다. 또한 고등교육기관들이 온전한 목적을 계속 수행할 수 있도록 필요한 재원 확보를 보장하는 것이 필요하다고 밝혔다.

고등교육기관들의 목적들은 다음과 같다. 학생들이 장차 민주사회에서 활발한 시민으로서의 삶을 준비하도록 하는 것, 학생들의 자기개발을 가능하게 해주는 것, 폭 넓고 향상된 지식 기반을 창출하고 유지하는 것, 그리고 연구와 혁신을 자극하도록 하는 것 등이다. 그러므로 장관들은 다양한 형태로 충분한 재원이 마련되어야 하고, 자치적이고 책임을 지는 고등교육기관이 중요하다고 강조하였다. EHEA 전역에 걸쳐서 비차별과 동등한 접근성의 원칙이 존중되고 촉진되어야 한다. 학생뿐 아니라 교직원 어느 누구도 어떤 종류의 차별을 당하지 않을 것을 보장받고 이런 원칙들이 지켜져야 한다고 강조되었다. 또한 이 회의에서는 학생 눈높이에서 볼로냐 협약을 추진하기로 전환되었다. 즉, 교원 중심에서 벗어나 학생 중심으로 고등교육의 방향이 전환되었음을 확인하는 자리가 되었다. 런던 회의에서 다루어진 핵심 사항들은 아래와 같다.

1) 학술교류

교직원, 학생들과 졸업생들의 교류는 개인적 성장의 기회를 제공하

8) Towards the European Higher Education Area: responding to challenges in a globalised world, London Communiqué, 18 May 2007.

고, 개인 및 기관 차원의 국제협력을 증진하고, 고등교육 및 연구의 질을 향상시키며, 차별적인 유럽만의 고등교육 특성의 본질을 제공하는 볼로냐 협약의 핵심 요소들 가운데 하나이다. 1999년 이래 상당한 진척이 있었지만, 여전히 많은 과제들이 남아 있다. 교류를 방해하는 장애물로써 입국관리, 인증, 불충분한 재정적 인센티브, 그리고 유연하지 않은 연금제도들이 현저하게 작용하였다. 장관들은 각국 정부가 비자 제공, 거주 및 근로 허용을 적절하게 촉진시켜야 할 책임이 있다고 인정하였다. 이런 수단들은 교육부 장관의 역량 밖에 있으므로 이들 영역에서 확고한 진전이 있으려면 각국 정부가 부처간 협의를 통하여 조치를 취할 수 있어야 한다. 국가 수준에서 합의된 인증 수단과 절차들이 온전하게 집행되도록 하여야 하며, 교직원과 학생들 모두의 교류를 장려하는 방법을 찾아야 한다. 즉, 공동 프로그램 수의 증가 및 유연한 커리큘럼이 창출되는 것뿐 아니라 EHEA 국가들의 고등교육기관들이 더욱 동등하고 균형 잡힌 교직원과 학생 교류가 이루어질 수 있도록 보다 큰 책임을 맡을 것을 촉구한다는 것이다.

2) 학위구조

3단계 학위체제에 기반을 둔 EHEA 구축의 목표를 향하여 국가와 고등교육기관 수준에서 상당한 진전이 있었다. 1단계 과정에 등록된 학생수가 크게 증가하였고 학위체제 간 구조적 장애물도 상당히 제거되었다. 구조화된 박사 프로그램의 재학생도 증가하였다. 장관들은 커리큘럼 개혁이 노동시장의 요구는 물론 상급단계로 진학하는데 더 적합한 자격을 갖출 수 있도록 추진되어야 한다고 강조하였다. 학위체제 단계별로 진학하는데 장애물을 제거하는 동시에 학습성과와 학생 학업량에 근거를 둔 적절한 ECTS를 제도화하려는 노력을 집중하여야 한다. 또한 졸업생 취업가능성에 관한 자료수집방법을 개발하는 데 주목하면서 졸업생 취업가능성이 매우 중요하다고 강조하였다.

3) 인 증

비공식적인 학습인증을 포함한 고등교육자격, 수학기간, 그리고 기존 학습에 대한 공정한 인증은 고등교육권역 내부 뿐 아니라 세계적 맥락에서도 EHEA의 필수적인 구성요소이다. 쉽게 이해되고 비교가능한 학위 및 교육체제와 자격기준에 관한 정보의 접근가능성은 시민들의 교류를 위한 필요조건이며 EHEA의 지속적인 매력과 경쟁력을 보장한다. 몬테네그로를 포함한 볼로냐 협약의 38개국들이 유럽지역 내 고등교육과 관련된 자격인증에 관한 유럽이사회(Council of Europe) 및 유네스코(UNESCO)협정을 비준하였고, 나머지 회원국들도 우선적으로 비준할 것을 촉구하였다. 리스본 인증 협약, 유럽학점교류시스템(ECTS)과 학위 설명자료(Diploma Supplement) 집행에 진척이 있었지만, 인증에 관한 개별 국가 및 고등교육기관의 접근 방식이 더욱 일관성을 가져야 할 필요가 있다. 인증제를 개선하기 위하여 국가 실천 계획을 분석하고 모범사례를 전파하는 것이 필요하다고 보았다.

4) 자격기준

자격기준은 EHEA내에서 비교가능성과 투명성을 달성하는 동시에 고등교육기관 학습자들의 변화를 촉진시키는 데 중요한 수단들이다. 자격기준은 고등교육기관들이 학습 성과와 학점에 근거를 둔 모듈과 연구프로그램을 개발할 수 있도록 하여야 하고 자격인증뿐 아니라 모든 형태의 기존 학습을 개선시키도록 하여야 한다. 2010년까지 EHEA의 가장 중요한 자격기준에 관한 공인된 국가 자격기준을 온전하게 집행하여야 한다. 이것이 간단하지 않은 일이라고 인식하기 때문에 장관들은 유럽이사회(Council of Europe)가 정교한 국가 자격기준의 경험을 공유할 수 있도록 지원할 것을 요청하였다. 장관들은 자격기준이 학생들과 교원들의 보다 많은 교류를 촉진하고 취업 가능성을 향상시키는 방향으로 설계되어야 한다고 강조하였다. EHEA의 가장 중요한 자격기준과 양립할 수 있는 국가 자격기준 역시 유럽 평생학습 자격기준에 관한 유럽 위원회(European Commission)제안과 양립가능할 것이다. 장관들은 베르겐에서 합의된 EHEA의 자격 기준을 세계적 맥락에서 유럽 고등교육 촉진의 중심 요소로서 간주하였다.

5) 평생학습

실적점검 보고서는 대부분의 국가에서 일부 유연한 학습 요소들이 존재하지만, 평생학습을 지원할 수 있는 유연한 학습 경로에 대한 보다 체계적인 개발은 초기 단계에 머무르고 있다고 지적하였다. 이와 관련하여 모범사례의 공유를 확산시키고 평생교육에서 고등교육의 역할에 대한 공동이해를 위하여 노력할 것을 강조하였다. EHEA 일부 국가에서만 고등교육으로의 접근 및 기존학습(prior learning)의 학점인증이 잘 개발되었다고 할 수 있다. 장관들은 기존학습에 대한 인증개선을 위한 노력을 당부하였다.

6) 질 보장과 유럽 질 보장기관 등록제

베르겐 회의에서 채택된 EHEA 내에서의 질 보장 기준 및 지침은 질 보장과 관련하여 강력한 변화의 견인차가 되었다. 모든 국가들에서 이들이 집행되기 시작하였고 일부 국가에서는 상당한 진척이 이루어졌다. 특히 외부 질 보장은 이전보다 더욱 잘 개발되었다. 2005년 이후로 학생참여가 증가하였지만, 학생참여 범위는 모든 수준에서 여전히 개선이 필요하다. 고등교육기관들이 질 보장의 주요 책임을 지고 있기 때문에 고등교육기관들의 질 보장 체제가 지속적으로 개발되어야 한다.

장관들은 인증과 질 보장 결정에 대한 상호인정과 관련하여 이루어진 진척을 인정하고 질 보장기관들 사이의 지속적인 국제협력을 촉구하였다. 2006년 유럽대학협회(EUA), 유럽고등교육질보장네트워크(ENQA), 유럽고등교육기관협회(EURASHE), 유럽학생정보기관(ESIB) 등 4개 기관이 공동으로 조직한 첫 번째 유럽 질 보장 포럼은 유럽 질 보장 개발을 논의할 기회를 제공하였다. 장관들은 4개 기관들이 유럽 질 보장 포럼을 매년 단위로 계속 조직하고, 모범사례의 공유를 촉진하고, EHEA에서의 질이 지속적으로 개선되도록 보장할 것을 요청하였다. 또한 4개 기관이 유럽고등교육 질 보장 기관들의 등록제 구축의 실현방법을 정교하게 개발해 달라는 요청에 반응해준 것에 감사함을 표시하였다. 등록제의 목적은 유럽표준지침(ESG)과 일치하여 작동하는 신뢰할 수 있는 질 보장 기관들에 관한 객관적 정보에 대한 접근을 모든 이해관계자들과 일반 대중들에게 개방하도록 허용하기 위한 것이다. 결국 이는 EHEA 안팎으로 고등교육에 대한 신뢰를 향상시킬 것이고, 질 보장 및 인증 결정에 대한 상호 인정을 촉진시킬 것이다. 장관들은 4개 기관에 의한 등록제 구축을 환영하고 그 등록제는 자발적이고, 독립채산제이고, 독립적이며 투명해야 한다고 주장하였다. 등록제에 참여를 신청할 경우, 이는 국가당국이 승인한 독립적인 평가 과정을 통하여 증거가 수집되고, 유럽표준지침(ESG)에 상당하는 순응성에 기초하여 평가되어야 한다.

7) 박사 지망생

유럽연구권역(ERA)과 EHEA의 긴밀한 연계가 중요한 목적이 되어야 한다. 과도한 규제를 피하면서 가장 중요한 EHEA 자격기준과 연계된 폭 넓고 다양한 박사 프로그램을 개발하고 유지하는 가치를 인정하였다. 또한 박사과정 준비를 강화하고, 신분과 진로전망을 개선하며, 초기단계 연구자들을 위한 기금조성이 연구역량을 강화시키겠다는 유럽의 목적을 충족시킴과 동시에 유럽고등교육의 질과 경쟁력을 개선하기 위한 본질적인 필수조건이라고 보았다.

그러므로 장관들은 고등교육기관들이 기관의 전략과 정책에 박사 프로그램을 뿌리내리게 하고 박사지망생과 초기 단계 연구자들을 위한 적절한 진로 경로와 기회를 개발하려는 노력을 강화하도록 하였다. 또한 유럽에서 나타나는 혁신적인 박사 프로그램의 범위에 관한 것 뿐 아니라, 투명한 접근제도, 감독 및 평가절차, 이전가능한 기술개발, 그리고 취업가능성을 고양시키는 방식 등과 같은 다른 중요한 문제들에 관해서도 고등교육기관들 사이의 경험 공유를 유럽대학협회(EUA)가 계속하여 지원하도록 하였다.

8) 사회적 차원

고등교육은 사회적 응집력을 제고하고, 불평등을 완화하며, 지식, 기술 및 사회적 역량수준을 제고하는 데 강력한 역할을 담당하여야 한다. 그러므로 정책의 목표를 자기개발과 지속이 가능하고 민주적 지식기반 사회에 기여한다는 관점에서 개인들의 잠재력을 극대화시키는 것으로 설정하여야 한다. 장관들은 고등교육의 모든 수준에서 인구의 다양성을 반영한 학생기구가 조직되고, 학생들이 참여하여야 한다고 강조하였다. 또한 학생들이 사회적, 경제적 배경과 관련한 장애물 없이 학업을 마무리 할 수 있게 하는 것이 중요하다고 강조하였다.

9) 세계적 맥락의 유럽고등교육권역

유럽고등교육권역(EHEA)의 구축은 세계 도처에서 볼로냐 개혁에 상당한 관심을 불러 일으켰고 유럽과 국제 파트너들 간에 광범위한 이슈에 관한 담론을 촉발시켰다. 이들에는 자격인증, 파트너십에 근거한 협력의 이익, 상호신뢰와 이해, 그리고 볼로냐 협약의 기본 가치 등이 포함된다. 또한 세계의 다른 권역에 위치한 일부 국가들에서 이루어진 노력들이 볼로냐 기준과 그들의 고등교육체제를 더욱 긴밀하게 조화시키는 결과를 가져 왔다. 그리하여 장관들은 '글로벌 환경에서의 유럽고등교육권역' 전략을 채택하고 지속적인 정보제공, EHEA의 세계적 매력과 경쟁력 제고, 파트너십에 기반을 둔 협력강화, 정책담론 강화, 그리고 자격인증 확대 등을 진전시킬 것이다.

이상으로 런던 회의에서 다루어진 아홉 가지 핵심사항을 살펴보았다. 런던 회의에서는 2년 후에는 3단계 학위체제, 질 보장, 그리고 학위와 학업기간의 인정에 대한 우선순위의 지속을 포함하여 합의된 실천사항들을 달성하는데 집중하기로 합의하였다. 또한 2009년 국가 보고서에 포함하게 될 다섯 가지 사항을 언급하였는데, 이들은 학술교류, 사회적 통합, 학술교류와 사회적 통합관련 자료 수집 내용, 취업가능성, 세계적 맥락에서의 유럽고등교육권역 등이다.

7. 루밴/루뱅-라-뇌브 회의(2009년): 볼로냐 협약 2020

2009년 4월 루밴/루뱅 회의[9]에서는 그 동안 볼로냐 협약의 이행상황을 점검하고, 2020년까지 향후 10년 동안 EHEA가 우선적으로 다루어야 할 핵심과제를 설정하는 '볼로냐 협약 2020'에 합의하였다. 원래 볼로냐 협약은 '2010년까지 유럽고등권역(EHEA) 구축'이 핵심 내용인데, 루밴 회의는 2010년을 1년 앞둔 시점에서 지난 10년간의 성과를 점검하고 새로운 10년을 향한 목표와 핵심과제를 설정하였다는 점에서 특별한 의미가 있다. 여기에서는 루밴 회의에서 논의된 지난 10년간 성과와 결산, 2020년까지 고등교육 우선순위에 관하여 간략하게 살펴보겠다.[10]

1) 지난 10년간 성과와 결산

지난 10년간 볼로냐 협약의 성과는 다음 세 가지로 요약된다(남궁 근 외, 2014: 17).

---

9) The Bologna Process 2020-The European Higher Education Area in the new decade, Communiqué of the Conference of European Ministers Responsible for Higher Education, Leuven and Louvain-la-Neuve, 28-29 April 2009.

10) 루밴 회의의 결과에 관하여는 이 책의 자매편인 유럽연합의 대학개혁(2014, 법문사) 15-23쪽에 상세하게 소개되어 있으므로 여기에서는 이를 요약하여 간략하게 소개하는 데 그치기로 한다.

첫째, 유럽의 지적 · 과학적 · 문화적 유산과 열망을 토대로 정부, 고등교육기관, 학생, 교직원, 고용자 등 여러 이해관계자들 간의 지속적인 협력을 통하여 유럽고등교육권역(EHEA)을 발전시켰다. 이 개혁과정에서 유럽 각국 정부, 고등교육기관, 학생 및 교직원, 고용주와 이해관계자 등 여러 참여자들이 기여하였다.

둘째, 볼로냐 협약은 고등교육체제의 비교가능성과 양립가능성을 제고하고 학생들의 교류를 용이하게 하며 유럽 이외지역의 학생과 학자들을 유치하기 쉽도록 만들었다. 고등교육은 3단계 학위과정을 마련하고 교육기관의 질 보장을 위한 유럽표준지침(ESG)를 채택하는 등 현대화되었다. 학습결과 및 학습량을 토대로, 유럽고등교육권역(EHEA) 전반에 걸친 국가 차원의 자격요건 확립 및 유럽고등교육질보증기관등록제(EQAR)의 설립이 이루어졌다. 더욱이, 볼로냐 협약은 투명성과 학위 인정을 촉진하고자 유럽학점교류시스템(ECTS)와 학위 설명자료(Diploma Supplement)를 도입하였다.

셋째, 볼로냐 선언에서 명시한 목적과 후속 정책들은 여전히 유효하다. 아직 모든 목적들이 완전히 달성되지 않았기 때문에, 유럽 차원이나 국가 단위 및 교육기관 차원에서 이러한 목적들을 완전히 달성하기 위해서는 2010년 이후에도 지속적인 추진이 요구된다.

2) 미래를 위한 학습: 향후 10년 동안 고등교육 우선순위

루밴 회의에서 2020년까지 향후 10년 동안 유럽고등교육권역에서 추진하여야 할 열 가지 고등교육의 우선순위를 다음과 같이 설정하였다(남궁 근 외, 2014: 18-23).

(1) 사회적 통합: 동등한 접근과 완성

고등교육을 받는 학생집단은 유럽 인구의 다양성을 반영하여야 한다. 고등교육의 사회적 특성을 강조하고 양질의 교육에 대한 균등한 기회를 제공하여야 한다. 각국은 고등교육의 문호 확대 및 소외집단의 참여 증진 등에 관하여 2020년까지 달성하려는 측정 가능한 목표를 설정하여야 한다.

(2) 평생학습

광범한 참여는 교육체제의 통합적 영역인 평생학습을 통하여 달성될 수 있다. 평생학습 정책의 집행은 정부기관, 고등교육기관, 학생, 고용주 및 피고용인간의 긴밀한 협력관계를 요구한다. 국가 단위의 자격요건 개발은 평생학습의 집행을 위한 중요한 단계이다. 2012년까지 유럽 고등교육권역(EHEA)의 전반적인 자격요건을 기준으로 국가마다 자격요건을 설정하여 준비하도록 목표를 설정하였다. 국가적 상황에서는 1단계 학위체제(학사)에서의 중간단계 자격요건이 고등교육의 문호를 확대하는 수단이 될 수 있다.

(3) 취업가능성

노동시장이 보다 높은 기술 수준과 두루 통용되는 역량에 의존하게 되면서, 고등교육에서는 학생들이 직업생활을 통하여 요구되는 선진 지식과 기술 및 역량을 갖출 수 있도록 해야 한다. 취업가능성은 개인들에게 변화하는 노동시장에서 기회를 확실하게 잡을 수 있는 권한을 부여한다. 정부 및 고용주들과 함께, 고등교육기관은 학생과 졸업생에 대한 취업지도 서비스를 통하여 경력과 고용의 기회 제공, 접근가능성 및 질을 향상시켜야 한다.

(4) 학생중심 학습과 고등교육의 사명

고등교육기관의 교육 사명의 중요성과 학습결과의 증진을 위한 지속적인 교육과정 개혁의 필요성을 재확인한다. 학생중심 학습(student-centered learning)은 모든 학위과정 학생에 대한 권한 부여, 교육과 학습의 새로운 접근방법, 효과적인 지원 및 취업지도 구조, 그리고 학생들에게 초점을 맞춘 교육과정을 포함한다. 고등교육기관들은 모든 학위과정에 대하여 교육의 질을 증진하는 데 특별한 관심을 가지도록 촉구한다.

특히, 교육의 질은 ESG 적용의 중점대상이다.

(5) 교육, 연구 및 혁신

고등교육은 사회의 혁신과 창의성을 촉진하는 연구개발의 현주소를 기반으로 하여야 한다. 정부와 고등교육기관들은 학문후속세대들의 경력개발이 보다 관심을 끌 수 있도록 하여야 한다.

(6) 국제적 개방성

유럽의 고등교육기관들이 보다 국제적으로 활동하여 지속가능한 발전을 위한 세계적 협력을 도모하도록 촉구한다. 초국가적 교육은 유럽고등교육권역(EHEA)에 적용되는 ESG와 세계 고등교육의 질적 보장을 위한 UNESCO/OECD의 가이드라인에 의거하여 이루어져야 한다.

(7) 학술교류

학생, 학문후속세대 및 교직원의 교류는 교육프로그램의 질과 연구의 수월성을 제고한다. 학술교류는 개인적 발달과 취업가능성을 위하여도 중요하며, 다양성에 대한 존중 및 다른 문화에 대응하는 능력을 촉진한다. 2020년에는 유럽고등교육권역(EHEA) 졸업생의 최소한 20%는 외국에서 공부한 경험을 가지도록 하여야 한다. 학술교류는 또한 학생의 전입과 전출 간의 균형을 유도하여야 하며, 다양한 학생집단의 참여율 확대를 도모하여야 한다.

개방적인 국제적 채용과 매력적인 근무조건 및 경력경로는 우수한 교육자와 연구자를 고등교육기관에 유치하는데 필수적이다. 기존의 법률체계를 잘 활용하여, 교류하는 인력에 대한 사회보장, 연금, 복지혜택 등이 적절하게 제공되도록 하여야 한다.

(8) 자료수집 개선

자료수집의 개선은 사회적 측면, 취업가능성 및 학술교류 등의 목표달성 정도를 평가하는 데 도움이 되며, 상황 파악 및 벤치마킹을 위한 기반을 제공한다.

(9) 다차원의 투명성 장치

보다 투명한 다양성을 보장하고자 유럽고등교육권역(EHEA)의 고등교육기관에 대한 상세한 정보를 제공하는 여러 가지 제도들이 마련되어 있다. 투명성을 보장하는 장치들은 질 보증과 인정 등 볼로냐 협약의 원칙들과 긴밀히 연계되어야 하며, 고등교육기관과 교육프로그램의 다양한 특성들을 반영한 비교 가능한 자료와 적절한 지표에 근거하여야 한다.

(10) 재 정

고등교육기관은 사회적 요구에 대응하고 책임을 완수할 것을 요구하는 급증하는 기대와 함께 보다 큰 자율성을 부여받고 있다. 공적 책임성의 틀 안에서, 공적 재정이 자율적인 고등교육기관의 지속가능한 발전과 균등한 기회 보장을 위한 우선적인 재원임을 명확히 한다. 따라서 새롭고 다양한 재정 기반과 지원방안을 모색하는 데 보다 주의를 기울어야 할 것이다.

Ⅲ. 볼로냐 협약의 주요내용

소르본느 선언에서 시작되어 볼로냐 협약 이후 루뱅 회의에 이르기까지(1998-2009) 유럽고등교육권역 국가의 교육장관 회의의 전개과정과 각 회의에서 이슈가 되었던 주요 내용을 살펴보았다. 이들을 2012년 시점에서 정리하면 학제개편, 고등교육의 질 보장, 고등교육 기회균등, 고등교육 성취수준과 취업, 평생학습(또는 평생교육), 국제교류 등 여섯 가지 범주로 구분될 수 있다(〈표 1-1〉 참조).

〈표 1-1〉에서 제시된 바와 같이 여섯 가지 범주의 과제들 가운데에는 '학제개편' 및 '국제교류'와 같이 1999년 볼로냐 협약에서부터 강조된 과제가 있는가 하면, '고등교육의 기회균등'과 같이 진행과정에서 추가된 과제도 있다. 학제개편의 경우에도 초기에는 2단계(학사/ 석사 및 박사) 개편이 강조되었으나, 추진과정에서 3단계(학사/석사/박사) 개편으로

구체화되었다. 여기에서는 이들 여섯 가지 범주 별로 추진과정을 간략하게 검토하기로 한다.

1. 학제개편

유럽고등교육권역 국가의 학위체제 개편은 소르본느 선언에서부터 핵심과제의 하나이다. 1998년 소르본느 선언에서 학 · 석사 2단계 시스템의 필요성이 분명하게 제시되었다.

1999년 볼로냐 협약에서는 공통의 2단계 학위체제, 즉 1단계 학사과정(최소 3년)과 2단계 석 · 박사과정을 도입하기로 합의하였다. 이와 연계하여 유럽고등교육권역 국가들이 쉽게 이해되고 비교가능한 학위체제를 채택하여 졸업생들의 취업가능성을 제고하는 것은 물론 유럽고등교육체제의 경쟁력 제고를 추구하기로 하였다.

2001년 프라하 회의에서는 유럽고등권역 국가들에서 학부 및 대학원 과정에 대한 학사 · 석사학위 구조가 논의됨에 만족을 표시하는 한편, 유럽고등권역 국가들이 상호 인정하는 공동학위 개발에 관심을 표명하였다.

2003년 베를린 회의에서 기존의 2단계 학위체제(학사 및 석 · 박사)를 넘어서 최초로 박사과정이 포함된 3단계 학위체제(학사 · 석사 · 박사) 도입이 논의되었다. 즉, 2단계 석사학위는 3단계 학위인 박사과정으로 진학할 수 있는 통로가 되어야 한다는 것이다.

2005년 베르겐 회의에서는 2단계 학위체제가 대부분 정착되고 있음을 확인하였지만 여전히 학위체제 사이에 장애물이 존재한다고 보았다. 베르겐 회의에서는 3단계 학위체제 각 단계에서의 EHEA 자격기준(Qualification Frameworks-EHEA)을 채택하였다. 이 자격기준은 학습성과와 역량, 그리고 1-2단계 학위 체제에서의 학점 범위에 근거한 일반적 서술을 포함하였다.

2007년 런던 회의에서는 3단계 학위체제에 기반을 둔 EHEA 구축의

표 1-1 **볼로냐 협약의 주요과제 변천: 소르본느 선언에서 루밴/루뱅-라-뇌브 회의까지 주요내용 변화**

주요과제	소르본느 선언(1998)	볼로냐 선언(1999)	프라하 회의(2001)	베를린 회의(2003)	베르겐 회의(2005)	런던 회의(2007)	루밴 회의(2009)
학제개편	공통의 2단계 학위체계	쉽게 이해되고 비교가능한 학위체제	-공정한 인정 -공동학위 과정개발	- 박사과정 학위체계 포함	-EHEA자격기준(FQ-EHEA)채택 -국가자격기준(NQF)시작 2010년	까지 국가 자격기준 구축	2012년까지 국가 자격기준 구축
고등교육 질 보장		유럽의 질 보장 협력	질 보장과 전문가 사이의 협력	기관, 국가, 유럽차원의 질 보장	유럽 질 보장기준및 지침 채택	유럽고등교육질보장기관등록제(EQAR) 창설	EHEA에 가장 중요한 초점으로서의 질
고등교육 기회균등			사회적 차원	동등한 접근(equal access)	사회적 차원 재강조	국가실천계획에 효과적 모니터링 수반	2020 사회적 차원에 대한 국가별 목표 설정
고등교육 성취수준과 취업						학위과정별 취업 가능성 검토	정부, 고등교육기관, 사회파트너 및 학생의 긴밀한 협력
평생학습			-평생학습 강조	-국가평생학습정책 재정비 -기존 학습 인정	고등교육에서의 유연한 학습 경로	-평생학습에서 고등교육역할 -취업 향상 위한 파트너십	-강한 파트너십이 필요한 공적 책임으로서 평생학습 -취업가능성과 연계 요청
국제교류	학생 및 교원 교류	학생, 교원, 연구자 및 행정직원 교류	교류의 사회적 차원	-학생보조금 및 대부금 이동가능성 실현 -교류 자료 개선	비자와 취업 허용에 관심	비자, 취업 허용, 연금제도 및 인증 문제 논의	2020년까지 학생교류 20%기준 벤치마크
공통 – 학점체계	학점체계 활용	유럽 학점 교류시스템(ECTS)구축	*유럽학점교류시스템(ECTS)과 학위설명자료(DS)	유럽학점교류시스템(ECTS)구축		도구와 인증 절차의 일관된 사용 필요	볼로냐 협약 수단의 지속적인 집행
공통 – 유럽특성교육	지식유럽 구축	고등교육의 유럽특성	유럽고등교육권역(EHEA)의 매력	고등교육과 연구 분야 연계	가치 및 지속 가능한 개발에 기초한 국제협력	볼로냐 협약의 글로벌 차원 향상 전략채택	볼로냐 정책 포럼을 통한 글로벌 정책 담론 향상

출처: EACEA(2012: 15) 등을 토대로 재구성.

목표를 향하여 국가와 고등교육기관 수준에서 상당한 진전이 있었다고 평가하였다. 런던회의에서는 단계별 커리큘럼 개혁이 노동시장의 요구는 물론 상급단계로 진학하는데 더 적합한 자격을 갖출 수 있도록 추진되어야 한다고 강조하였다. 또한 EHEA 자격기준과 양립가능한 국가 자격기준(National Qualification Frameworks)을 2010년까지 완성하는데 노력을 집중하기로 하였다.

2009년 루밴 회의에서는 볼로냐 협약 10년의 성과를 결산하면서 유럽 고등교육이 3단계 학위과정을 마련하고 교육기관의 질 보장을 위한 유럽표준지침(ESG)를 채택하는 등 현대화되었다고 평가하였다. 그러나 그 목표가 완전히 달성되지는 않았기 때문에, 유럽 차원이나 국가 단위 및 교육기관 차원에서 2010년 이후에도 지속적인 추진이 요구된다고 보았다.

2. 고등교육의 질 보장

고등교육의 질 보장(quality assurance)은 교육의 질적 수준을 달성, 유지 또는 증진하기 위하여 고등교육기관, 교육프로그램 및 자격요건이 교육, 장학, 인프라의 세부기준에 부합하도록 설계된 정책, 검토과정 및 실행을 총칭하는 의미이다.

1999년 볼로냐 협약에서 고등교육의 질 평가를 위한 기준과 방법을 모색하여야 한다고 선언하였다. 2001년 프라하 회의에서는 대학을 비롯한 고등교육기관, 정부기구 및 유럽교육품질보장네트워크(European Network of Quality Assurance in Education: ENQA) 등이 관련 기관들과 서로 협력하여 공통기준을 마련하고 모범사례를 공유하도록 촉구하였다.

2003년 베를린 회의에서는 질 보장에 관하여 상호 공유된 기준과 방법론을 개발할 필요성이 강조되었다. 유럽 차원에서 질 보장에 관한 합의된 일련의 기준, 절차와 지침을 개발하기 위하여 유럽대학협회(European University Association: EUA), 유럽 고등교육 기관 협회

(European Association of Institutions in Higher Education: EURASHE), 유럽학생정보기관(European Student Information Bureau: ESIB)들과 협력하여 회원국들을 통한 유럽교육품질보장네트워크(European Association for Quality Assurance in Higher Education: ENQA)의 협력을 촉구하였다.

2005년 베르겐 회의에서 유럽교육품질보장네트워크(ENQA)에 의하여 제안된 EHEA의 질 보장 기준과 지침을 채택하였다. 또한 고등교육기관들에게 체계적인 내부 메커니즘 도입과 외부 질 보장과의 직접적인 상호관계를 통한 활동의 질을 향상시키는 노력이 계속되어야 한다고 촉구하였다.

2007년 런던 회의에서는 유럽고등교육질보장기관등록제(European Quality Assurance Register for Higher Education: EQAR)를 도입하기로 결정하였다. 등록제의 목적은 유럽표준지침(ESG)과 일치하여 작동하는 신뢰할 수 있는 질 보장 기관들에 관한 객관적 정보에 대한 접근을 모든 이해관계자들과 일반 대중들에게 개방하도록 허용하기 위한 것이다.

2009년 루밴 회의에서는 지난 10년 동안 유럽고등교육권역(EHEA) 전반에 걸친 국가 차원의 자격요건 확립 및 EQAR의 설립이 이루어졌다고 평가하고, 2020년까지 앞으로 10년 동안 EHEA에 가장 중요한 초점이 고등교육의 질 보장이라고 선언하였다.

3. 고등교육 기회균등

고등교육의 기회균등, 즉 사회적 차원(social dimension)은 정부가 재정 · 경제적으로 혜택을 받지 못하는 계층의 학생들을 돕고, 접근성을 넓힌다는 관점에서 서비스를 제공하기 위하여 취한 조치들을 의미한다. 고등교육의 사회적 측면은 유럽 차원의 협력에 있어서 가장 중요한 도전이다. 사회적 차원은 1999년 볼로냐 선언에서는 언급되지 않았으나, 2001년 프라하 교육장관회의에서 국제교류와 관련하여 사회적 차원의 중요성을 강조한 이래 볼로냐 협약의 구성요소가 되었다.

2005년 베르겐 회의에서 고등교육의 사회적 차원이 본격적으로 논의되기 시작하였다. 베르겐 회의에서는 볼로냐 협약의 사회적 차원을 EHEA의 구성요소이며 EHEA의 매력과 경쟁력을 위한 필요조건으로 규정하였다. 질 높은 고등교육에 모든 사람들이 동등하게 접근할 수 있도록 재정비하고, 그들의 사회적, 경제적 배경과 관련된 장애물 없이 학업을 마칠 수 있도록 학생들을 위한 적절한 조치가 필요하다고 강조하였다.

2007년 런던 회의에서는 고등교육의 모든 수준에서 인구의 다양성을 반영한 학생기구가 조직되고, 학생들이 참여하여야 한다고 강조하였다. 또한 고등교육 진학 확대와 더불어, 정부는 재정적 · 경제적 측면에서 사회취약계층의 학생들을 지원하기 위한 방안을 추진하여야 하며, 이러한 방안에 관하여 효과적 모니터링을 수반한 정부의 실천을 강조하였다.

2009년 루뱅 회의에서는 2020년까지 유럽고등교육권역에서 추진하여야 할 열 가지 고등교육과제 가운데 첫 번째 과제로 '사회적 통합: 동등한 접근과 완성'을 설정하였다. 고등교육의 사회적 특성을 강조하고 양질의 교육에 대한 균등한 기회를 제공하여야 하며, 각국은 고등교육의 문호 확대 및 소외집단의 참여 증진 등에 관하여 2020년까지 달성하려는 측정 가능한 목표를 설정하여야 한다고 선언하였다.

4. 고등교육 성취수준과 취업

볼로냐 협약의 맥락에서 취업가능성(employablity)이란 취업하여 고용상태를 유지하며 노동시장에서 이동할 수 있는 능력이라고 정의된다. 취업가능성은 볼로냐 협약의 출발 당시부터 중요한 목적이었다. 즉, 고등교육의 각 학위과정은 노동시장과 관련이 있어야 한다는 것이다.

그런데 2007년 런던 회의에서 취업을 별도의 의제로 분리하여 논의하기 시작하였다. 런던 회의에서는 학위과정별로 취업 가능성을 검토하고, 취업 향상 위한 파트너십을 강조하였다. 2009년 루뱅 회의에서는 노동시장이 보다 높은 기술 수준과 두루 통용되는 역량에 의존하게 되면서, 고등교육에서는 학생들이 직업생활을 통하여 요구되는 선진 지식과 기술 및 역량을 갖출 수 있도록 해야 한다고 강조하였다. 정부 및 고용주들과 함께, 고등교육기관은 학생과 졸업생에 대한 취업지도 서비스를 통하여 경력과 고용의 기회 제공, 접근가능성 및 질을 향상시켜야 한다는 것이다.

5. 평생교육

2001년 프라하 회의 이래 평생교육, 또는 평생학습은 유럽고등교육권역(EHEA)의 핵심요소로 인식되어 왔다. 프라하 회의에서는 평생학습을 지식기반 사회 · 경제에 토대를 둔 미래 유럽에서 경쟁력 향상과 신기술 활용을 위하여, 그리고 사회적 응집력과 기회균등 및 삶의 질을 위하여 필요한 전략이라고 정의하였다.

2003년 베를린 회의에서는 고등교육의 기여가 평생학습이 실현되는데 중요하다고 강조하였다. 그러므로 고등교육기관과 이해관계자들이 기존 학습의 인정을 포함하여 평생학습 가능성을 제고하도록 촉구하였다. 2005년 베르겐 회의에서도 기존 학습 인증 절차를 포함한 고등교육에서의 유연한 학습경로 기회창출을 강조하였다.

2007년 런던 회의에서는 평생학습의 모범 사례 공유를 확산시키고 평생교육에서 고등교육의 역할에 대한 공동이해를 위하여 노력할 것을 강조하였다. EHEA 일부 국가에서만 고등교육으로의 접근 및 기존학습(prior learning)의 학점인증이 잘 개발되었다고 할 수 있으므로, 모든 국가에서 기존학습에 대한 인증개선을 위한 노력을 당부하였다.

2009년 루밴 회의에서는 2020년까지 향후 10년간 열 가지 주요과제 가운데 '평생학습'을 두 번째로 중요시하면서 광범한 참여는 교육체제의 통합적 영역인 평생학습을 통하여 달성될 수 있다고 보았다. 평생학습 정책의 집행은 정부기관, 고등교육기관, 학생, 고용주 및 피고용인간의 긴밀한 협력관계를 요구하며, 국가 단위의 자격요건 개발은 평생학습의 집행을 위한 중요한 단계라는 것이다. 이러한 관점에서 2012년까지 유럽고등교육권역(EHEA)의 전반적인 자격요건을 기준으로 국가마다 자격요건을 설정하여 준비하도록 목표를 설정하였다.

6. 국제교류

학생 및 교직원의 학술교류는 1998년 소르본느 선언에서부터 핵심과제로 여겨져 왔다. 1999년 볼로냐 협약에서는 학생과 교직원들이 EHEA 내에서 자유롭게 이동하고, 이런 기회를 효과적으로 활용할 수 있도록 하자는 데 합의하였다.

2001년 프라하 회의에서는 볼로냐 협약에 명시한 학생 및 교직원 교류 증진이 여섯 가지 과제 가운데 가장 중요한 과제라는 점을 재확인하였다. 아울러 학술교류의 사회적 측면을 강조하면서 학술교류의 모든 장벽을 철폐하자는 데 합의하였다.

2003년 베를린 회의에서는 학생교류 촉진수단으로 장관들은 국가 대부금과 보조금(loans and grants)의 이동이 가능하도록 필요한 조치를 취하기로 하였고, 교류에 관한 자료수집방법을 개선하기로 하였다.

2005년 베르겐 회의에서는 국제교류 프로그램에 참여 학생의 근로허용을 촉진시킴으로 교류에 대한 장애물을 제거하는 노력을 강화시키기로 하였다. 또한 EHEA 내에서 교류가 실현되도록 공동대처방안을 통하여 학생 보조금과 대부금이 적절한 지역에 이동할 수 있는 가능성을 촉진시킬 것을 재확인하였다.

2007년 런던 회의에서는 각국 정부가 비자 제공, 거주 및 근로 허용을 적절하게 촉진시켜야 할 책임이 있다고 인정하였다. 각국 정부가 부처간 협의를 통하여 비자 제공, 연금, 거주 및 근로 허용 조치를 취할 수 있어야 한다는 것이다. 또한 EHEA 국가들의 고등교육기관들이 더욱 동등하고 균형 잡힌 교직원과 학생 교류가 이루어질 수 있도록 보다 큰 책임을 맡을 것을 촉구하였다.

2009년 루뱅 회의에서는 2020년까지 유럽고등교육권역(EHEA) 졸업생의 최소한 20%가 외국에서 공부한 경험을 가지도록 하여야 한다는 목표를 설정하였다. 학술교류는 또한 전입학생과 전출학생 간의 균형을 유도하여야 하며, 다양한 학생집단의 참여율 확대를 도모하여야 한다. 기존의 법률체계를 잘 활용하여, 교류하는 인력에 대한 사회보장, 연금, 복지혜택 등이 적절하게 제공되도록 하여야 한다고 선언하였다.

이상에서 살펴본 여섯 가지 범주의 과제 이외에도 이들에 공통적으로 해당하는 과제인 유럽 학점교류시스템(ECTS) 구축과 고등교육에서 유럽만의 특성을 확보하고자 하는 노력도 지속적으로 추진되었다.

참고문헌

남궁 근 · 김상묵 · 김소영 · 노종호 · 손명구 (2014). **유럽연합의 대학개혁.** 서울: 법문사.

Charlier, Jean-Emile & Sarah Croché. (2008). The Bologna Process: The Outcome of Competition Between Europe and The United States and a Stimulus to This Competition. *European Education* 39(4): 10-26.

Croché, S. (2009). 'Bologna network: a new sociopolitical area in higher education', *Globalisation, Societies and Education*, 7(4): 489-503.

EACEA (2012). *The European Higher Education Area in 2012: Bologna Process Implementation Report.* Brussels: EACEA P9 Eurydice.

EACEA(Education, Audiovisual and Culture Executive Agency) (2010). *Focus on Higher Education in Europe 2010: The Impact of Bologna Process.* Brussels: EACEA.

Garben, Sara (2010). The Bologna Process: From a European Law Perspective. *European Law Journal*, 16(2): 186-210.

Thompson, T. S. (2011). *From Bologna to Berlin 1999-2003: The Initial Steps of the Bologna Process and Creation of the European Higher Education Area.* the dissertation for Ph.d. in University of Pittsburgh.

Joint declaration of the European Ministers of Education, The Bologna Declaration of 19 June 1999.

Joint Declaration on Harmonisation of The Architecture of The European Higher Education System by the four Ministers in charge for France, Germany, Italy and the United Kingdom.

Paris, the Sorbonne, May 25 1998.

Realising the European Higher Education Area, Communiqué of the Conference of Ministers responsible for Higher Education in Berlin on 19 September 2003.

The Bologna Process 2020-The European Higher Education Area in the new decade, Communiqué of the Conference of European Ministers Responsible for Higher Education, Leuven and Louvain-la-Neuve, 28-29 April 2009.

The European Higher Education Area-Achieving the Goals, Communiqué of the Conference of European Ministers Responsible for Higher Education, Bergen, 19-20 May 2005.

Towards The European Higher Education Area, Communiqué of the meeting of European Ministers in charge of Higher Education in Prague on May 19th 2001.

Towards the European Higher Education Area: responding to challenges in a globalised world, London Communiqué, 18 May 2007.

제2장 집행성과분석의 틀

Ⅰ. 분석내용

볼로냐 프로세스는 유럽고등교육권역(EHEA)의 구축이라는 관점에서 유럽의 고등교육시스템을 전면 개편하자는 것으로 지난 10여 년간 유럽 전역에서 개혁이 추진되었다. 그런데 유럽은 전통적으로 언어, 종교, 민족 등에 따라 분할되어 왔던 지역이기 때문에, 각국은 지난 수세기에 걸쳐 다른 국가들과는 독립적으로 고등교육시스템을 발전시켜 왔다(Papatsiba, 2006). 즉, 유럽에서 교육 분야는 전통적으로 국가별 다양성이 정당화되는 영역으로 간주되어 온 것이다(남궁 근, 2010). 학교와 대학은 근대 국민국가에서 사회화를 담당하는 핵심적인 제도이다. 전통적으로 대학의 기본기능 가운데 하나가 국가 엘리트를 교육시켜 이들이 핵심적인 국가기구, 특히 공무원과 사법체계에 진출할 수 있도록 준비시키는 것이다. 볼로냐 프로세스가 진공상태에서 시작된 것이 아니라, 유럽의 국가들이 다양한 고등교육시스템을 각각 승계받은 상황에서 추진되었기 때문에 유럽고등교육시스템이 수렴(convergence)될 수 있을지는 불투명하였다. '볼로냐' 모형의 기준을 충족시키기 위하여 각국에서 해결하여야 할 과제가 많았으므로 초기에는 각 국가별로 자신의 관점에서 특별히 긴급하다고 여기는 문제를 중심으로 개혁이 추진되었다(Tauch, 2004).

볼로냐 선언 이후 10여년이 경과한 현시점에서 본다면, 볼로냐 프로세스는 유럽의 고등교육을 상당히 변모시켰다(EACEA, 2012). 실제로 모든 국가에서 유럽고등교육권역이 출현할 수 있도록 지원하고, 다양한 사회적 욕구를 충족시킬 수 있는 고등교육기반을 구축하는 데 기여하는 중요한 변화가 이루어 졌다. 즉, 고등교육의 구조가 개혁되었으며, 질보장 시스템이 개발되었고, 국제교류를 촉진하는 메커니즘이 확립되었으며, 고등교육의 사회적 차원에 관련된 주요 이슈들이 확인되었다. 자발적인 협력을 기반으로 47개 국가의 고등교육시스템이 공동의 목표에 합의하고, 이를 집행하는 프로젝트의 규모는 역사상 유례가 없는 것이다.

2012년 EU 집행보고서에서는 볼로냐 프로세스의 집행성과를 (1) 학제개편, (2) 품질보장, (3) 교육기회균등, (4) 고용가능성 제고, (5) 평생교육, (6) 국제 교류 분야로 구분하여 분석하였다(EACEA, 2012). 이 책에서는 2012년 EU 집행보고서의 영역 구분을 토대로 2000년 이후 2012년까지 집행성과를 살펴보고자 한다.

Ⅱ. 집행성과 분석의 초점

1. 집행성과분석의 학술적 의미

정책평가의 관점에서는, 정책수단의 실현을 통하여 의도하였던 목표가 어느 정도 달성되었는지에 관심을 가진다. 즉, 정책과 프로그램에 투입된 자원과 활동들이 어떻게 그리고 어느 정도까지 상황을 의도된 방향으로 변화시켰는지 파악하고자 하는 것이다.

정책집행과정이 평가의 대상이 되는 과정평가는 형성평가(formative evaluation), 집행분석 또는 모니터링, 그리고 사후적 과정평가로 구분할 수 있다(남궁 근, 2012: 705–708). 형성평가는 정책집행도중의 평가로서, 정책의 집행과정에서 집행전략이나 집행설계의 수정 및 보완을 위한 평가를 말한다. 그러므로 본격적 집행이 이루어지기 이전에 실시된다. 집행분석 (implementation analysis) 또는 정책모니터링은 정책이 의도했던 대로 집행되었는지, 그리고 소기의 성과가 발생하였는지 확인 · 점검하는 평가를 말한다. 한편 사후적 과정평가는 정책집행 이후에 관리절차,

관리전략, 인과관계경로 등을 평가하는 것을 말한다.

이 책에서 살펴보고자 하는 정책집행의 성과 분석은 학술적으로는 집행분석 또는 정책모니터링에 해당되므로 이에 대하여 간략하게 살펴보기로 한다. 집행분석은 집행의 모니터링과 성과의 모니터링으로 구분된다(남궁 근, 2012).

1) 집행 모니터링

집행 모니터링은 프로그램 투입 또는 활동을 측정하고 이들을 사전에 결정되거나 기대하였던 기준값과 비교한다. 그 목적은 프로그램이 구체적으로 지정된 대상집단이나 지역에 도달되고 있는지, 그리고 프로그램 활동은 프로그램 설계에 구체적으로 명시된 바 그대로 수행되고 있는지 판단하는 데 있다.

실제로 프로그램이 원래 설계된 대로 집행되지 않은 경우도 있다. 프로그램을 진행하는 데 필요한 인력이나 장비가 부족한 경우도 있으며, 때로는 정치적 이유 등으로 프로그램 관리자가 원활하게 의도한 대로 업무를 수행하기 못할 수도 있다. 어떤 경우에는 프로그램 집행자들이 업무지침에 따라 일할 능력을 갖추지 못했거나, 그대로 수행하고자 하는 동기를 가지고 있지 않은 경우도 있다.

그러므로 집행의 모니터링은 프로그램이 당초 설계된 대로 운영되고 있는지, 그것이 구체적으로 명시된 대상집단에 도달하고 있는지, 그리고 그 프로그램을 원래 서비스하기로 되어 있었던 요구(needs)가 아직도 존재하고 있는지 여부를 체계적으로 검토하여 수정 · 보완하고 개선하기 위하여 수행되는 것이다.

2) 성과 모니터링

성과 모니터링의 초점은 산출물들을 측정하고, 프로그램 성과들을 사전에 설정되었거나 기대되었던 기준과 비교하는 것이다. 프로그램 성과 모니터링의 1차적 목적은 프로그램이 그 목표를 향하여 진행되어가는 성과를 주기적으로 측정하고자 하는 것이다. 성과의 모니터링 시스템은 프로그램 목표와 중요한 부수적 효과를 밝혀내고, 프로그램 성과를 사전에 설정하였거나 기대된 성과와 비교함으로써 현재의 상태에 관한 정보를 산출하여 제공하며, 프로그램 목표들을 향하여 성취해 나가고 있는 과정에서 프로그램 활동의 분석에 중점을 둔다. 대부분 정부 프로그램들에 있어서 프로그램 성과의 모니터링은 가장 실행가능성이 높고 또 유용한 평가방법이기 때문에 가장 널리 채택되어 실행되고 있다.

2. 볼로냐 협약 집행성과 평가의 초점

볼로냐 협약의 집행성과를 평가하려면 1999년 볼로냐 협약에서 설정한 활동들을 협약국가들과 고등교육기관들이 예정대로 집행(추진)하였는지, 집행 결과로 인하여 협약에서 설정한 목표가 어느 정도 달성되었는지 파악하여야 한다.

일반적으로 특정의 '정책'이 성공한 것으로 판단하려면, 이를 뒷받침할 수 있는 평가기준과 증거가 필요하다. 그럼에도 불구하고, 평가기준을 설정하는 것이 쉽지 않을 뿐 아니라 평가기준이 있을 경우에도 그에 해당하는 자료를 확보할 수 있어야 한다.

앞에서 살펴 본 바와 같이 볼로냐 협약의 주요영역은 (1) 학제개편, (2) 품질보장, (3) 교육기회균등, (4) 고용가능성 제고, (5) 평생교육, (6) 국제 교류 분야로 구분된다. 그러므로 집행성과를 분석하려면 각 영역별로 집행관련 기준과 성과 관련 기준들을 식별하여야 할 것이다. 예를 들어, 볼로냐 프로세스에 기반을 둔 국제교류 촉진을 위한 정책수단들이 성공했는지 평가하려면 유럽고등권역 내에서 전입 및 전출교류 학생수가 증가하였는지 증거를 살펴보아야 한다.

이 책 제2부 1장에서 6장에 걸쳐 각 영역별로 집행관련 기준과 성과 관련 기준들을 식별한 다음, 볼로냐 협약에 참여한 국가들이 이를 얼마나 충족시켰는지 살펴보기로 하겠다.

Ⅲ. 볼로냐 협약 참여국가의 특징

1. 협약참여국 현황

이 책의 분석대상은 볼로냐 협약에 가입한 47개 국가이다(〈표 2-1〉 참조). 1999년 이탈리아 볼로냐에서 2010년까지 유럽 각국의 고등교육 시스템을 통합하여 하나로 표준화하는 데 합의한 국가는 29개국이다. 이들은 독일, 오스트리아, 벨기에, 불가리아, 덴마크, 스페인, 에스토니아, 핀란드, 프랑스, 그리스, 헝가리, 아이슬란드, 아일랜드, 이탈리아, 라트비아, 리투아니아, 룩셈부르크, 몰타, 노르웨이, 네덜란드, 폴란드, 포르투갈, 영국, 체코, 루마니아, 슬로바키아, 슬로베니아, 스웨덴, 스위스이다.

볼로냐 선언 이후, 협약 참여국가 교육부 장관들은 매 2년마다 모임을 갖고, 유럽고등교육의 개혁을 위해 협력하기로 결의하였다. 2001년 프라하 회의에서 기존 29개국이외에 크로아티아, 키프로스, 터키가 새로이 가입함으로써 볼로냐 개혁에 동참한 국가가 32개국으로 증가하였다. 2003년 베를린 회의에서 다시 알바니아, 보스니아-헤르체고비나, 리히텐슈타인, 마케도니아, 세르비아-몬테네그로, 안도라, 러시아, 로마교황청 등 8개국이 신규로 가입하여 볼로냐 개혁에 동참한 총 가입국가가 40개국이 되었다. 2005년 베르겐 회의에서 아르메니아, 아제르바이잔, 조지아, 몰도바, 우크라이나가 새로이 볼로냐 체제에 합류하여 참여국가가 총 45개국이 되었으며, 2007년 런던회의에 세르비아로부터 분리·독립한 몬테네그로가 가입하여 총 회원국이 46개국으로 늘어났다. 2010년 부다페스트-비엔나 회의에서 카자흐스탄이 47번째 회원국가로 가입하였다(EACEA, 2012: 15). 1999년 가입한 29개 국가와 비교할 때, 그 이후 가입한 국가들은 동유럽지역과 옛 소련 국가들이 주축을 이루

표 2-1 볼로냐 협약 참여국 현황

	1999년 볼로냐 선언	2001년 프라하 선언	2003년 베를린 선언	2005년 베르겐 선언	2007년 런던 선언	2010년 부다페스트-비엔나 선언
참여 국가수	29개국	32개국	40개국	45개국	46개국	47개국
신규 참여국가	독일, 오스트리아, 벨기에, 불가리아, 덴마크, 스페인, 에스토니아, 핀란드, 프랑스, 그리스, 헝가리, 아이슬란드, 아일랜드, 이탈리아, 라트비아, 리투아니아, 룩셈부르크, 몰타, 노르웨이, 네덜란드, 폴란드, 포르투갈, 영국, 체코, 루마니아, 슬로바키아, 슬로베니아, 스웨덴, 스위스	크로아티아, 키프로스, 터키	알바니아, 보스니아헤르체고비나, 리히텐슈타인, 마케도니아, 세르비아-몬테네그로, 안도라, 러시아, 로마교황청	아르메니아, 아제르바이잔, 조지아, 몰도바, 우크라이나	몬테네그로	카자흐스탄

고 있다.

47개 볼로냐 협약 참여국가는 참여시기가 다를 뿐 아니라, 지리적 위치, 인구규모, 국민소득, 고등교육 참여율, 국가재정 지원의 정도 등 여러 가지 측면에서 다양한 국가들로 구성되어 있다.

[그림 2-1]의 지도에 유럽고등권역(EHEA) 참여국가의 분포가 제시되어 있으며, 회원국가의 부호도 표기하였다. 이같이 유럽고등교육권역(European Higher Education Area, EHEA)의 47개 국가는 매우 다른 맥락에서 고등교육정책을 집행해왔으며, 이들 국가에서 볼로냐 협약의 핵심영역별 집행정도는 상당히 다르다. 제2부에서 각 영역별로 집행상황의 국가별 불균형은 어느 정도인지? 유럽고등권역 전체에 걸쳐 수렴경향이 있는지? 아니면 격차가 더욱 확대되었는지 살펴보기로 한다.

그림 2-1 유럽고등교육권역(EHEA) 참여국가 분포

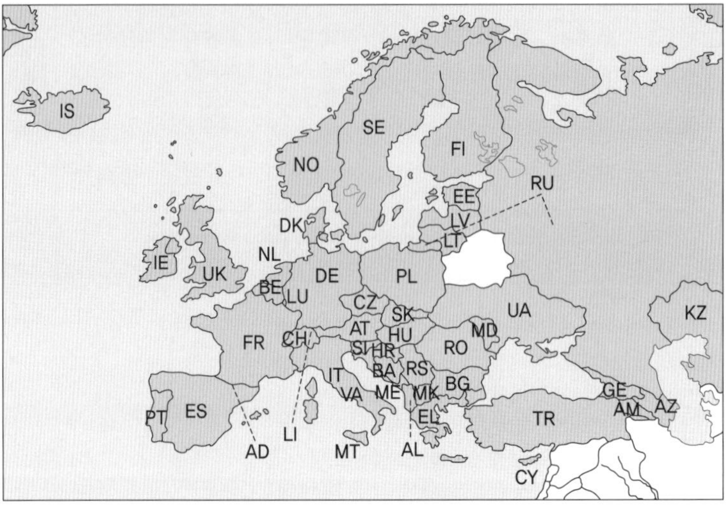

AD	안도라	DE	독일	KZ	카자흐스탄	RO	루마니아
AL	알바니아	DK	덴마크	LI	리히텐슈타인	RS	세르비아
AM	아르메니아	EE	에스토니아	LT	리투아니아	RU	러시아
AT	오스트리아	EL	그리스	LU	룩셈부르크	SE	스웨덴
AZ	아제르바이잔	ES	스페인	LV	라트비아	SI	슬로베니아
BA	보스니아-헤르체고비나	FI	핀란드	MD	몰도바	SK	슬로바키아
BE de	벨기에 - 독일어권역	FR	프랑스	ME	몬테네그로	TR	터키
BE fr	벨기에-프랑스어권역	GE	조지아	MK	마케도니아	UA	우크라이나
BE nl	벨기에-네덜란드어권역	HR	크로아티아	MT	몰타	UK-ENG	영국 - 잉글랜드
BG	불가리아	HU	헝가리	NL	네덜란드	UK-NIR	영국 - 북아일랜드
CH	스위스	IE	아일랜드	NO	노르웨이	UK-SCT	영국 - 스코틀랜드
CY	키프로스	IS	아이슬란드	PL	폴란드	UK-WLS	영국 - 웨일즈
CZ	체코	IT	이탈리아	PT	포르투갈	VA	바티칸시티

영역별 볼로냐 협약 진척상황을 파악하기에 앞서 여기에서는 유럽고등교육권역에 통합되어 있는 국가들의 사회경제적 특징과 고등교육관련 통계를 살펴보기로 하겠다.

2. 고등권역국가의 인구규모

〈표 2-2〉에 로마교황청을 제외한 46개 국가의 2012년 기준 총인구가 제시되어 있다. 2012년 기준 유럽고등권역국가의 총인구는 8억 3747만 명이며, 평균 인구는 1861만 명이다. 29개 최초 협약국가의 총인구는 5억 1626만 명, 평균인구는 1780만 명이다. 최초 볼로냐 협약국가 가운데에는 1998년 소로본느 선언으로 유럽고등권역 창설을 주도한 독일(8280만 명), 프랑스(6393만 명), 영국(6278만 명), 이탈리아(6088만 명) 순서로 인구가 많다. 스페인(4675만 명), 폴란드(3821만 명)가 뒤따르고 있다. 한편 후발참여국가의 총인구는 3억 2120만 명이며, 평균인구는

표 2-2 국가별 총인구, 2012

(단위: 천명)

AT 오스트리아 (1999)*	BE 벨기에 (1999)	BG 불가리아 (1999)	CZ 체코 (1999)	DK 덴마크 (1999)	EE 에스토니아 (1999)	FI 핀란드 (1999)	FR 프랑스 (1999)	DE 독일 (1999)	EL 그리스 (1999)	HU 헝가리 (1999)
8,464	11,060	7,278	10,660	5,598	1,291	5,408	63,937	82,800	11,125	9,976
IS 아이슬란드 (1999)	IE 아일랜드 (1999)	IT 이탈리아 (1999)	LV 라트비아 (1999)	LT 리투아니아 (1999)	LU 룩셈부르크 (1999)	MT 몰타 (1999)	NL 네덜란드 (1999)	NO 노르웨이 (1999)	PL 폴란드 (1999)	PT 포르투갈 (1999)
326	4,576	60,885	2,060	3,028	524	428	16,714	4,994	38,211	10,604
RO 루마니아 (1999)	SK 슬로바키아 (1999)	SI 슬로베니아 (1999)	ES 스페인 (1999)	SE 스웨덴 (1999)	CH 스위스 (1999)	UK 영국 (1999)	HR 크로아티아 (2001)	CY 키프로스 (2001)	TR 터키 (2001)	AL 알바니아 (2003)
21,755	5,446	2,068	46,755	9,511	7,997	62,783	4,307	866	73,997	3,162
BA 보스니아헤르체고비나 (2003)	LI 리히텐슈타인 (2003)	RU 러시아 (2003)	RS 세르비아 (2003)	MK 마케도니아 (2003)	AM 아르메니아 (2005)	AZ* 아제르바이잔 (2005)	GE 조지아 (2005)	MD 몰도바 (2005)	UA 우크라이나 (2005)	ME 몬테네그로 (2007)
3,834	37	143,170	7,182	2,106	2,969	9,235	4,358	3,559	45,530	621

KZ 카자흐스탄 (2010)	합 계			평 균		
	최초29개 국가	후발 국가	전체	최초29개 국가	후발 국가	전체
16,271	516,262	321,204	837,466	17,802	20,075	18,610

* 국명 아래 괄호 안 숫자는 볼로냐 협약 참여 연도.

* 안도라(AD) 제외, 아제르바이잔(AZ) 2011년 통계임.

출처: http://stats.uis.unesco.org/unesco/

2007만 명이었다. 이 가운데에는 러시아와 터키가 각각 1억 4317만 명, 7399만 명으로 인구가 많다.

전체 협약국가 가운데 인구 100만 이하인 국가도 아이슬란드, 룩셈부르크, 몰타, 키프로스, 안도라, 리히텐슈타인, 몬테네그로 등 7개 국에 달한다. 이같이 볼로냐 협약 참여국가의 인구는 편차가 매우 큰 편이다.

3. 고등권역국가의 일인당 국민소득

전체 협약국가의 일인당 평균 소득은 29,478 달러이다. 이 가운데 29개 최초 가입국가의 평균소득은 36,308 달러이다. 최초 가입국가 가운데 일인당 국민소득이 높은 국가는 룩셈부르크가 10만 달러 이상이며, 뒤이어 노르웨이(99,558 달러), 스위스(78,925 달러), 덴마크(56,326 달러), 스웨덴(55,041 달러) 순서이다. 최초 가입국가 가운데 일인당 국민소득 1만 달러 이하인 국가는 불가리아(6,978 달러), 루마니아(9,036 달러) 뿐이다. 한편 2001년 이후 가입한 후발국가들의 평균 소득은 17,827 달러로 최초국가의 평균과 비교하면 절반에도 미치지 못한다. 후발국가들의 경우 리히텐슈타인, 안도라, 키프로스를 제외한 14개 국가의 일인당 국민소득이 2만 달러 미만이며, 1만 달러 미만인 국가들도 10개나 되어 소득수준이 상대적으로 낮은 편이다. 그러므로 고등교육권역 참여국가의 소득수준은 상당히 편차가 크며, 최초 협약국가와 비교하면 후발국가의 소득수준이 훨씬 낮은 것을 알 수 있다.

표 2-3 국가별 일인당 국민소득, 2012

(단위: 경상가격 달러)

AT 오스트리아	BE 벨기에	BG 불가리아	CZ 체코	DK 덴마크	EE 에스토니아	FI 핀란드	FR 프랑스	DE 독일	EL 그리스
46,642	43,372	6,978	18,683	56,326	16,717	45,721	39,772	41,863	22,083

HU 헝가리	IS 아이슬란드	IE 아일랜드	IT 이탈리아	LV 라트비아	LT 리투아니아	LU 룩셈부르크	MT 몰타	NL 네덜란드	NO 노르웨이
12,531	42,416	45,932	33,072	14,008	14,183	103,828	20,848	45,955	99,558

PL 폴란드	PT 포르투갈	RO 루마니아	SK 슬로바키아	SI 슬로베니아	ES 스페인	SE 스웨덴	CH 스위스	UK 영국	HR 크로아티아
12,708	20,165	9,036	16,847	22,000	28,624	55,041	78,925	39,093	13,881

CY 키프로스	TR 터키	AL 알바니아	AD* 안도라	BA 보스니아헤르체고비나	LI* 리히텐슈타인	RU 러시아	RS 세르비아	MK 마케도니아	AM 아르메니아
26,070	10,666	4,000	46,418	4,556	134,617	14,037	5,190	4,565	3,351

AZ 아제르바이잔	GE 조지아	MD 몰도바	UA 우크라이나	ME 몬테네그로	KZ 카자흐스탄	평균 최초29개 국가	평균 후발 국가	평균 전체
7,164	3,490	2,038	3,867	7,041	12,116	36,308	17,827	29,478

* 안도라(AD) 2008년, 리히텐슈타인(LI) 2009년 통계임.

출처: http://stats.uis.unesco.org/unesco/

4. 대학등록률

〈표 2-4〉에 유럽고등교육권역 국가들의 고등교육분야 총등록률의 변화가 제시되었다. 여기에서 고등교육분야 총등록률(gross enrollment ratio)은 고등교육에 참여할 수 있는 연령집단 가운데 고등교육기관에 등록한 학생수의 비율을 의미한다.

2000년 기준 29개 최초 가입국가의 평균 고등교육 등록률은 48.49%였다. 이들 가운데 핀란드, 노르웨이, 스웨덴 등 북유럽국가의 등록률이 각각 82.44%, 69.34%, 67.11%로 가장 높은 편이다. 한편 고등교육 등록률이 가장 낮은 국가는 룩셈부르크(9.81%), 몰타(19.85%)인데, 이들 국가는 고등교육기관의 규모가 작아서 외국의 고등교육기관에 의존하는 것으로 보인다. 그 밖에도 루마니아(24.12%), 슬로바키아(28.43%), 체코

표 2-4 국가별 고등교육 등록률 변화, 2000, 2005, 2012

(단위: %)

국 가	2000년	2005년*	2012년**	차이 (2012-2000)
오스트리아(AT)	57.09	46.95	72.44	15.35
벨기에(BE)	57.52	61.99	70.83	13.31
불가리아(BG)	44.49	44.27	62.70	18.21
체코(CZ)	28.43	48.91	64.17	35.74
덴마크(DK)	57.25	80.43	79.60	22.35
에스토니아(EE)	56.35	68.45	76.68	20.33
핀란드(FI)	82.44	91.84	93.72	11.28
프랑스(FR)	56.90	53.92	58.30	1.40
독일(DE)	–	–	61.65	–
그리스(EL)	51.09	90.21	113.98	62.89
헝가리(HU)	35.93	65.10	59.63	23.70
아이슬란드(IS)	45.48	70.36	80.94	35.46
아일랜드(IE)	50.05	56.37	71.24	21.19
이탈리아(IT)	48.81	63.97	62.47	13.66
라트비아(LV)	56.64	78.86	65.13	8.49
리투아니아(LT)	50.63	77.51	73.95	23.32
룩셈부르크(LU)	9.81	10.33	18.21	8.40
몰타(MT)	19.85	30.22	41.21	21.36
네덜란드(NL)	52.54	58.66	77.34	24.80
노르웨이(NO)	69.34	78.57	74.10	4.76
폴란드(PL)	50.29	63.60	73.19	22.90
포르투갈(PT)	47.56	55.56	68.86	21.30
루마니아(RO)	24.12	44.90	51.60	27.48
슬로바키아(SK)	28.43	40.39	55.11	26.68
슬로베니아(SI)	55.11	79.71	86.02	30.91
스페인(ES)	58.74	66.62	84.57	25.83
스웨덴(SE)	67.11	81.98	70.03	2.92

국 가		2000년	2005년*	2012년**	차이 (2012-2000)
스위스(CH)		37.69	45.72	55.56	17.87
영국(UK)		58.09	58.68	61.88	3.79
크로아티아(HR)		31.00	44.53	61.63	30.63
키프로스(CY)		19.56	33.22	45.86	26.30
터키(TR)		–	32.76	69.39	36.63
알바니아(AL)		13.76	24.52	55.50	41.74
보스니아헤르체고비나(BA)		21.37	29.36	37.74	16.37
리히텐슈타인(LI)		–	29.82	43.68	13.86
러시아(RU)		55.40	72.59	76.14	20.74
세르비아(RS)		–	47.99	52.38	4.39
마케도니아(MK)		22.63	29.63	38.46	15.83
아르메니아(AM)		34.86	38.37	46.04	11.18
아제르바이잔(AZ)		–	19.79	20.44	0.65
조지아(GE)		37.79	46.60	27.93	-9.86
몰도바(MD)		32.53	36.10	40.11	7.58
우크라이나(UA)		48.73	68.67	79.70	30.97
몬테네그로(ME)		–	22.57	55.53	32.96
카자흐스탄(KZ)		28.71	52.92	44.53	15.82
평 균	최초 29개 국가	48.49	61.22	68.45	19.96
	후발 국가	31.49	39.34	49.69	18.20
	전 체	43.70	53.26	61.78	18.08

※ 2001년 자료가 없는 독일, 안도라, 세르비아, 아르메니아, 몰도바, 카자흐스탄은 2010년과 2005년의 차이를 나타냄.

※※ 안도라(AD) 제외.

* 2005년 : 룩셈부르크(LU) 2006년, 리히텐슈타인(LI) 2006년, 세르비아(RS) 2007년, 아제르바이잔(AZ) 2006년 통계임.

** 2012년 : 그리스(EL) 2011년, 아이슬란드(IS) 2011년, 룩셈부르크(LU) 2010년, 루마니아(RO) 2011년, 리히텐슈타인(LI) 2011년, 몬테네그로(ME) 2010년 통계임.

(28.43%)가 등록률이 낮은 국가들이다. 최초 가입국가의 평균 등록률은 2000년 48.49%에서 2005년 61.22%, 2012년 68.45%로 각각 12.73% 포인트, 19.96%포인트가 증가하였다.

한편 후발 가입국가의 2000년 평균 등록률은 31.49%로 최초 협약국가 평균 48.49%에 비하면 17%포인트나 낮다. 후발 가입국가의 2005년과 2012년 기준 평균 등록률은 각각 39.34%와 49.69%로 2000년도와 비교하면 각각 7.85%포인트, 18.2%포인트 증가하였다. 후발가입국가들 가운데 2012년 기준 등록률 평균은 50% 이하인 국가는 9개 국가이다.

〈표 2-4〉에서 알 수 있듯이, 전체협약국가 평균참여율은 2000년 43.70%에서 2012년 61.78%로 18.08% 증가하였다. 최초 29개 협약국가와 후발국가의 경우 2000년 참여율의 차이에도 불구하고 2012년까지 약 18%포인트 증가하여 유사한 증가속도를 보였다. 이 기간 중 참여율이 감소한 국가는 조지아(-9.86%포인트) 하나뿐이었다. 이같이 유럽고등교육권역 국가에서 고등교육 등록률이 증가한 것은 각국이 야심적으로 추진하고 있는 고등교육 대중화 정책에서 비롯된 것이다.

5. 고등교육에 대한 정부재정지출

유럽의 고등교육기관들은 주로 공적 자원을 토대로 운영되므로, 유럽고등교육권역 국가들의 고등교육에 대한 공공지출의 수준을 살펴보기로 하겠다. 고등교육에 대한 정부지원의 정도를 측정하는 대표적인 지표가 GDP 대비 공공지출이다. 이 지표를 통하여 국민경제에서 이용할 수 있는 자원 가운데 어느 정도를 정부가 고등교육분야에 투입하는지, 즉 고등교육분야의 재정지출 우선순위가 어느 정도일지를 파악할 수 있다.

〈표 2-5〉에 따르면 2000년 기준 최초 협약국가의 GDP 대비 평균 고등교육분야 공공지출 비중은 1.15%이다. 그 비중이 가장 높은 국가는 덴마크(2.49%), 핀란드(2.01%), 스웨덴(1.95%), 노르웨이(1.67%) 등 북유럽

표 2-5 국가별 GDP 대비 정부고등교육지출 수준 변화, 2000, 2005, 2010

국 가	2000년*	2005년**	2010년***	차이 (2010-2000)
오스트리아(AT)	1.43	1.48	1.64	0.21
벨기에(BE)	1.33	1.28	1.46	0.13
불가리아(BG)	0.55	0.72	0.61	0.06
체코(CZ)	0.73	0.86	0.96	0.23
덴마크(DK)	2.49	2.38	2.42	-0.07
에스토니아(EE)	1.02	0.92	1.23	0.21
핀란드(FI)	2.01	2.00	2.18	0.17
프랑스(FR)	1.00	1.20	1.33	0.33
독일(DE)	-	1.11	1.38	0.27
그리스(EL)	0.81	1.48	-	0.67
헝가리(HU)	1.04	1.03	0.98	-0.06
아이슬란드(IS)	1.21	1.45	1.63	0.42
아일랜드(IE)	1.28	1.10	1.42	0.14
이탈리아(IT)	0.82	0.76	0.84	0.02
라트비아(LV)	0.87	0.91	0.80	-0.07
리투아니아(LT)	1.33	1.03	1.28	-0.05
몰타(MT)	0.89	0.95	1.58	0.69
네덜란드(NL)	1.39	1.47	1.68	0.29
노르웨이(NO)	1.67	2.26	2.04	0.37
폴란드(PL)	0.72	1.19	1.18	0.46
포르투갈(PT)	0.94	0.95	1.13	0.19
루마니아(RO)	0.78	0.81	1.00	0.22
슬로바키아(SK)	0.72	0.81	0.83	0.11
슬로베니아(SI)	1.28	1.25	1.37	0.09
스페인(ES)	0.93	0.95	1.17	0.24
스웨덴(SE)	1.95	1.89	2.03	0.08
스위스(CH)	1.13	1.44	1.33	0.20

국 가		2000년*	2005년**	2010년***	차이 (2010-2000)
영국(UK)		0.78	1.20	1.02	0.24
크로아티아(HR)		0.93	0.79	0.79	-0.14
키프로스(CY)		0.91	1.58	1.49	0.58
안도라(AD)		-	0.08	0.12	0.04
러시아(RU)		0.47	0.79	0.94	0.47
세르비아(RS)		-	1.21	1.42	0.21
아르메니아(AM)		-	-	0.38	-
아제르바이잔(AZ)		0.23	0.21	0.39	0.16
몰도바(MD)		-	1.46	1.64	0.18
우크라이나(UA)		1.34	1.79	2.37	1.03
카자흐스탄(KZ)		-	0.28	0.40	0.12
평 균	최초 29개 국가	1.15	1.25	1.35	0.20
	후발 국가	0.78	0.91	0.99	0.21
	전 체	1.09	1.16	1.26	0.15

※ 2001년 자료가 없는 독일, 안도라, 세르비아, 아르메니아, 몰도바, 카자흐스탄은 2010년과 2005년의 차이를 나타냄.

※※ 자료가 없는 룩셈부르크(LU), 터키(TR), 알바니아(AL), 보스니아헤르체고비나(BA), 리히텐슈타인(LI), 마케도니아(MK), 조지아(GE), 몬테네그로(ME) 제외

* 2000년 : 벨기에(BE) 2001년, 불가리아(BG) 2001년 , 에스토니아(EE) 2001년, 리투아니아(LT) 2001년, 몰타(MT) 2002년, 루마니아(RO) 2001년, 슬로베니아(SI) 2001년 통계임.

** 2005년 : 독일(DE) 2006년, 라트비아(LV) 2006년, 몰타(MT) 2007년, 크로아티아(HR) 2007년, 세르비아(RS) 2007년, 몰도바(MD) 2006년 통계임.

*** 2010년 : 덴마크(DK) 2009년, 러시아(RU) 2008년, 우크라이나(UA) 2009년, 카자흐스탄(KZ) 2009년 통계임.

국가들이다. 한편 그 비율이 낮은 국가는 불가리아(0.55%), 폴란드(0.72%), 슬로바키아(0.72%), 체코(0.73%), 영국(0.78%) 등이다. 최초 협약 국가의 평균 고등교육지출 비중은 2005년 1.25%, 2010년 1.35%로 증가하였다.

한편 후발국가들의 경우 2000년 기준 GDP 대비 고등교육지출 비율

은 평균 0.78%로 최초 협약국가에 비하여 훨씬 낮은 수준이다. 이들 후발국가들의 경우에도 2005년 평균 0.91%, 2010년 평균 0.99%로 상당히 증가하였다.

〈표 2-5〉에서 알 수 있듯이, 전체협약국가 GDP 대비 평균 고등교육재정지출 비중은 2000년 1.09%에서 2010년 1.26%로 0.17% 포인트 증가하였다. 최초 협약국가와 후발국가의 경우 2000년 평균은 차이가 나지만 2010년까지 증가속도는 유사하였다. 이같이 유럽고등교육권역 국가에서 고등교육 지출수준이 증가한 것은 각국이 야심적으로 추진하고 있는 고등교육 대중화 정책과 이에 따른 등록률의 증가를 반영한 것이다.

Ⅳ. 분석의 시간적 범위와 자료

이 책에서는 볼로냐 협약이 시작된 1999년 직후인 2000년, 2005년, 그리고 1차 협약의 목표시점인 2010년까지의 성과를 중심으로 살펴보기로 하겠다.

자료출처는 Eurostat, Eurydice 및 Eurostudent가 공동으로 노력하여 수집한 자료를 토대로 볼로냐 지원그룹(Bologna Follow-up Group)이 감수한 EU의 각종 집행보고서를 토대로 하겠다. EU는 2000년부터 2012년까지 볼로냐 프로세스의 집행 상황을 여러 가지 관점에서 분석한 보고서를 발간하였다. 첫째, 일련의 추세보고서(trends report)와 실적보고서(stocktaking report)에서 통계자료와 설문조사자료를 제시하였다. 추세보고서로는 2003년(Reichert & Tauch, 2003)과 2005년(Reichert & Tauch, 2005) 보고서가 대표적이다. 한편 실적보고서로는 2005년, 2007년, 그리고 2009년 보고서를 활용할 수 있다(*Bologna Process Stocktaking Report, 2005; 2007; 2009*). 한편 집행보고서에는 2010년, 2012년 발간된 집행보고서가 활용가능하다(EACEA, 2010; 2012). 그 밖에도 UNESCO가 발간하는 통계연보를 활용하기로 한다.

||||| 참고문헌 |||||

남궁 근 (2012). **정책학**. 제2판. 파주: 법문사.
남궁 근 (2010). EU교육정책 개방형 정책조정의 영향: 담론형성과 정책학습. **정책분석평가학회보**, 20(1): 217-244.
EACEA (2010). *Focus on Higher Education in Europe. The Impact of the Bologna Process.* Brussels: EACEA P9 Eurydice.
EACEA (2012). *The European Higher Education Area in 2012: Bologna Process Implementation Report.* Brussels: EACEA P9 Eurydice.
Papatsiba, Vassiliki (2006). Making higher education more European through student mobility? Revisiting EU initiatives in the context of the Bologna Process. *Comparative Education*, 42(1): 93-111.
Reichert, S. & C. Tauch (2003). *Trends 2003: progress towards the European Higher Education Area.* EAU(Eurepean University Association).
http://www.eua.be/eua/jsp/en/upload/Trends2003final.106501116485.pdf
Reichert, S. & C. Tauch (2005). *Trends IV: European Universities Implementing Bologna.* EAU(Eurepean University Association). http://www.eua.be/eua/jsp/en/upload/TrendsIV_FINAL.1117012084971.pdf
Bologna Process Stocktaking Report 2005. Report from a working group appointed by the Bologna Follow-up Group to the Conference of European Ministers Responsible for Higher Education, Bergen, 19-20 May 2005.
Bologna Process Stocktaking Report 2007. Report from a working group appointed by the Bologna Follow-up Group to the Ministerial Conference in London, May 2007.
Bologna Process Stocktaking Report 2009. Report from a working

group appointed by the Bologna Follow-up Group to the Ministerial Conference in Leuven/Louvain-la-Neuve 28-29 April 2009.

Tauch, C. (2004). Almost half-time in the Bologna Process - where do we stand? *European Journal of Education*, 39(3): 275-288.

http://stats.uis.unesco.org/unesco/

PART

II

영역별 집행성과 분석

제1장 학제개편

Ⅰ. 서　　론

유럽고등교육권역(EHEA) 국가의 학위체제 개편은 볼로냐 프로세스의 핵심과제이다. 1999년 볼로냐 협약에서는 공통의 2단계 학위체제, 즉 1단계 학사과정(최소 3년)과 2단계 석·박사과정을 도입하기로 합의하였고, 이와 연계하여 유럽고등교육권역 국가들이 쉽게 이해되고 비교가능한 학위체제를 채택하여 졸업생들의 취업가능성을 제고하는 것은 물론 유럽고등교육체제의 경쟁력 제고를 추구하기로 하였다. 2003년 베를린 회의에서 기존의 2단계 학위체제(학사 및 석·박사)를 넘어서 최초로 박사과정이 포함된 3단계 학위체제(학사·석사·박사) 도입이 논의되었다. 즉, 2단계 석사학위는 3단계 학위인 박사과정으로 진학할 수 있는 통로가 되어야 한다는 것이다. 2005년 베르겐 회의에서는 3단계 학위체제 각 단계에서의 EHEA 자격기준(Qualification Frameworks-EHEA)을 채택하였다. 이 자격기준은 학습성과와 역량, 그리고 1-2단계 학위체제에서의 학점 범위에 근거한 일반적 서술을 포함하였다.

2007년 런던 회의에서는 3단계 학위체제에 기반을 둔 EHEA 구축의 목표를 향하여 국가와 고등교육기관 수준에서 상당한 진전이 있었다고 평가하였다. 런던회의에서는 단계별 커리큘럼 개혁이 노동시장의 요구는 물론 상급단계로 진학하는 데 더 적합한 자격을 갖출 수 있도록 추진되어야 한다고 강조하였다. 또한 EHEA 자격기준과 양립가능한 국가자격기준(National Qualification Frameworks)을 2010년까지 완성하는 데 노력을 집중하기로 하였다. 2009년 루밴 회의에서는 볼로냐 협약 10년의 성과를 결산하면서 유럽 고등교육이 3단계 학위과정을 마련하고 교육기관의 질 보장을 위한 유럽표준지침(ESG)를 채택하는 등 현대화되었다고 평가한 바 있다.

이 장에서는 볼로냐 프로세스에 따른 학위체제의 변화를 살펴 본 후, 유럽국가들의 2단계 학위체제의 변화를 비교한 다음, 학제개편에 따른 학위제도와 자격인정을 살펴보기로 하겠다. 이어서 학습경로의 유연성, 새로운 학위체제의 수용문제, 유럽의 학제개편에 따른 고등교육 개편에 관하여 살펴보기로 한다.

Ⅱ. 집행성과

1. 볼로냐 프로세스와 학위체제의 변화

볼로냐 프로세스의 핵심은 고등교육에서 3단계 학위구조를 수립하는 데에 있었다. 새로운 학위구조에 대하여 여러 가지 잘못된 이해가 끊이지 않고 있지만, 사실상 볼로냐 프로세스는 3단계 학위구조의 기간에 대해 엄격히 규정하고 있지 않다. 첫 번째 학위 획득 자격에 대해서도 최소 3년이 경과해야한다는 규정은 거의 없으며, 단지 석사과정에서 60~120 ECTS 학점 취득 범위를 규정하고 있을 뿐이다.

볼로냐 프로세스가 유럽 고등교육개혁을 위해 도입되었던 당시, 가장 근본적인 조치는 전통적으로 하나의 단계로 구성된 학위과정을 학사와 석사과정으로 분리된 2단계 학위체제로 변경하는 것이었다. 새로운 학제체제에 따라 3~4년간의 첫 번째 학위과정을 마치게 되면 별도의 학위를 수여받게 되었으며 이후 1~2년간의 과정을 마치면 석사에 해당하는 학위를 받을 수 있도록 하였다(김신규, 2007).

볼로냐 프로세스 실시 이후 지금까지 새로운 학위체제는 정착되어 가고 있으나 여전히 학사학위와 석사학위 간의 분리는 혼란을 초래하고 있기도 하다. 전통적인 교과과정에서 현재의 학사과정은 낮은 단계의 학위로 간주될 수밖에 없으며 따라서 학업이 아직 완료되지 못한 상태로 인식되기도 한다(김신규, 2007). 유럽사회는 기존의 교과과정에서 2~3년제 기술대학 출신자들에게 학사학위를 부여했던 문화적 배경에서 벗어나지 못하고 있는 것이다.

유럽 고등교육사회는 2004년에 3단계 학위과정을 새롭게 강조하였다. 2단계 학위체제에 추가적인 3단계 학위체제를 박사과정으로 도입한 것이다. 결과적으로 볼로냐 프로세스에 따른 교육개혁은 3~4년간의 학사과정, 1~3년간의 석사과정에 이은 3~4년간의 박사과정을 기본적인 학위체제로 도입하게 되었다. 그러나 이러한 조치가 엄격하게 지켜지도록 규정된 것은 아니어서 국가별, 분야별 자율성은 인정되고 있다.

볼로냐 체제의 3단계 학위체제에 있어 자율성을 인정하는 대표적인 예는 의학과 법학 분야가 전통적인 4~6년간 석사과정을 유지하고 있는 것이다. 이외에도 대부분 국가들이 수의학, 교육학 등의 분야에 대해서는 기존의 학위과정을 그대로 유지하고 있다. 또한 입학 시기별로로 기존의 학위체제에 입학했던 학생들은 학적을 유지하면서 장기적인 석사과정을 이수하였다(김신규, 2007).

3단계에 속하는 박사과정은 3~4년간의 학위과정을 거치게 되며 창조적인 개인적 연구활동과 시험을 통과해야 하는 이론적 영역으로 구분된다. 박사과정은 지도교수의 지도로 진행되며, 연구 활동에 앞서 기본적인 학점을 취득해야 한다. 학위과정을 마치면, 국가고시와 논문 심사를 거쳐 박사학위가 수여된다(김신규, 2007). 현실적으로 사립대학의 경우 박사학위 과정이 개설되어 있지 않은 경우가 많은데 체코의 경우에는 사립대학 대부분이 학사학위 과정만 개설하고 있으며, 2006/07년 학사년도에는 이중 일부만이 석사과정을 개설하였다(김신규, 2007).

유럽 고등교육에서 학위 자격요건 체계는 3단계 학위구조에 초점을 맞추면서 2005년 베르겐 회의에서 본격적으로 받아들여졌다. 학위구조는 1단계에서 180에서 240 ECTS 학점을 이수하고 2단계에서는 60에서

120 ECTS 학점을 이수하는 것으로 구성되어 있다. 이러한 학위체제를 바로 전형적인 볼로냐 체계라고 부르고 있다.

3단계 학위구조는 볼로냐 국가들의 고등교육기관과 교육프로그램에 적용되어 왔지만 전형적인 볼로냐 학위체제와 일치하도록 통제되지는 않는다. [그림 1-1]은 3단계 학위구조의 적용범위를 보여주고 있다. 특히 3단계 학위체제는 유럽의 중앙부에 위치한 국가들에서 영향력이 있었던 것으로 보인다. 남동부와 북서부 유럽에서는 1999년 즈음에 이미 3단계 학위구조를 시행하고 있었다(EACEA, 2010).

그림 1-1 1999년 이후 2009년 3단계 학위구조 적용 지역

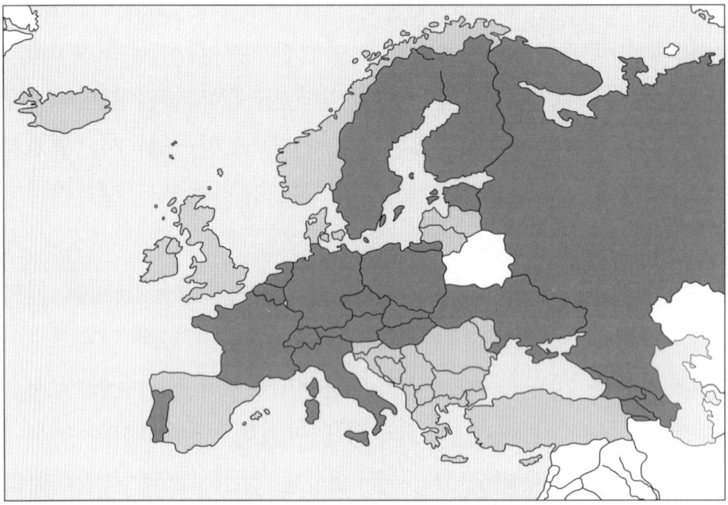

- 1999년 이후 3단계 학위구조 적용 지역
- 1999년 이전 3단계 학위구조 적용 지역
- 3단계 학위구조 비적용 범위

출처: EACEA(2010), p. 16, Figure 1.

볼로냐 프로세스로 인한 학제체제의 근본적인 개혁에 대해서는 논쟁이 계속되고 있다. 2005년 이후 박사수준의 교육에 대한 관심이 증가하였으나 여전히 실질적인 조치는 학사와 석사 수준에 있었다. 대부분 대학의 자율권에 맡겨 이루어진 조치들이었으므로 국가별로 통일된 규칙성이 존재하지는 않았다(EACEA, 2010). 그러나 학사와 석사 수준에서 주요 교육프로그램의 기간과 학업량에 대해서는 고등교육체제 간의 공통점을 확인할 수 있다.

학사 프로그램 체제는 크게 두 개의 유형이 있다. 25개의 고등교육시스템에서는 180 ECTS 학점을, 그리고 13개의 고등교육시스템에서는 240 ECTS 학점체제를 시행하였다. 다른 경우에도 어떤 단일한 형태가 우세하다기보다는 고등교육기관과 프로그램별로 자율적으로 시행하고 있었다. 어떤 국가들에서 180 또는 240 ECTS 학점체제와는 다른 학사학위 프로그램을 제공하고 있으나 다소 드문 경우로 주요한 형태로 인정하기는 어려웠다. 헝가리 34%, 안도라 20%, 스웨덴의 12% 정도가 별도 체제의 학사학위 프로그램을 제공하고 있으며 특히 스웨덴에서는 모든 전문자격을 요구하는 직종에 대해 시행되고 있다(EACEA, 2010).

27개의 볼로냐 협약 참여국가들에서는 석사 수준에서 120 ECTS 학점 체제가 가장 일반적인 것이었지만, 대부분 국가들은 2단계 학위수준에서 각기 다른 학업기간을 제공하고 있었다. 불가리아, 세르비아, 그리고 우크라이나에서 가장 우세한 석사학위체제는 60 ECTS 학점체제이다. 몬테네그로는 석사과정에서 기본적으로 60 ECTS 학점을 획득하도록 하고 있으나 추가적인 전문가 과정에서는 다시 60 ECTS 학점을 취득하도록 규정하고 있다. 스위스와 영국에서는 대부분의 고등교육기관이 90 ECTS를 이수하도록 석사과정에서 규정하고 있다. 다른 국가들에서는 어떤 우세한 유형없이 각기 다른 석사과정 기간의 프로그램들이 제공되고 있다(EACEA, 2010).

결과적으로 볼로냐 프로세스가 이행되는 과정에서 1단계와 2단계의 두 단계를 결합함에 있어서 다음 [그림 1-2]에서와 같이 세가지 다른 유형이 존재한다는 것을 알 수 있다.

그림 1-2 2009년과 2010년 국가별 가장 우세한 볼로냐 체제

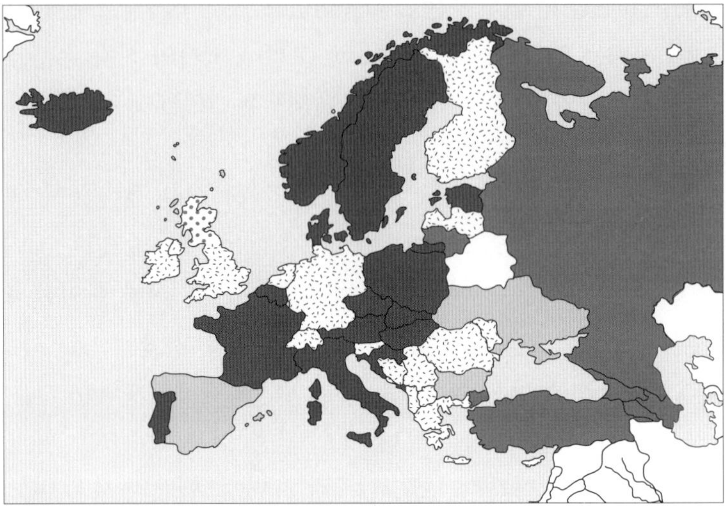

- 180+120학점(3+2 학위기간) 체제
- 240+120학점(4+2 학위기간) 체제
- 240+90학점(4+1.5 학위기간) 체제
- 240+60학점(4+1 학위기간) 체제
- 우세한 체제 없음
- 적용 가능하지 않음

출처: EACEA(2010), p. 19, Figure 4.

첫 번째 유형은 19개 고등교육시스템에서 3+2 학위기간에 걸쳐 180+120 ECTS 체제를 실행하는 것이며, 두 번째 유형은 4+2 학위기간에 걸쳐 240+120 ECTS 체제를 이행하는 것으로 아르메니아, 아제르바이잔, 조지아, 리투아니아, 러시아와 터키 등 6개 국가에서 나타나고 있다. 세 번째 유형은 4+1/1.5 학위기간에 걸쳐 240+60/90 ECTS를 실행하는 것으로 불가리아, 스페인, 우크라이나, 그리고 영국(스코틀랜드)에서 실행되고 있다. 유럽의 국가들에서는 볼로냐 프로세스를 이행함에 있어 학제체제의 다양성이 유지되고 있으며 학위 기간을 포함한 학제체제는 고등교육기관 및 학문분야의 책임하에 결정되도록 자율성이 보장되

고 있다(EACEA, 2010).

볼로냐 프로세스는 국가 관할 지역을 통틀어 투명성을 향상시키고 시스템의 융합을 이끌어낼 목적으로 신뢰 구축을 통해 시스템 수준에서 변화를 유도해왔다. 이러한 조치들은 기본적으로 3단계 학위체제, 중요한 자격요건들의 틀, 학위 보조자료 및 품질 보증서를 발급하는 유럽학점 교류시스템(ECTS)의 개발을 포함한다. 이해하기 쉽고(readable), 비교가능하며(comparable), 학위(degree)를 인정할 수 있는 체제를 채택하고 3단계 체제를 확립하기 위한 노력은 현재 47개국에서 실시되고 있다(EACEA, 2012).

26개 국가에서, 볼로냐 2주기 시스템에 상응하는 프로그램에서 공부하는 학생들의 비율은 90%이며, 다른 13개국들의 경우 학생들의 70~89%는 볼로냐 시스템에 상응하는 프로그램에서 공부하고 있다. 일부 국가들에서, 법률 개정이 늦게 이루어지고 있기 때문에 그러한 프로그램에 등록한 학생의 비율은 여전히 낮다. 그러나 거의 모든 국가들은 여전히 EU 지침 및 국가 법률에 따라 의학, 치의학, 약학, 건축학, 수의학을 비롯하여 공학, 법학, 신학 및 교사 교육 등 5~6년의 학업을 요구하는 규제되는 직업부문의 전문가들을 배출하는 분야에서 프로그램들을 통합해왔다(EACEA, 2012).

2009년에서 2012년 자격검정체계 실무그룹은 자격검정에 관련된 주요 정책 현안에 대하여 제언을 할 의무가 있었다. 한편, 이 보고서는 국가 자격검정 프레임워크 수립의 진척 상황에 초점을 맞춘다. 보고 실무그룹과 자격검정 프레임워크 실무 그룹 간의 긴밀한 협력으로 이러한 보완적인 작업이 명확하고 일관적인 방식으로 제시될 수 있었다. 2009년부터 2012년까지 자격인정체제를 위한 실무그룹(Recognition Working Group)은 자격검정 및 학점에 대한 인식의 일관성을 확보하고 다른 국가들의 인식을 향상시키기 위해 인정에 대한 국가적 실행 계획의 분석에 관한 제언을 끝까지 제시해야 할 의무가 있음을 피력하였다(EACEA,

2012).

2005년에 채택된 자격검정 체제는 학점 범위를 설정한다. 즉, 1단계 학위체제에 대해서는 180~240 ECTS 학점, 2단계 학위체제에 대해서는 최소한 60학점과 함께 90~120학점으로 구성된다(EACEA, 2012). 이는 2단계 학위체제의 일반적인 모형뿐 아니라 2단계가 얼마나 성공적으로 실행되었는지를 고려한 것이다. 또한, 단기적으로 1단계 볼로냐 학위체제에 연관성, 3단계 학위체제 실행에 대한 분석뿐만 아니라 볼로냐 학위체제 간 접근성에 관련된 상황을 분석한다(EACEA, 2012).

[그림 1-3]에 나타난 2009년부터 2012년에 대한 이 지표의 결과를 언뜻 보면 그림이 거의 바뀌지 않은 것을 알 수 있다. 그러나 이러한 명백한 결과에 대한 중요한 설명은 2009년 국가들의 답변은 볼로냐 모델을 도입하는 법안 채택의 진척상황에 기초했던 반면에 2012년 국가 분포는 실제로 볼로냐 모델 프로그램에서 실제적으로 공부하는 학생들의 비율을 나타내는 통계적 자료를 토대로 하고 있다(EACEA, 2012).

절반 이상의 국가들에서, 볼로냐 2단계 학위체제에 상응하는 프로그램에서 공부하는 학생들의 비율은 90% 이상이며, 전체 국가들의 1/4에서는 70~89%에 달한다. 동시에, 거의 모든 국가들은 여전히 EU 지침 및 국가 법률에 따라 의학, 치의학, 약학, 건축학, 수의학을 비롯하여 공학, 법학, 신학 및 교사 교육 등 5~6년의 학업을 요구하도록 규제되는 직업부문의 전문가들을 배출하는 분야에서 프로그램들을 통합해왔다(EACEA, 2012).

더욱 희소한 예로는 예술, 과학 등이 있다. 통합된 장기간의 프로그램이 유지되면서도, 학습성과의 방향에 맞추어 개발되고 있으며 ECTS 및 학위설명자료(Diploma Supplement) 등의 도구가 실행되고 있는 상황에서 일반적으로 볼로냐 프로세스가 영향을 끼치고 있다. 특히 안도라와 스페인뿐만 아니라, 오스트리아, 독일, 교황청과 슬로베니아 등 일부 국가에서 볼로냐 2단계 학위체제에 상응하는 프로그램에 등록한 학생의

그림 1-3 1차 및 2차 주기의 실행 단계, 2010/11

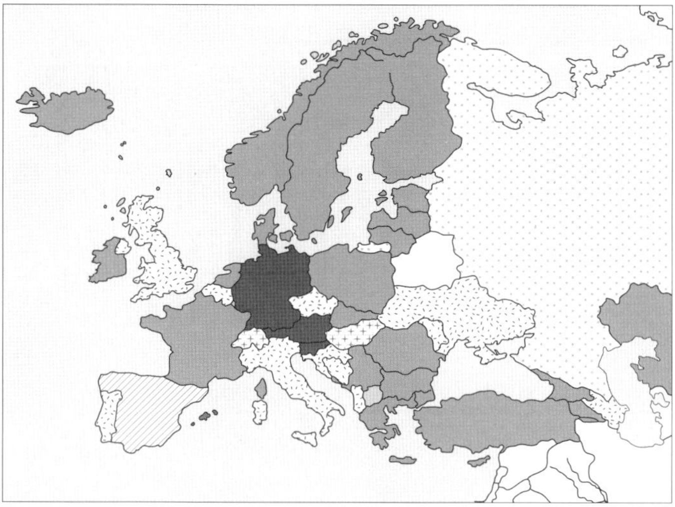

	2012 보고서	2009 보고서
(회색)	26	31
(점)	13	10
(십자)	2	3
(진회색)	4	3
(빗금)	2	1

- 볼로냐 원칙에 따른 2주기 학위 시스템에 등록한 모든 학생들 중 최소한 90%
- 볼로냐 원칙에 따른 2주기 학위 시스템에 등록한 모든 학생들 중 최소한 70~89%
- 볼로냐 원칙에 따른 2주기 학위 시스템에 등록한 모든 학생들 중 최소한 50~69%
- 볼로냐 원칙에 따른 2주기 학위 시스템에 등록한 모든 학생들 중 최소한 25-49%
- 볼로냐 원칙에 따른 2주기 학위 시스템에 등록한 모든 학생들 중 25% 이하
- 볼로냐 원칙에 따른 학위 시스템에 관련된 법안이 채택되었고 시행을 기다리고 있다.

주의: 지표는 볼로냐 모델에 속하는 프로그램에서 공부하는 학생들의 비율(%)로 정의된다. 유럽 연합통계청 통계 데이터는 2009/10년의 상황을 반영한다. 유럽 연합통계청 데이터를 입수할 수 없는 경우, 점수는 BFUG 조사의 결과에서 추정되었다. 유럽 연합통계청 데이터는 영국에 대한 단일 값을 제공한다.
출처: EACEA(2012), p. 32, Figure 2.1.

비율은 상대적으로 낮다. 이는 볼로냐 구조로 전환을 명시하는 법 개정이 상대적으로 늦게 채택되었거나 개혁의 기한이 상대적으로 늦게 설정되었기 때문이다. 이들 국가에서, 실질적인 개혁의 실행은 비교적 최근에 시작되었으며 이전 시스템에서 등록한 학생들이 졸업할 때까지는 몇 년이 걸릴 것으로 예상된다(EACEA, 2012).

그림 1-4 볼로냐 3단계 구조를 따르는 프로그램에 등록한 학생들의 단계별 비율 (%), 2008/09

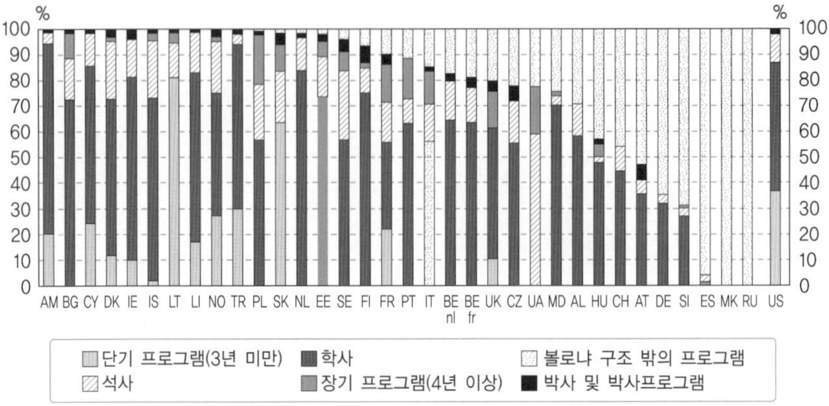

출처: EACEA(2012), p. 33, Figure 2.2.

2. 유럽국가들의 2단계 학위구조 변화 비교

Eurydice 보고서는 모든 서명국이 안도라, 벨기에, 헝가리, 포르투갈, 루마니아, 스페인과 스웨덴(일부 과정은 예외로 함) 등을 제외하고, 2단계 학위구조와 관련한 일반적 규제를 시행한다는 점을 언급하고 있다. 그러나 규제 집행은 현행 구조가 모든 프로그램에 적합하다는 것을 전제로 하지 않는다. 예를 들어 네덜란드에서, 의학분야를 제외한 모든 프로그램은 2단계 구조에 따르고 있다. 독일과 오스트리아와 같은 다른 나라에서 변화가 이루어졌으며 독일 고등교육기관들의 새로운 학위체제 시행정도가 2004/05년도에는 8%였으나 2006년 3월 기준 36.3%를 제공한 것으로 나타났다. 오스트리아에서는 2004/05년도에 대학 학위 프로그램의 28.6%가 2단계 구조로 바뀌었다. 직업교육중심대학은 2005/06년도에 2단계 구조로 학위 프로그램의 52%를 바꾸었다(EACEA, 2010).

크로아티아는 새로운 학위체제 실행 과정에서 상당한 혼란이 있었다. 규제를 비롯한 실질적 문제점들은 해결되지 않았다. 프랑스 역시 이러한 경우에 해당한다. 프랑스 대학들은 점차적으로 새로운 학위구조를 집행하고 있지만, 반면에 프랑스 그랑제꼴(grandes écoles)에는 개혁의 영향력이 미치지 않고 있다.

Eurydice 보고서 출간 이래로, 5개국에서 적합한 규제없이 새로운 학위체제로의 개혁이 이루어진 것으로 확인되었다. 스페인에서는 대학원과 대학원 이후 연구과정을 규제하는 법과 왕실 명령에 대한 수정안이 제안되었지만, 개혁을 주도할 정부 규제는 진행 중이다. 대부분 대학들은 유럽고등교육권역에 따라 존재하는 학위체제의 다양성에 이미 순응하고 있다.

헝가리에서 2단계 학위구조를 완료하도록 하는 고등교육에 관한 새로운 법이 2005년에 통과되어 2006년부터 지속적으로 집행되고 있다. 루마니아에서는 학위구조의 변화를 2단계 학위구조로 가능하게 하는 새로운 규제가 의회(법 288/2004)에 의해서 통과되어 2005년과 2006년에 연이어 집행되었다. 스웨덴 의회는 2006년 3월에 고등교육에 관한 새로운 법을 통과시켰고 대학들은 그 해 여름부터 새로운 고등교육법령을 따랐으며 2007년 가을부터는 2단계 학위구조로의 변화를 예상할 수 있었다. 포르투갈에서는 이러한 변화들을 예상하면서 새로운 법이 2006년에 통과되었으며 포르투갈 고등교육기관들이 약 40%에 달하는 학위프로그램을 새로운 학위구조로 조정하였다. 아이슬란드와 같은 일부 국가들은 이미 2단계 학위구조를 위한 규제를 갖고 있었지만 법적인 조정은 최근에 이루어지게 되었다는 점도 언급할 만하다.

유럽에서는 독일, 오스트리아, 스페인과 같은 몇 개 국가들에서만 전문 교육훈련이 대학교육으로 통합되어 있다. 대부분의 다른 국가들에서는 전문 교육훈련이 대학교육과 완전하게 독립적으로 진행되며, 영국과 아일랜드와 같은 일부 국가에서는 전문 교육훈련이 대학교육을 통해 이루어질 수 있다는 것을 예상조차 하지 않는다.

이러한 상황에서 의학 교육과 마찬가지로, 법학분야의 주요 이슈는 2단계 학위구조가 전문적 교육훈련에 대한 특정한 욕구를 수용하기에 적절한지에 대한 의문이었다. 유럽법과대학협회(European Law Faculties Association: ELFA)는 볼로냐 학위체제가 단순하고 투명하다는 장점을 지니고 있지만, 법이라는 전문적 교육훈련의 요구나 조건에 완전히 부합하지 않는다는 점을 지적하였다. ELFA는 볼로냐 선언을 집행하는 과정에서 책임있는 사람들이 전문 교육의 특정한 요구와 표준에 더욱 많은 관심을 기울일 것을 촉구하였다. ELFA는 유럽 국가들에서는 자유로운 법률가 구축과 상호 학위 인정과 관련한 규정들이 이미 존재하고, 그것들이 교육과정 개혁에 고려되어야 한다는 점을 밝히고 있다.

2단계 학위 구조를 채택하게 되었을 때 핵심적인 문제는 법관 혹은 변호사가 되기 위한 전문 교육훈련에 권한을 부여하기 위하여 어떤 최소한의 학위 조건이 요구되는가 하는 것이다. 대부분의 국가들에서는 석사수준의 학위를 요구하고 있다. 영국과 아일랜드는 이런 측면에서 예외적이다. 이런 배경에서, ELFA는 2단계 학위구조가 어떤 방식으로 유럽의 법학고등교육을 육성시키기 위해서 활용될 수 있는지에 대해서 의견을 냈다. 그 아이디어는 공통적으로 국가법에 초점을 맞추고, 동일 국가에서 다양한 법률 직업을 위한 전문 교육훈련에 입학하기 위한 자격을 부여하면서, 3~4년의 학사학위를 갖는 것이다. 석사학위는 제2의 국가 법 맥락에서 자격을 부여하고 그 제2의 국가에서 전문 교육훈련 입학 조건을 획득하기 위하여, 혹은 유럽과 국제 법으로 더욱 광범위하게 교육받기 위하여 활용될 수 있다. 후자의 경우에 석사학위는 제2의 국가에서 전문 교육훈련으로 즉각적인 입학을 제공하지 않을 것이고, 각각의 EU지시로 된 규정에 영향을 받게 될 것이다.

더욱 유연할 수 있는 시스템을 만든다면, 학사와 석사학위의 조합에 대한 더욱 많은 선택들을 생각할 수 있다. 하지만 전문법률 교육훈련기관에 입학자격으로 대부분의 국가들에서 석사학위 졸업을 요구하고 일부 국가에서 교육과 전문 교육훈련이 밀접하게 얽혀 있다는 점을 고려할 때, 유럽법과대학협회(ELFA)의견을 유럽 법학교육자 커뮤니티의 합의로 간주할 수만도 없다.

볼로냐 유형의 2단계 학위구조 집행과 관련하여 매우 다른 패턴들이 32개국에 걸쳐서 나타났다. 많은 국가들(영국, 아일랜드, 벨기에, 크로아티아, 덴마크, 에스토니아, 프랑스, 그리스, 아이슬란드, 포르투갈, 몰타, 네덜란드, 슬로바키아, 그리고 룩셈부르크)에서 2단계 학위구조는 모든 법학 프로그램에 적용되었다. 2단계 학위구조의 중요성은 어떤 수준에서 전문 교육훈련이 이루어져야하는지와 대학교육과 관련해서 그것이 어떤 역할을 하는지에 따라 매우 다양해진다.

유럽적 시각에서 영국과 아일랜드는 특별한 사례이다. 영국와 아일랜드에서는 2단계 학위구조가 법학 분야에서 이미 오래전에 구축이 되었고, 유연성있는 교육시스템을 통하여 상당히 부담이 될 수 있는 학위과정을 운영하며, 학사학위로 전문 교육훈련 입학 자격을 부여하고 있다. 아일랜드에서는 전문 교육훈련이 아일랜드 법학회와 King 법학원 학회에 의해서 조직 된다. 입학은 이들 학회들에 의해서 각각 설계된 시험 결과에 달려 있다. 가장 일반적인 선행 경로는 3년 또는 4년과정 법학사 취득이고, 공학계열 졸업생들, 학제간 학위를 갖는 대학 졸업생들, 전환과정이 존재하는 비법학적 배경을 지닌 학생들을 포함하여 광범위하게 다른 배경을 지닌 학생들도 시험을 통과한다면 입학 자격이 부여된다. 원칙적으로 고등교육 학위가 없는 후보자들 역시도 비록 그들이 자신들의 일반적 지식과 역량 수준을 증명하기 위하여 응시자격이 부여된 추가적인 시험에 통과해야 한다.

전문 교육훈련이 일반적으로 최상의 경력 전망을 제공하기는 하지만, 학사 졸업생들은 공무원, 금융계통, 사회봉사, 시민권리 교육과 인적자원 등과 같은 노동시장에서의 다른 경력을 선택할 수 있다. 석사 학위는 전문 교육훈련 응시를 위한 전제조건으로서 필요로 하지도 않고,

그 기간 역시 1년뿐 이므로 이 모델에서 중요한 역할을 하지 않는다.

그리스에서는 전문 교육훈련으로 들어가기 위해서 자격을 부여하는 법학 학사학위 모델이 4+2이다. 네덜란드, 벨기에, 프랑스, 이탈리아에서는 법학 교육이 볼로냐 개혁의 일부분으로서 2단계 학위구조로 전환되었지만, 전문 교육훈련 입학은 조정되지 않았다. 결과적으로 네덜란드에서는 여전히 4년간 연구기간을 통하여 자격을 부여하고 있으며 이는 벨기에에서도 유사하다. 즉 3+2모델이 집행되지만 변호사로서 교육훈련 입학을 위해서 필요한 전제조건은 5년이다. 프랑스에서는 새로운 2년 석사학위 첫 해 후, 4년 고등교육 후, 이전 석사과정이 최소 학위수준으로 존재한다. 이탈리아에서는 1999년에 3년 과정과 그 후의 2년 과정으로 구성된 학위구조로 전환함으로써 볼로냐 구조로 조정되었다.

하지만 법관, 변호사, 혹은 공증인과 같은 규제 받는 전문분야를 위한 교육훈련과정 입학은 두 번째 학위 졸업을 요구한다. 2006/07학년도부터 발효되어, 법학 프로그램은 다시 석사수준까지 직접 이끄는 5년 프로그램으로 통합되었다. 룩셈부르크에서는 법학 교육의 첫 번째 부분인 학사학위만이 가능하다. 졸업생들이 룩셈부르크의 전문 교육훈련을 받기 위해서 되돌아오기 전에 프랑스와 벨기에의 협약을 통해서 교육이 보장된다. 크로아티아에서는 유럽법과대학협회(ELFA)의 권고에 따라서 4+1법학 모델이 도입되었지만, 첫 번째 학위는 공식적으로 고용을 위한 자격을 부여하지 않는다. 에스토니아에서는 3+2 구조가 실행되고 있으며 학사 학위는 기본 법학 지식을 요구하는 직책을 준비하기 위한 것이다. 덴마크에서는 3+2 법학 구조가 1992년 이래로 이미 존재한다. 이들 모든 국가에서는 법학사들이 노동 시장에 진입과 고용 추구가 물론 자유롭지만, 그들이 어떤 기회를 갖게 될지와 이 수준에서 법학 대학 졸업생들의 생존이 이전에 그런 자리를 채웠던 다른 전문직 종사자들에게 어떤 방식으로 영향을 끼칠지에 지속적인 관심을 두어야 한다.

스페인을 비롯한 일부 국가들에서는 2단계 학위구조가 짧은 기간 안에 현실화되어야 한다는 합의가 있다. 수많은 국가보고서는 리투아니아와 라트비아와 같이 2단계 학위구조와 통합 교육과정이 공존하는 상황을 보고하고 있다. 마지막으로 몇 몇 국가들은 법학 분야가 2단계 구조로부터 면제되었다고 보고한다. 그 예가 오스트리아, 불가리아, 크로아티아, 체코 공화국, 독일, 헝가리, 이탈리아, 노르웨이, 폴란드와 스웨덴이다. 이들 국가에서는 이것이 종종 석사수준 학위가 변호사와 같이 전문적 교육훈련을 위해서 자격을 부여하기 위해서 필요하다든지, 혹은 4.5+2 구조로 이어지는 독일에서와 같이 전문적 교육훈련이 두 번째 법학 교육 국면으로 통합되는 학제적 직업적 협회 주장에 근거한다. 불가리아에서는 법학 학사학위 도입 논의가 현재 진행 중이다.

3. 학제개편에 의한 학위 제도와 자격 인정

유럽고등교육권역(European Higher Education Area: EHEA)의 전체 고등교육에서 학제개편의 실행 목표를 달성하는 것은 시간문제이다. 그러나 일부 국가들의 경우 볼로냐 3단계 체제에서 공부하는 학생의 실제 비율은 여전히 낮은데, 그 이유는 고등교육 기관들이 최근 학부 및 대학원 프로그램에 학생들을 받아들이기 시작했기 때문이다. 또한, 일부 국가들 경우 특정적으로 규제되는 직업 및 일부 특정 분야는 아직 2단계 체제에 포함되어 있지 않다(Bologna Follow-Up Group, 2009).

2007년 실적조사 보고서는 베르겐 선언에 의해 설정된 3개 우선 행동강령인 3주기 학위 제도, 품질 보증의 실행, 학위와 학업 기간에 대한 인정이라는 목표 달성 과정에서 큰 진척이 있었다고 결론지었다. 그러나 2007년 보고서는 볼로냐 목표를 2010년까지 완전히 달성하기 위해 대처해야 할 많은 도전과제들을 확인했다. 2007년 실적조사에서 3단계 학위체제는 전체 참가국들을 통틀어 실행의 마무리 단계에 있다는 것이 확인되었다. 2005년 이후에 어떠한 학위단계에서 다른 학위단계에 대한 접근이 향상되었고 구조화된 박사 학위 프로그램을 제공하는 추세가 확인되었다(Bologna Follow-Up Group, 2009).

사실, 볼로냐 프로세스의 성공은 고등교육에서 학습성과에 대한 접근이 종합적으로 이루어지는가에 달려있다. 학습성과는 3단계 학위 제도의 토대이다. 또한, 이는 국가적 교육틀에 부합한 유럽고등교육권역(EHEA) 내에서 대단히 중요한 자격검정의 특성으로 나타난다. 이는 ECTS에 적합한 학점 축적과 교환 절차 및 품질 보증 시스템에서 필수적인 요소이다. 이것은 자격검정의 투명성 및 인정(recognition)을 더욱 쉽게 관리할 수 있게 해준다. 즉, 학습성과에 대한 체계적인 접근방식은 볼로냐 프로세스의 교육체제가 학습자 중심적이라는 것을 단적으로 보여준다(Bologna Follow-Up Group, 2009).

결론적으로, 2009년 실적조사 및 기타 자료를 고려하면 학습성과의 효과적인 실행은 특히 3주기 학위 제도를 통합하는 국가 자격 체계의 개발을 포함하여 학점 축적 및 교환, 자격검정과 사전 학습에 대한 인정, 평생 학습의 일환인 유연한 학습 경로 제공 등 볼로냐 프로세스 목표의 성공적 달성에 연관되어 있는 것이 분명하다(Bologna Follow-Up Group, 2009).

이와는 반대로, 학습성과 접근방법을 채택하려는 많은 국가들의 점진적인 움직임은 이러한 다른 중요한 목표 달성을 방해하는 걸림돌이다. 이것은 향후 몇 년 동안 정부부처와 고등교육 기관에 대한 중요한 과제이다. 많은 국가들은 여전히 학습성과 및 자격검정 체제의 초기 개발 및 실행 단계에 있다. 이러한 국가들에서 업무가 진행됨에 따라, 볼로냐 프로세스가 동료학습자들 간의 집단적 노력과 실습의 공유를 위해 제공하는 지원은 특히 중요하다(Bologna Follow-Up Group, 2009).

2009년에는 학위개편에 따른 학위제도 현황에 대한 조사가 이루어졌다. 다음 [그림 1-5]와 〈표 1-1〉은 학위 제도 내에서 볼로냐 개혁 추진의 진척상황을 보여준다. 협약국가들은 2단계 학위 제도에 등록된 박사 학위 수준 이하의 학생 비율을 제시하도록 요청 받았다. 결과는 성

그림 1-5 학위 제도: 지표 1~3에 대한 각각의 범주에 속한 국가들의 수와 비율(%)

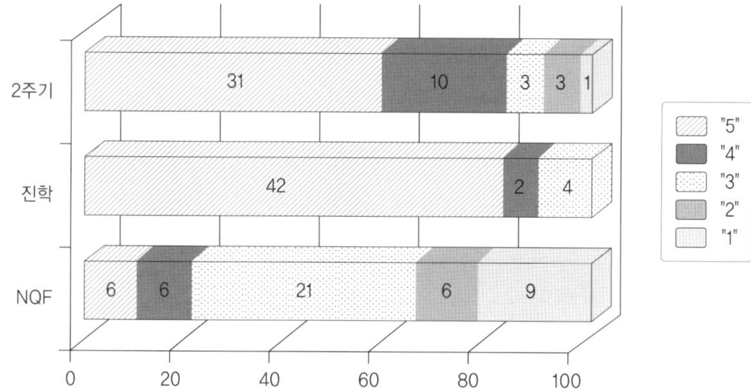

출처: *Bologna Process Stocktaking Report 2009*, p. 30, Figure 1.

표 1-1 1차 및 2단계 학위체제 실행 단계

지표 1에 대한 각 점수 범위에 속한 국가들의 수	31 / 10 / 3 / 3 / 1
매우 우수(5)	볼로냐 원칙에 따른 2주기 학위 시스템에 등록한 모든 학생들 중 최소한 90%
우수(4)	볼로냐 원칙에 따른 2주기 학위 시스템에 등록한 모든 학생들 중 최소한 70~89%
보통(3)	볼로냐 원칙에 따른 2주기 학위 시스템에 등록한 모든 학생들 중 최소한 50~69%
미흡(2)	볼로냐 원칙에 따른 2주기 학위 시스템에 등록한 모든 학생들 중 최소한 25-49%
매우 미흡(1)	볼로냐 원칙에 따른 2주기 학위 시스템에 등록한 모든 학생들 중 25% 이하

출처: *Bologna Process Stocktaking Report 2009*, p. 31, Indicator 1.

공적인 학위개편 실적을 보여주고 있으나 일부 국가들의 경우 볼로냐 3단계에서 공부하는 학생의 실제 비율은 여전히 낮다(Bologna Follow-Up Group, 2009).

조사결과에 따르면 박사 학위 이하의 학생들 약 85%가 볼로냐 프로세스에 따라 2단계 학위 시스템에 등록하고 있었다. 2009년 및 2007년 실적 조사에서, 〈표 1-1〉은 2주기 시스템에 대한 학생들의 등록 수준을 측정했다. [그림 1-6]은 2007년 이후 1단계와 2단계 학위체제 실행 진척상황이 좋았음을 보여준다. 지표는 2009년에 어려움이 더 컸음을 보여주지만, 결과는 상당히 양호하다. 대부분의 국가들은 1단계 및 2단계 학위 체제의 도입 과정을 완료했다. 그러나 4개 국가들의 경우, 학생들의 절반 이하가 여전히 2단계 학위체제에 등록했다(Bologna Follow-Up Group, 2009).

2007년 실적 조사의 결과에 따라면 실행 계획은 2010년까지 완전히 이루어질 것으로 보이지만, 2009년 실적 조사의 결과는 볼로냐 프로세스의 특정 목표가 달성 될 때까지 아직 시간이 필요하다는 것을 보여준다. 대부분의 경우, 이는 노력이 요구되는 상황이 아닌 것으로 판단되는데, 한 예로, 규정이 정비되고 이전의 학위체제에 등록했던 모든 학생들이 졸업할 때까지 시간적 문제이다(Bologna Follow-Up Group, 2009).

2단계 구조의 도입이 국가 간 이동성에 끼치는 영향을 살펴볼 때, 특히 독일, 네덜란드, 이탈리아, 스위스, 스웨덴의 몇몇 고등교육 기관 학

그림 1-6 1차 및 2차 주기의 실행 단계. 각 범주에 속한 국가의 수와 비율(%), 2007년~2009년

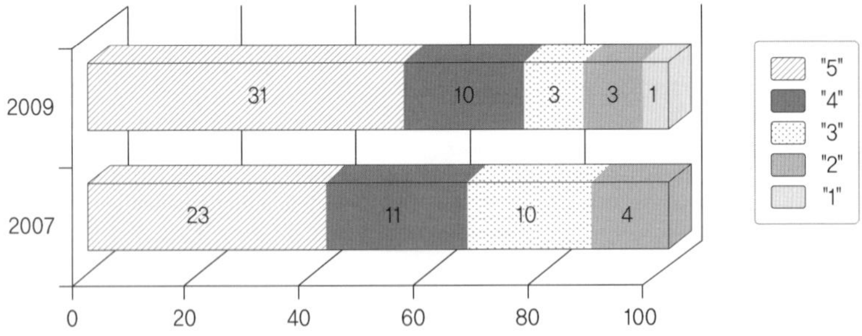

출처: *Bologna Process Stocktaking Report 2009*, p. 31, Figure 2.

생들의 이동성이 활발해지면서 상대적으로 단기간 프로그램들로 인한 이동성에 대한 수평적 자유를 크게 감소시킬 것이라고 우려한다. 한편, 일부 고등 교육 기관들은 새로운 시스템으로의 전환에 수반되는 문제들이 극복되면 유럽 전역에 걸쳐 2단계 학위 구조의 존재를 통해 이동성이 증가할 것으로 예상하고 있다. 이러한 관점은 오스트리아, 에스토니아, 핀란드, 독일, 헝가리, 포르투갈, 스페인, 터키, 영국에서 표현되었다. 일부 고등 교육 기관들은 실제적 배정(assignment)을 위하여 해외 체류를 통한 문제해결을 선호하는데, 이는 국가 간 학위 인정(recognition)의 문제를 많이 초래하지 않기 때문이다. 또는, 이를 교과과정에서 추가적인 연도로 정식 통합하는 것을 선호한다. 놀랍게도, 학생들을 위한 이동성 기간은 노르웨이에서 너무나 소중하게 여겨지기 때문에 노르웨이의 품질 개혁 프로젝트는 모든 학생들이 해외에서 한 학기를 공부하고 학업 보조금을 받을 권리가 있다고 명시한다(Reichert & Tauch, 2003).

공식적인 수준에서 국가 내 학위에 대한 인정은 벨기에(프랑스어 권), 핀란드, 독일, 그리스, 헝가리, 이탈리아, 라트비아, 리투아니아, 네덜란드, 폴란드, 포르투갈, 슬로바키아, 슬로베니아, 스웨덴 등에서처럼 특정의 보조적 인증을 요구하지만 일반적으로 대부분의 국가에서 법률적으로, 자동적으로 규제되고 있다(Reichert & Tauch, 2003).

아일랜드와 스코틀랜드에서, 국가 자격검정 체제는 국가적 자격을 인정하는 데에 있어서 매우 유용한 도구로 언급되었다. 그러나 대부분의 응답은 전통적인 학위 체제를 암묵적으로 가리켰을 가능성이 상당히 높다. 대부분의 고등교육 기관들은 2단계 학위체제를 비롯하여 더욱 다양한 교과과정의 도입에 따라 초래될 수 있는 어려움을 예상하고 있다. 일부 국가들은 2단계 학위체제에 대한 특별한 규정을 이미 개발했으며 국내에서 진행을 위해 국가 학위에 대한 인정도 이미 완료한 상태이다(Reichert & Tauch, 2003).

4. 학습경로의 유연성

유럽의 여러 국가들에서 학생들이 프로그램 후반부에 자신들의 전문성을 선택할 수 있는 상당한 여지를 갖고 있음에도 불구하고 전문직 교육의 학습 진로 유연성은 다소 제한되는 것처럼 보인다. 독일은 전문직 교육을 강화시키기 위한 가능성을 언급하고, 학습자 생애주기에 맞추기 위하여 교육과정을 조절하고 있다. 오스트리아 법학 교육 역시, 다른 학과에서도 법학적 전문성 육성에 집중하고 교육을 보다 전문화시킬 가능성이 증가하고 있다(EACEA, 2010).

Linz대학은 블렌디드 러닝(blended learning) 방식으로 멀티미디어(multimedia)기반 법학 프로그램을 제공하고 있다. 그리고 직업교육중심 대학에서는 비즈니스법과 같은 학사 프로그램을 제공하기 시작했다. 프랑스에서는 기술연구소의 2년 교육훈련, 전문직 대학 연구소 프로그램, 그리고 전문화된 연구 석사를 포함하여, 다른 수준과 다른 방식으로 법학을 연구할 수 있는 다양한 경로들이 존재한다. 특별하게 전문화된 프로그램에 입학하고 직업세계로 나아가는 시점은 3년 후 법학 전문 자격증을 취득하는 것, 그리고 5년째 말에 전문 석사가 해당 된다. 이런 다양한 경로는 한편으로 교육프로그램들이 너무 산재되어 있다는 단점을 의미하기도 한다.

현행 개혁 조치들은 대학 학위와 전문분야 진입을 더욱 통합적으로 설계하고 있다. 대부분의 중부 및 동부 유럽 국가들에서는 학생들이 스스로 교육과정을 구성하기에는 한계가 있음을 보고하고 있다. 또한 다른 분야로부터의 전문적인 석사 프로그램으로 유입이 증가할 수 있는 구조적 유연성도 크지 않은 것으로 나타났다.

그러나 벨기에는 이런 측면에서 영국과 아일랜드와 같이 예외적이다. 벨기에의 네델란드어 권역에서는 법학 석사과정 진학을 원하는 다른 분야 학생들을 위해 특별한 연결과정(bridging courses)이 개발되었고,

법학분야의 선수 과목 이수가 있다면 이를 인정하고 있다. 네덜란드에서는 연결과정을 통하여 직업교육중심대학 졸업생들의 법학 석사 프로그램 유입이 증가하고 있다. 몰타에서도 2단계 학위구조는 두 번째 단계로의 더욱 유연한 유입을 가능하게 한다. 한편, 라트비아와 같은 일부 국가 보고서들은 볼로냐 개혁 과정에서 이런 유형의 유연성이 증가되지 않았다고 보고되기도 하였다. 2단계 학위 구조에서 언급했던 바와 같이 영국과 아일랜드 시스템은 몇 가지 측면에서 더욱 높은 유연성을 보여주고 있다. 중요한 점은 비법률적 배경의 학생들이 법률 전문 교육훈련에 입학하는 것뿐 아니라 법학 석사학위과정에 입학하는 것도 가능하다는 것이다.

법학보다는 다른 분야 출신 졸업생들에게 법학 교육을 제공하기 위해서 설계된 대학원 프로그램은 더욱 명성이 높다. 법학 교육은 각기 다른 수준의 고등교육기관들에 의해 국가가 규정한 자격의 범위에서 제공되는 다양한 경로로 제공된다. 법학교육에서 모듈식 접근법, 연간 1회 이상의 입학 기회는 다양한 프로그램 입학 기회를 촉진시키고 있다.

일부 고등교육기관들은 유연하고 학제간 교육이 가능하며 학생의 선택권과 복합적 학위 취득이 가능한 교육과정을 활성화하기 위하여 법학 프로그램을 모듈화하려고 노력하였다. 이러한 조치들은 광범위한 이동성, 비교가능성과 투명성, 효율성을 향상시키는 것이었다. 많은 고등교육 기관들이 주로 4년 프로그램으로 법과 비즈니스, 법과 회계, 기업 관련 법 혹은 일반 예술 관련 법 등과 같이 학제간 결합 학위를 제공하고 있다. 아일랜드의 국가 자격 틀 역시 선행 취득한 학점 인정과 입학, 학년 승급을 촉진시키기 위하여 ECTS 학점과 관련한 원칙과 지침을 제공하고 있다. 이제 유럽에서는 공식적, 비공식적 학습과 입학 요구사항을 충족시킬 수 있는 대안적 진로를 촉진하기 위한 정책안을 활발히 개발하고 있다. 2005년에는 국가 수준에서 법학 관련 실행 집단을 구성하여 학제체제가 국제적 표준에 따라 유연하고, 엘리트 형성에 주력하기보다는 개방적인 방향으로 설계되도록 하였다.

5. 새로운 학위체제의 수용 문제

유럽사회에서 새롭게 개편된 학위체제에 대한 수용문제는 노동시장과의 관계가 가장 근본적이라고 할 수 있다. 지난 10년간 새로운 학위구조가 노동 시장에서 수용되는 정도를 비롯하여 새로운 학위 구조가 기관에서 사용된 정도와 기관적 구조와 관행에 정착한 정도를 주기적으로 검토하는 것이 바람직할 것이다. 특히 3단계 학위체제의 실행 및 수용에 이어 학위 단계별 검토가 필요하다고 할 수 있다(Sursock & Smidt, 2010).

볼로냐 관련 보고서를 통해 확인된 바와 같이, 소수(3%)는 여전히 계획을 진행 중이지만, 대다수 금융 기관은 학문 분야에 3단계 학위 구조를 받아들였다. 볼로냐 프로세스의 추세에 대한 2010년 보고서의 기선(baseline)이 2003년 이후 13개의 새로운 국가들이 블로냐 프로세스에 참여했으며 새로운 학위구조를 실행한 기관 수는 2003년에는 53%였으나 2010년에 95%로 크게 증가하여 놀라운 성과를 보였다(Sursock &

그림 1-7 전문 분야별 학사/석사 구조 적용도

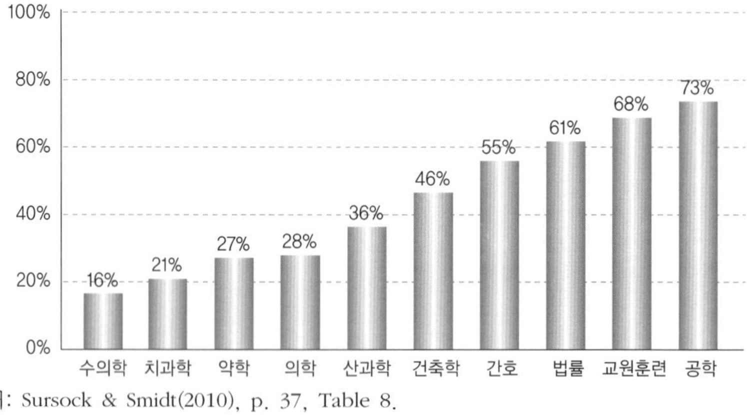

출처: Sursock & Smidt(2010), p. 37, Table 8.

Smidt, 2010).

2010년 기준 약학분야 및 수의학 분야를 전공하는 학생들의 수는 상대적으로 적지만 치과, 의학, 약학 및 수의학 분야에서 학위를 제공하는 기관들의 대다수는 현재 학사/석사 구조를 적용하지 않는 것이 나타났다. 대부분의 국가에서 2단계를 제공하는 전문 분야는 공학, 법률, 교원연수, 간호 부문이었다(Sursock & Smidt, 2010).

2004년에서 2005년으로 거슬러 올라가보면, 유럽의사상임위원회(CPME), 유럽치과의사협회(CED) 및 유럽연합제약그룹(PGEU)은 2단계 학위체제에 강하게 반대하였다. CPME 및 CED는 공공 안전을 이유로 학사 자격 소지자가 수행할 수 있는 전문적인 역할이 존재하지 않는다고 생각하였다. 마찬가지로, 유럽수의사협회(FVE)는 그 분야에서 학사 학위를 위한 여지가 없다고 간주한다. 그럼에도 불구하고 FVE는 2단계 학위체제를 강하게 반대하지는 않았다. FVE의 경우는 볼로냐 및 전통적 통합 모델을 모두 수용하고 있다(Sursock & Smidt, 2010).

유럽국가공학협회연합(European Federation of National Engineering Associations: FEANI)에 의해 주도되는 엔지니어링 인증 프로젝트 EUR-ACE에 대해서도 마찬가지이다. 2단계 학위 체제에 대한 반대 정도와 상관없이, 전문 기관은 지침에 명시된 바와 같이 합의에 이른 최소한의 교육 조건이 잠식되어서는 안 된다고 주장하고 있다. 예를 들어, EUR-ACE는 3+2 학위구조에 만족하고 있지만 4+1 모델이 비용 절감에 취약할 수 있다고 보고 있다. 사실상, 2단계 학위체제의 문제를 넘어, 전문기관들은 다른 요소들을 폭넓게 고려하여 볼로냐 체제를 수용하고 있다고 볼 수 있다. 이러한 전문 기관들의 환영은 볼로냐 중심적 시도를 촉진하는데 도움이 되었다. 각각의 전문 분야에서 예컨대 EU가 자금을 조달하는 주제별 네트워크(thematic network)는 학사/석사 프레임 내에서 역량 기반 교육과정을 개발하고 있다(Sursock & Smidt, 2010).

블로냐 체제에 합의한 모든 국가들은 취업가능성을 볼로냐 프로세스의 중요한 목표로서 간주하고 있다. 이는 장관 선언의 취업가능성에 대한 언급에서 분명하게 나타나 있다. 또한, 전국의 학장들의 학술회의에 대한 2010년 동향 조사는 대부분의 학장들이 취업가능성을 3단계 학위체제 실행의 주요 측면으로 간주한다는 것을 보여준다. 그러나 취업가능성 또는 취업가능성의 특정 측면에 대한 정확한 의미와 우선순위 규정은 실행하는 이들과 국가적, 문화적 맥락에 따라 다르다(Sursock & Smidt, 2010).

유럽 전역의 3단계 학위체제 도입의 주요 목적 중 하나는 노동 시장에서 수용될 1차 자격검정을 개발하는 것이었지만 사이트 방문자들의 약 40%는 특정 학사 학위에 관련하여 심각한 우려를 나타낸다. 석사 학위 수용은 학생과 고용주로부터 최고의 지지를 받고 있는 듯하다. 학사 및 석사 수준에서 졸업생의 취업에 관련하여 일부 언급이 이루어지고 있다. 특히 1단계 학위 과정이 비교적 장기간에 이루어졌던 국가들에서는 기관을 위한 3단계 구조의 가장 어려운 부분은 1단계 학위에 대한 인정, 수용이라는 점은 주지해야 한다(Sursock & Smidt, 2010).

볼로냐 프로세스 내에서, 취업가능성은 최초의 의미 있는 일자리를 구하거나 창업을 할 수 있는 능력, 고용을 유지할 수 있는 능력, 노동 시장 내에서 이동할 수 있는 능력을 의미한다. 이러한 맥락에서, 고등교육의 역할은 직장 및 고용주가 요구하는 지식, 기술, 역량을 학생들에게 습득시키고 직업 생활을 통틀어 기술이나 특성을 유지하거나 새롭게 강화할 수 있는 기회를 제공하는 것이다(EACEA, 2012).

취업가능성은 애초부터 볼로냐 프로세스의 핵심 목표들 중의 하나였으며, 그러한 목표들은 졸업생의 실업에 대한 우려의 결과였다. 또한, 취업가능성은 유럽 노동 시장의 출현과 관련 있었다. 2007년 런던 선언서는 다른 학위체제 및 평생 교육에 관련하여 취업가능성을 개선하는 방법을 검토하도록 볼로냐지원그룹(BFUG)에 요청했다. 이것은 고용 적합성 실무 그룹에 의해 이루어졌다. 실무 그룹 보고서의 일부 제언을 받아들여, 2009 년에 발표된 루뱅 선언은 숙련된 노동자들을 유지하고 쇄신하는 데 있어서 정부, 고등 교육 기관, 사회적 파트너 및 학생 간의 긴밀한 협력의 필요성을 강조했다. 이 선언은 고등 교육 기관들은 고용주의 요구에 따라 대응해야 함을 강조하고 작업 배치 및 직업 훈련(OJT)의 중요성을 강조했다. 취업가능성을 향상시키려는 목표는 부다페스트, 비엔나 선언에 의해 강조되었다(EACEA, 2012).

2단계 학위체제 및 교과과정 검토 실시는 대부분 기관에서 순조롭게 진행되었지만 내용을 완화 및 집중한다는 의미에서 교과과정의 방향은 여전히 재설정하고 합리화해야 한다. 따라서 볼로냐가 짧은 시간에 동일한 과목을 가르친다는 상대적으로 빈번한 오해는 해명을 필요로 한다. 새로운 3년 프로그램은 5년은 프로그램과 비교할 때, 전통적인 4년 프로그램과 동일한 자격검증 수준을 제공할 수 없을 뿐만 아니라 동일한 수준의 학습 결과를 달성할 수 없기 때문이다(Reichert & Tauch, 2003).

6. 유럽 학제 개편과 고등교육 개혁

유럽 사회는 볼로냐 프로세스를 통하여 학제적 수준에서 고등교육분야를 유연하게 구축하고, 학생들의 이동성을 증가시키며, 인정을 촉진시키고, 교육 품질을 더욱 향상시키기 위한 연대적 노력이 가능하도록 하였다. 또한 교육과정 내용과 표준에 관한 논의에까지 착수함으로써 볼로냐 프로세스를 실질적으로 지지하였다.

볼로냐 프로세스와 관련하여 모든 학문 분야에서는 다양한 활동들이 이루어지고 있지만, 주요한 어려움은 2단계 학위 구조에 있다. 특히 직업세계에 진입하기 위하여 학사 수준의 학위를 갖는 것에 관한 문제와 관련된다. 의학교육에서는 적어도 석사수준(EU규제에 따라 6년 전업교육을 요구함)과 동등한 자격 수준에서 의학박사를 교육하는 쪽으로 대부분 국가들의 의학교육이 설계되어 있다. 간호학 혹은 물리치료와 같은 자격수준에서의 보건 전문 교육은 분리하여 이루어진다. 그래서 의학 학사 학위 구축은 심오한 대학 교육과정 재구성뿐 아니라, 의학 분야 전 노동시장의 새로운 질서를 요구한다. 그리고 의학 박사 교육과 다른 보건 분야 사이의 관계에 대한 재구성도 요구할 것이다.

스위스 사례연구가 보여 주는 것과 같이 개혁을 위한 여지가 존재하지만 일반적인 것은 아니다. 법학도 유사하게, 판사, 변호사 등 전문적인 법률 직업을 위한 전문교육훈련 입학 요구사항은 영국과 아일랜드를 제외한 대부분 국가들의 경우 석사수준에서 설정된다. 이것은 법학사 졸업생들을 위한 취업 기회들이 전문 법률가 직업군 이외 분야에서도 필요하다는 것을 의미한다.

공학 분야에서는 대부분 국가들이 노동시장 수요에 부응하는 비대학 고등교육기관에 의해 응용중심 학사수준 자격을 제공하고 있다. 대학 학사 졸업생들이 의미있는 자격 프로파일을 갖도록 대학 기관에서 2단계 학위구조를 구축하고, 비대학 공학 교육과 함께 대학의 기능과 역할이 균형을 이루도록 하는 것은 중요한 과제이다. 공학 분야는 전문 학회 측과도 네트워크가 잘 형성되고 활발한 커뮤니티로서 과제를 다루고 있다. 석사수준으로의 통합적인 진로가 대학의 공학교육에서 유지되어야 한다는 것과 함께, 그 수준까지 훈련 받는 졸업생 수에 대한 커뮤니티의 광범위한 합의가 있다.

교사 교육훈련에서는 상황을 평가하는 것 자체가 어려운, 복잡한 학위 구조와 교육훈련 진로의 다양성이 존재한다. 문제는 중등교육을 위한 학사 학위와 관련하여 노동시장과 연결성을 갖는 것이다. 초등교사용 전문교육훈련 입학 자격은 종종 학사 수준에서 설정되지만, 중등교육을 위해서는 석사수준으로의 통합적 진로가 보다 공통적이다. 2단계 학위구조는 대학원 교육훈련을 통해서 다른 분야에서 교육직업으로의 연결성을 만들어주기 때문에, 문제는 2단계 학위구조에서 교육학 지식을 어떻게 배분할지와 중등교육을 준비하는 학사수준 졸업생들에게 노동시장을 어떻게 개방하는가에 있다.

역사학 분야에서는 일부 국가들에서 학사 학위자와 관련한 노동시장 문제가 존재한다. 역사학 관련 직업영역에서 요구하는 자격에 비추어 학사 수준에서 도달할 수 있는가라는 본질적인 문제도 있지만, 역사학 분야 전반의 인식과 더욱 관련이 있다. 역사학 졸업생들의 노동시장 진출 기회는 학과의 학문적 본질을 획득하였다고 가정할 때, 일반적으로 생각하는 것보다 나은 상황이다. 이것은 역사학 교육 과정에서 노동시장에서 가치 있다고 여기지는 강한 일반 역량이 개발되기 때문이다.

유럽의 학제체제에 대한 다양한 정책적 연구에서 의학, 법학과 역사학 분야 응답자들의 참여율은 낮은 반면 공학 분야는 높은 참여율을 보이는 경향이 있다. 조사연구 결과는 응답자들이 고등교육에서의 이동성, 인정, 유연성에 대한 개혁 의제 요소들에 61~86%가 긍정 혹은 강한 긍정으로 답하였음을 보여준다. 주목할 만한 것은 2단계 학위구조에 부정 혹은 강한 부정에 대한 응답은 13%에 그치고 있다는 점이다. 또한 학생 이동성과 유연한 학습 진로에 대한 부정적 응답은 더욱 적었다.

정책적 연구에서 나타난 응답자들의 경향을 보면 가장 중요한 고등교육 개혁의 추진체는 유럽 정책기관, 기관 관리를 위한 협의체, 그리고 다양한 형태의 고등교육기관이다. 전문 조직과 고용주들은 상대적으로 덜 중요한 것으로서 응답되었다.

또한 개혁 의제 요소들에 대해서는 유럽학점교류시스템(ECTS)의 실질적 시행, 졸업자격과 학위증 보완, 교육과정 조정과 2단계 학위구조 면에서 상당한 진전이 있다. 조사연구에서 나타난 응답자들의 상당 비율은 대규모 변화가 발생하지 않는다고 보았다.

2단계 학위구조가 지금까지 학생들 혹은 졸업생들의 국제적 이동성에 의해 크게 좌우되지 않는 분야들을 위해 실제로 어떤 변화가 있었는지를 살펴볼 필요가 있다. 예를 들어, 국가적 수준의 거시적 차원에서 교육과정 내용들이 결정되는 교사 교육과 법학 교육에서는, 준비된 2단계 학위구조마저도 국제적으로 이동하는 학생들 혹은 졸업생들에 대한 유의미한 비율을 기대하는 것은 현실적이지 않다. 따라서 국가 내에서의 학습 진로 유연성을 증가시키고, 학사 후의 분야 변화나 혹은 학제간 지향을 위한 학생 선택권을 향상시킬 필요가 있다. 무엇보다 2단계 학위구조는 고등교육과 노동시장 사이의 연결성을 향상시키고 평생교육의 학습 요구를 수용할 수 있다. 2단계 학위구조에 의해서 성취될 수 있는 다면적인 목표들의 본질이 인정되고 추구되는 특정 목적 쪽으로 설계된 정책들이 되어야 한다. 볼로냐와 리스본 목적을 실현하는 접근법은 너무 관료적이거나 혹은 기계적이지 말아야 하고, 우리는 어떤 구조적 변화로서 국제적 인정과 경쟁력을 위해서 중요한 요소로서 각각의 연구 분야와 국가에서 교육과 연구 내용에 대한 품질의 중요성에 지속적인 관심을 기울여야만 한다.

최근 유럽에서는 학제간 학회가 개혁 논의와 합의 구축을 위한 중요한 포럼으로 등장하고 있다. 학위 인정을 위한 개선 사항들이 공통적인 핵심 교육과정과 표준 측면에서 포럼의 합의에 의해 결정된다. 이러한 합의는 단일 국가수준에서뿐만 아니라 전체 유럽 수준에서도 존재한다. 유럽은 이미 학습성과와 평가 표준에 대한 이해를 공유하고 심화된 학제간 네트워크 개발을 시행하고 있는 것이다.

Ⅲ. 요약 및 종합

쉽게 이해되고 양립가능한 학위체제를 채택하고 3단계 학위체제를 도입하는 학제개편은 현재 47개 협약국가에서 집행되고 있다. 26개 국가에서 볼로냐 2단계 학위체제에 상응하는 프로그램에서 공부하는 학생의 비율은 90%이며, 다른 13개 국가에서는 70~89%의 학생이 볼로냐 체제에 상응하는 프로그램에서 공부하고 있다.

그러나 거의 모든 국가에서 유럽연합 지침과 개별 국가의 법률에 따라 5~6년의 학업기간을 필요로 하는 의학, 치의학, 약학, 공학, 그리고 수의학, 더 나아가 기간은 짧지만 공학, 법학, 신학 및 교사교육 분야와 같이 규제가 필요한 직업부문의 전문가를 양성하는 분야에서는 통합 프로그램을 운영하고 있다.

첫 번째 단계의 학위소지자 가운데 두 번째 단계로 진학하는 비율은 유럽고등권역 국가별로 차이가 매우 크다. 대다수의 국가에서 두 번째 단계로 진학하는 비율은 10~24%이지만, 13개 국가에서 그 비율은 75~100%에 이른다. 첫 번째 단계의 학위과정에서 두 번째 단계의 학위과정으로 진학비율이 매우 높은 국가의 경우, 첫 번째 단계를 이수한 것만으로는 노동시장에 진입할 수 있는 자격을 갖추지 못한 증거라고 볼 수도 있다.

유럽고등교육권역(EHEA)의 전체 고등교육에서 학제개편의 실행 목표를 달성하는 것은 시간문제이다. 그러나 일부 국가들의 경우 볼로냐 3단계 체제에서 공부하는 학생의 실제 비율은 여전히 낮은데, 그 이유는 고등교육 기관들이 최근에야 학부 및 대학원 프로그램에 학생들을 받아들이기 시작했기 때문이다. 또한, 일부 국가들 경우 특정적으로 규제되는 직업 및 일부 특정 분야는 아직 2단계 체제에 포함되어 있지 않다.

실제로 볼로냐 프로세스의 성공은 고등교육에서 학습성과에 대한 접근이 종합적으로 이루어지는가에 달려있다. 학습성과는 3단계 학위 제도의 토대이다. 또한, 이는 국가적 교육 틀에 부합한 유럽고등교육권역(EHEA)내에서 대단히 중요한 자격검정 체제 내에서 특징적으로 나타난다. 이는 ECTS에 적합한 학점 축적과 교환 절차 및 품질 보증 시스템에서 필수적인 요소이다. 이것은 자격검정의 투명성 및 인정(recognition)을 더욱 쉽게 관리할 수 있게 해준다. 즉, 학습성과에 대한 체계적인 접근방식은 볼로냐 프로세스의 교육체제가 학습자 중심적이라는 것을 단적으로 보여준다.

2009년 실적조사 및 기타 자료를 고려하면 학습성과의 효과적인 실행은 특히 3단계 학위 제도를 통합하는 국가 자격 체계의 개발을 포함하여 학점 축적 및 교환, 자격검정과 사전 학습에 대한 인정, 평생 학습의 일환인 유연한 학습 경로 제공 등 볼로냐 프로세스 목표의 성공적 달성에 연관되어 있다는 것이 분명하다.

유럽 사회는 볼로냐 프로세스를 통하여 학제적 수준에서 고등교육분야를 유연하게 구축하고, 학생들의 이동성을 증가시키며, 인정을 촉진시키고, 교육 품질을 더욱 향상시키기 위한 연대적 노력이 가능하도록 하였다. 또한 교육과정 내용과 표준에 관한 논의에까지 착수함으로써 볼로냐 프로세스를 실질적으로 지지한 것으로 볼 수 있다.

참고문헌

김신규 (2007). '볼로냐 프로세스'와 체코의 대학교육 개혁. EU연구, 21: 23-44.

Bologna Follow-Up Group (2009). *Stocktaking Report 2009: Bologna Process stocktaking.*

EACEA(2010). *Focus on Higher Education in Europe 2010: The Impact of the Bologna Process.* EACEA.

Education, Audiovisual and Culture Executive Agency (EACEA) (2012). *The European Higher Education Area in 2012: Bologna Process Implementation Report.* Brussels: EACEA.

Reichert, S. & Tauch, C. (2003). Trends III: *Progress towards the European Higher Education Area.* European University Association.

Reichert, S. & Tauch, C. (2005). *Trends IV: European universities implementing Bologna.* European University Association.

Sursock, Andree & Hanne Smidt (2010). *Trends 2010: A Decade of Change in European Higher Education*, European University Association.

제2장
고등교육의 질 보장

Ⅰ. 서　　론

고등교육에서의 질 보장(quality assurance)은 교육의 질적 수준을 달성, 유지 또는 증진하기 위해서 고등교육기관, 교육프로그램 및 자격요건이 교육, 장학, 인프라의 세부기준에 부합하도록 설계된 정책, 검토과정 및 실행을 총칭하는 의미이다(남궁 근 외, 2014: 13). 유럽고등교육권역(European Higher Education Area: EHEA)에서 이루어지는 고등교육의 질 보장은 고등교육기관이 자체적으로 교육프로그램을 평가하고 승인하는 내부 질 보장(internal quality assurance)과 외부의 공인된 질보장기관(quality assurance agency)이 고등교육기관과 교육프로그램을 평가하고 승인하는 외부 질 보장(external quality assurance)을 통하여 추진되어 왔다.[1] 내부 질 보장은 고등교육기관 내에서 교육프로그램 등 활동분야의 질을 보장하거나 증진하기 위한 모든 과정을 의미하며, 통상 학생 · 교수 · 직원 · 외부이해관계자들의 평가(feedback)와 행정 자료의 체계적 수집과 분석을 포함한다. 외부 질 보장은 고등교육기관 외부의 전문기관에 의해 수행되는 교육프로그램이나 고등교육기관에 대한 평가 · 감사 과정을 의미하며, 이는 주로 질보장기관 · 인증기관 또는 교육부가 구성한 특별위원회 등이 담당한다.

1999년 볼로냐 협약(Bologna Process) 체결 이후 지난 10년간 교육의

1) 질(품질)은 지난 20여 년간 세계적으로 통용된 가장 지배적이고 영향력 있는 종합적 개념(meta-idea) 가운데 하나이다(Stensaker, 2007). 고등교육에서의 질 개념은 품질의 보장(quality assurance)과 품질의 향상(quality enhancement)이라는 두 가지 중요한 요소로 구성된다고 볼 수 있다.

질 보장은 고등교육 관계자들의 자신감과 어우러져 추진되었으며, 질 보장 분야는 볼로냐 협약 이행에 있어서 가장 괄목할 만한 성과 가운데 하나이다.[2)]

유럽고등교육권역(EHEA)에서의 교육의 질 보장은 유럽표준지침(Standards and Guidelines for Quality Assurance in the European Higher Education Area or European Standards and Guidelines: ESG)에 대한 합의, 그리고 유럽교육품질보장네트워크(European Network of Quality Assurance in Higher Education: ENQA)와 유럽고등교육질보증기관등록제(European Quality Assurance Register: EQAR)의 확립에 의해 촉진되었다. 2005년 확립된 ESG는 고등교육 관계자들의 관심, 제도적 자율성, 고등교육기관의 부담 최소화 등을 강조하고 있다. ESG는 교육의 질 보장은 (1) 보다 일반적인 양질의 고등교육에 대한 학생의 관심과 고용주 및 사회의 관심, (2) 고등교육기관에게 무거운 책임을 부과한다는 인식을 바탕으로 한, 제도적 자율성에 대한 강조, (3) 볼로냐 협약의 목표를 달성하고자, 목적에 부합하면서도 적절하고 필요한 만큼의 부담만 부과하는 외부 질 보장(external quality assurance)의 필요성 등에 초점을 두어야 한다고 한다. ESG는 고등교육기관의 내부 질 보장, 고등교육의 외부 질 보장, 그리고 외부 질보장기관(인증기관) 등 3개 영역에 대하여 볼로냐 회원국 모두가 이행해야 할 기준과 지침을 제시하고 있다. 대부분의 유럽고등교육권역(EHEA) 회원국들은 질적 기준을 통과한 고등교육기관 또는 교육프로그램을 승인하는 형태로 교육의 질을 보장하고 있다(EACEA, 2010).

또한, 질 보장 관련 유럽 차원의 제도적 장치인 유럽교육품질보장네

2) Saarinen(2008)는 볼로냐 협약 이행과정에서 고등교육의 질(quality)이 실제 얼마나 중요시되고 있는지를 파악하고자 2년마다 열린 교육부장관회의 합의사항(선언문)에서 질과 관련된 용어(질, 질 보장, 품질기준, 학문의 질, 고등교육의 질, 질 분석틀, 활동의 질 등)가 몇 번이나 등장하는지 조사하였다. 그 결과, 1999년 볼로냐 선언 1회, 2001년 프라하 선언 11회 (이 가운데 질 보장 7회), 2003년 베를린 선언 11회 (질 보장 8회), 2005년 베르겐 선언 11회 (질 보장 9회), 2007년 14회 (질 보장 11회)로 나타났다.

트워크(ENQA)와 유럽고등교육질보증기관등록제(EQAR)가 중요한 역할을 담당하고 있다. ENQA는 그 동안 비공식적인 네트워크의 형태로 4년간 존재해오다가 2004년 공식적으로 출범하였다. ENQA는 교육의 질 보장에 있어서 유럽 차원의 협력을 증진하는 역할을 담당한다. 2008년부터 시행된 EQAR은 볼로냐 협약을 통한 고등교육의 질 보장에 있어서는 유럽 차원의 협력 증진을 위한 노력의 정점(頂點)이라고 할 수 있다. EQAR은 유럽에서 활동하며 유럽표준지침(ESG)에 의한 평가에서 신뢰할 만하다고 검증된 질보장기관들을 목록화하여, 유럽고등교육에 대한 신뢰와 자신감을 증진하는 데 목적을 두고 있다.

지금까지의 집행 성과를 보면, 외부 질 보장시스템의 발달이 고등교육에서의 거버넌스 진화를 보여주는 가장 큰 특징이라고 볼 수 있다.[3] 예전에는 고등교육기관들이 국가에 의해 직접적으로 감독을 받아왔으나, 이제는 질보장기관이 보다 많이 관여하고 있다고 할 수 있다. 더욱이, 학위구조가 특정 모형으로 수렴되는 현상이 증가하면서 외부 질 보장도 특정 모형으로 수렴하는 현상이 나타나고 있다(EACEA, 2010). 이는 말할 나위도 없이, 볼로냐 협약 이후 정부, 고등교육기관 및 질보장기관 상호간 의사소통이 증진되면서 촉진된 결과라고 이해할 수 있다.

Ⅱ. 집행실적 평가

2003년 베를린회의에서 회원국 교육부장관들은 볼로냐지원그룹(Bologna Follow-Up Group: BFUG)에게 볼로냐 협약의 중요한 3개 과제, 즉 (1) 질 보장, (2) 학사 및 석사 학위과정, (3) 학위 및 학업기간의 인정 등에 대하여 각 회원국의 이행 정도를 조사하는 실적조사를 의뢰하

3) Harvey(2006)는 외부 질보장기관 대표자들의 논의 결과를 정리하면서, 외부 질 보장으로 인해 성과지표 향상, 고등교육기관의 공식적인 내부 질 보장과정의 채택, 학생 피드백에서의 긍정적 변화, 고용주들의 졸업생 능력 향상에 대한 긍정적 평가 등 매 평가마다 명백한 변화가 이루어지고 있다고 한다.

였다. 그 이후 매 2년마다 질 보장을 비롯한 주요 이행과제의 집행실적을 평가하는 볼로냐협약실적조사(Bologna Process Stocktaking)를 실시하고 있다. 실적조사는 각 회원국이 2년마다 제출하는 국가보고서(National Report)를 토대로 한 질적·양적 분석을 통하여 볼로냐 협약에 따른 회원국들의 이행성과를 평가하는 방식으로 이루어진다. 아래에서는 2005년, 2007년, 2009년, 2011년의 실적조사 결과보고서를 바탕으로 고등교육의 질 보장에 대한 볼로냐 협약의 집행성과를 설명하고자 한다.

1. 2005년 평가

2003년 베를린 회의에서 교육부장관들은 고등교육의 질이 유럽고등교육권역(EHEA) 구축의 핵심요인이라는 점을 인식하고, 교육의 질 보장을 위한 공통기준 및 방법의 개발 필요성을 강조하였다(남궁 근 외, 2014: 9-15). 이를 바탕으로, 2005년에 (1) 질 보장시스템 발전단계, (2) 평가시스템의 핵심요소, (3) 학생 참여수준, (4) 국제협력 수준(level of international participation, co-operation and networking)에 대한 회원국 평가가 이루어졌다.[4] 당시 볼로냐 협약 회원국은 40개 국가이지만, 벨

표 2-1 교육의 질 보장 실적평가 결과, 2005년

	매우 우수	우수	보통	미흡	매우 미흡
질 보장 영역 평균	15(34.9%)	13(30.2%)	7(16.3%)	8(18.6%)	0(0.0%)
질보장시스템 발전단계	22(51.2%)	6(14.0%)	13(30.2%)	2(4.7%)	0(0.0%)
평가시스템 핵심요소	18(41.9%)	8(18.6%)	9(20.9%)	7(16.3%)	1(2.3%)
학생참여 수준	6(14.0%)	9(20.9%)	14(32.6%)	7(16.3%)	7(16.3%)
국제협력 수준	12(27.9%)	16(37.2%)	6(14.0%)	9(20.9%)	0(0.0%)

출처: *Bologna Process Stocktaking Report 2005*, p. 27, Table 3.2.

4) Bologna Process Stocktaking Report 2005. Report from a Working Group Appointed by the Bologna Follow-Up Group to the Conference of European Ministers Responsible for Higher Education, Bergen, 19-20 May 2005.

기에(프랑스어권, 네덜란드어권), 세르비아-몬테네그로(세르비아, 몬테네그로), 영국(스코틀랜드 분리)은 2개 지역으로 구분하여 평가하였기에 실제 평가대상은 43개이다.

2005년 실적조사 평가 결과는 볼로냐 협약이 순조롭게 이행되고 있다고 보고하고 있다. 대부분의 회원국들은 1999년 볼로냐 협약에 근거한 고등교육 개혁을 추진하고 있으며, 대다수가 '매우 우수' 또는 '우수' 등급을 받았다. 이 점에서 회원국들은 유럽고등교육권역(EHEA)이 형성되기 시작했다는 자신감을 얻었을 것으로 보인다. 하지만 교육의 질 보장과 관련하여, 평가과정에서의 학생 참여 및 국제협력 분야의 성과 수준은 낮은 편이었다.

먼저 질 보장 영역 전반에 대한 실적평가 결과를 보면, 회원국의 34.9%가 '매우 우수'하다는 평가를, 그리고 30.2%인 13개 회원국이 '우수'하다는 평가를 받았다. 반면, '매우 미흡'하다는 평가를 받은 회원국은 하나도 없었으며, 8개 회원국이 '미흡'하다는 평가를 받았다.

질 보장시스템(quality assurance system) 발전단계에 대한 평가를 보면, 대부분의 회원국들이 고등교육에 대한 질 보장시스템을 구축하고 있음을 알 수 있다. 볼로냐 회원국 간에도 질보장기관(quality assurance agency)의 조직형태가 다양하다는 사실도 알 수 있다. 많은 나라에서 전체 고등교육기관에 대한 질 보장을 전담하는 독립기관을 두고 있다. 하지만 일부 국가에서는 기존에 운영 중인 기관에 볼로냐 협약에 따른 질 보장 역할도 함께 담당하도록 기능을 확대하기도 한다. 몇몇 회원국에서는 고등교육을 감독하는 교육부 또는 정부기관 내에 질보장기관을 두고 있기도 한다. 회원국 가운데 22개 국가에서 질 보장시스템이 국가 차원에서 운영되며, 이는 또한 고등교육에 적용되고 있다. 이들 국가에서는 질 보장만 전담하는 기관을 두거나 또는 기존 평가기관에 질 보장 업무를 부여하기도 한다. 6개 회원국들은 질 보장시스템을 운영하고는 있으나 아직 모든 교육프로그램에 적용하지는 못하고 있다. 13개 국가에서는 아직 입법단계에 있거나 근거법령 제정 후 시행 이전단계에 있다고 할 수 있다.

평가시스템의 핵심요소 지표에 대하여, 대부분의 회원국들은 2003년 베를린 선언(Berlin Communiqué)에서 제시한 기준을 충족시키는 질 보장시스템을 구축하고 있다고 보고하였다. 베를린 선언에서는, (1) 내부평가, (2) 외부 검토, (3) 학생 참여, (4) 결과 발표, (5) 국제참여를 평가시스템의 핵심요소로 정의하였다. 18개 회원국은 이 다섯 가지 요소를 모든 고등교육에 적용하고 있다. 8개 국가는 이들 5개 사항들이 준비는 되어 있지만 아직 모든 고등교육에 적용되고 있지는 않고 있거나 또는 이 가운데 4개만 적용하고 있다. 9개 국가는 평가시스템을 운영하면서 이 가운데 2~3개 요소만 적용하고 있다고 하며, 7개 국가는 이제 이들 요소를 포함한 평가시스템을 운영하려고 준비 중이거나 또는 이 핵심요소 중 한 가지만 적용하기 시작했다고 한다.

학생 참여 분야는 평가지표 가운데 가장 실적이 미진한 부분으로, 이는 많은 회원국들이 아직 학생참여를 위한 구조적 틀을 완전히 갖추지 않았음을 보여준다. 따라서 회원국 차원이나 유럽 차원 모두 학생단체와 질보장기관 간의 협력을 보다 증진할 필요가 있다. 학생참여 수준은, (1) 국가 차원 질보장기관의 거버넌스, (2) 외부평가팀, (3) 외부평가과정에의 참여, (4) 내부평가 참여 등 4가지 차원에서 측정할 수 있다. 이 지표에서 '매우 우수' 등급을 받은 6개 회원국에서는 이 네 가지 차원 모두에 있어서 학생들의 참여가 이루어지고 있으며, '우수' 등급을 받은 9개 국가에서는 이 가운데 3가지 차원에서 학생들이 참여하고 있다. '매우 미흡' 등급을 받은 7개 회원국에서는 아직 학생참여가 이루어지지 않고 있거나 학생참여를 위한 제도적 장치가 분명하게 마련되어 있지 않다. 학생참여의 모범사례들을 보면, 대부분 고등교육기관의 개별적이고 자발적인 노력이 기반이 되고 있음을 알 수 있다.

국제협력 측면에 있어서는, 대다수 회원국들이 좋은 성과를 보이고 있다. 최소한 모든 회원국들이 질 보장시스템에 국제영역을 도입하기 시작하였다. 질 보장에서의 공식적인 국제참여는, (1) 국가차원 질보장기관의 거버넌스, (2) 외부평가팀, (3) ENQA 또는 이와 유사한 관련 국제네트워크에의 가입 등 세 가지 차원에서 이루어질 수 있다. 이 지표에서는 전체 회원국 가운데 12개 나라가 '매우 우수' 등급을 받았으며, 이는 이들 국가에서는 이 세 가지 차원 모두에 있어서 국제협력이 이루어지고 있다는 의미이다. '우수' 등급을 받은 16개 회원국에서는 이 가운데 2개 차원에서 국제참여가 이루어지고 있다. 하지만 좀 더 자세히 살펴보면, 단지 일부 국가에서만 질보장기관의 거버넌스에 국제참여가 이루어지고 있음을 알 수 있다. 이마저도 대부분은 외국에서 소수의 인원(보통 1~2명)만을 위원(이사회의 이사)으로 초청하는 경우이다. 이들은 회의에 참석하고, 정책결정에 관여하며 자문역할을 수행한다. 가장 활발하며 유용한 국제협력사례는 네덜란드와 벨기에(네덜란드어 권역)가 설립한 공동기구에서 찾아볼 수 있다. 두 나라 교육부가 함께 질보장기관을 운영하며, 모든 과정에서 상호협력이 이루어지고 있다. 아마도 이 모델은 소규모 국가나 언어를 공유하는 회원국 상호간에 충분히 활용할 수 있을 것이다.

이 2005년 실적조사 결과보고서는 고등교육의 질 보장시스템 구축의 최종목표는 고등교육의 질 향상임을 잊지 말아야 한다고 강조하고 있다. 중요한 것은 실제 고등교육의 질적 수준이 제고되었는지 여부이다. 이를 위해서는 고등교육 전반에 걸쳐 질 보장 문화가 확산되어야 한다고 주장한다. 실적평가보고서는 지적하기를, 고등교육의 질 향상을 위해서는 무엇보다도 고등교육기관, 교직원, 학생 모두 체계적인 질적 수준을 보장하는 것이야 말로 이들 자신들이 고등교육에서 담당하는 핵심적 역할이라고 받아들이려는 의지가 필요하다고 한다.

2. 2007년 평가

2007년 실적조사에서는 질 보장과 관련하여 4개 지표에 대한 평가가 이루어졌다. 이 가운데 3개 지표는 외부 질 보장, 학생 참여 및 국제 협력에 초점을 두는 데 비하여, 다른 하나는 유럽표준지침(ESG)의 전반적 적용에 관한 것이다.[5)]

표 2-2 교육의 질 보장 실적평가 결과, 2007년

	매우 우수	우수	보통	미흡	매우 미흡
유럽표준지침(ESG) 적용	17(35.4%)	26(54.2%)	4(8.3%)	1(2.1%)	0(0.0%)
외부질보장시스템 발전단계	18(37.5%)	23(47.9%)	5(10.4%)	2(4.2%)	0(0.0%)
학생참여 수준	17(35.4%)	16(33.3%)	11(22.9%)	4(8.3%)	0(0.0%)
국제협력 수준	11(22.9%)	14(29.2%)	16(33.3%)	3(6.3%)	4(8.3%)

출처: *Bologna Process Stocktaking Report 2007*, p. 27, Table 2.

회원국 차원에서 교육의 질 보장을 위한 유럽표준지침(ESG)이 전반적으로 적용되고 있는지 여부에 대하여, 전체 회원국의 35.4%인 17개 국가가 '매우 우수' 등급을 받았다. '매우 우수' 평가의 기준은 ESG에 부합하여 국가 차원의 질 보장시스템이 확실하게 운영되고 있는지 여부이다. '우수' 등급은 ESG에 맞도록 국가의 질 보장시스템을 운영하기 시작했으나 그 과정이 아직 완료되지는 않았다는 점을 보여준다. 요약하면, 회원국의 약 1/3은 국가 차원의 질 보장시스템을 ESG에 부합되도록 수정하여 이미 운영하고 있으나, 나머지 회원국들은 아직 자국의 질 보장시스템을 ESG에 맞추어 수정하고 있는 과정에 있다고 할 수 있다. 따라서 아직 많은 회원국에서 상당히 추가적인 작업이 이루어져야 한다. 이들 나라의 경우 질 보장을 위한 공식적인 구조는 확립되었으나, 고등교육기관에 품질문화(quality culture)를 조성하는 내부 질 보장 및 고등교육의 질 향상 과정에 더 많은 지원이 필요하다는 것을 보여주고 있다.

외부 질 보장시스템 발전단계에 대한 평가 결과, 18개 회원국이 '매

5) Bologna Process Stocktaking Report 2007. Report presented by the Bologna Follow-up Group to the Ministrial Conference in London, May 2007.

우 우수' 등급을, 그리고 23개 국가가 '우수' 등급을 받았다. '매우 우수' 등급의 판단기준은, (1) 질 보장시스템이 충분히 작동하고 있고 모든 고등교육에 적용되고 있는지 여부, (2) 교육프로그램이나 고등교육기관에 대한 평가가 내부평가, 외부검토, 평가결과의 출판 등 세 가지 요소를 포함하고 있는지 여부, (3) 질보장기관에 대한 외부 동료평가(peer review)를 위한 과정이 확립되어 있는지 여부 등이다. 질보장기관에 대한 동료평가를 추가한 이 지표는 2005년 평가지표보다 회원국들에게 더 많은 요구를 하고 있음에도 불구하고, 2007년 평가 결과 상당한 성과가 달성되었음을 보여주고 있다. 하지만 여러 나라가 당면하고 있는 가장 큰 문제는 질보장기관의 외부평가를 위한 절차가 아직 확립되어 있지 않다는 것이다. 일부 국가들은 공동인증절차와 같은 방법을 사용하여 외부 질 보장시스템의 운영을 상호 지원하고자 협력하고 있다. 유럽교육품질보장네트워크(ENQA)가 이들 국가들에게 협력 증진이 가능하도록 정보를 제공하거나 또는 어떻게 외부평가를 체계화할 수 있는지 자세히 설명해준다면 도움이 될 것으로 생각된다.

학생참여 수준 지표에 대한 평가 결과를 보면, 모든 회원국들이 질 보장에 있어서 어느 정도 학생참여를 보장하고 있다는 점을 알 수 있다. 2/3 이상의 회원국에서 학생들은 네 가지 차원 가운데 최소한 세 가지 차원에서 참여하고 있다. 이는 2005년에 비하여 상당한 진전이 이루어졌음을 보여준다.

국제협력 수준의 경우, 아직도 많은 노력이 필요함을 알 수 있다. 전체의 22.9%인 11개 회원국만이 '매우 우수' 평가를 받았다. 이는 많은 회원국들에게는 질보장기관에 대한 외부평가가 아직 초기 단계 수준이며, 따라서 아직 국제협력이 필요한 단계가 아님을 보여준다. 또한, 2005년 평가에 비하여 실적평가 성적이 좋지 않은 이유는 평가기준으로 질보장기관에 대한 외부평가에 있어서 국제참여를 추가하였기 때문이기도 하다.

외국 전문가를 외부평가팀의 일원으로 포함시키기에는 언어 문제라든지 비용과 편의성의 문제, 법률적 제약 등 상당한 장애요인이 존재한다는 점도 지적할 만하다. 이 실적평가보고서는 앞으로 모든 회원국에 있어서 질 보장과정의 투명성과 공개성, 국제적 수용을 보장하는 방법의 일환으로 국제협력을 증진하여야 한다고 지적하고 있다. 이는 질보장기관의 외부평가에 있어서 국제적 항목들을 개발하는 데 초점을 두거나 국제협력 증진을 위한 유럽의회, 유럽대학협회(European University Association: EUA), 유럽교육품질보장네트워크(ENQA)의 주도적 역할을 통해 보다 가능해질 것으로 전망하고 있다.

3. 2009년 평가

2009년 실적조사에서는 유럽표준지침(ESG)의 적용, 내부 질 보장의 다양한 측면 및 외부 질 보장, 학생 참여, 국제협력 등을 중심으로 볼로냐 협약의 고등교육의 질 보장 부분에 대한 평가가 이루어졌다.6) 평가결과를 보면, 전반적으로 회원국들의 외부 질 보장시스템의 구축은 상당히 빠른 속도로 진척되었으나, 고등교육기관의 내부(자체) 질 보장시스템의 발전은 상당히 속도가 느리다는 점을 발견할 수 있다. 특히, 일부 회원국들의 경우 내부 질 보장시스템을 여전히 외부평가를 위한 자체평가보고서 작성 정도로만 여기고 있다. 고등교육기관의 내부 질 보장에 대한 ESG를 이행하고자, 교육프로그램의 내부 승인과 평가 관련 정보의 발간 등 고등교육기관 내부의 오랜 관행은 상당히 개선되었다. 하지만, 실적평가보고서는 교육프로그램과 학습결과(learning outcomes)

6) Bologna Process Stocktaking Report 2009. Report from working groups appointed by the Bologna Follow-up Group to the Ministerial Conference in Leuven/Louvain-la-Neuve 28-29 April 2009.
Andrejs Rauhvargers. 2009 Bologna Stocktaking findings on the Higher Education Quality Assurance. (http://www.aic.lv/bolona/2010/Sem09-10/EUA_QUA_forum4/Ia.6_-_Rauhvargers.pdf).

의 연계, 그리고 의도한 학습결과의 달성 여부를 측정하는 평가과정의 설계는 매우 어려울 뿐만 아니라 상당한 시간을 요한다고 밝히고 있다. 이는 회원국들이 학습결과를 측정불가능하고 학생평가에도 사용할 수 없는 전반적인 교육프로그램의 목표와 혼동하고 있음을 보여주고 있다.

표 2-3 교육의 질 보장 평가 결과, 2009년

	매우 우수	우수	보통	미흡	매우 미흡
외부질보장시스템 발전단계	16(33.3%)	17(35.4%)	14(29.2%)	1(2.1%)	0(0.0%)
학생참여 수준	19(39.6%)	16(33.3%)	7(14.6%)	4(8.3%)	2(4.2%)
국제협력 수준	16(33.3%)	12(25.0%)	4(8.3%)	14(29.2%)	2(4.2%)

출처: *Bologna Process Stocktaking Report 2009*, p. 57, Figure 18.

외부 질 보장시스템 발전단계에 대한 지표의 핵심은 ESG가 회원국에서 어느 정도 이행되고 있는지를 평가하는 것이다. 모든 회원국들은 자체평가 및 외부평가를 포함한 외부 질 보장시스템을 도입하고 있으며, 거의 대부분의 경우 평가결과를 출판하고 후속조치를 취하고 있다. 하지만, 질 보장기관에 대한 평가 또는 이러한 평가시기의 확정 등에 대한 요구사항이 추가됨으로 인해, 2007년에 '매우 우수' 평가를 받은 일부 회원국들은 2009년에 '우수' 등급으로 내려가게 되고, 또한 2007년 평가에 비해 '우수' 또는 '매우 우수' 등급을 받은 회원국 수가 상당히 줄었다. 이는 2007년 평가에 비하여 2009년 평가에서는 등급별 평가기준이 높아졌기 때문인데, '매우 우수' 등급을 받기 위해서는, (1) 국가 차원에서 외부 질 보장시스템이 충분히 운영되고, 또한 모든 고등교육 영역에 적용되어야 하며, (2) 교육프로그램 또는 고등교육기관에 대한 평가에는 4 가지 요소, 즉 ① 자체평가보고서, ② 외부평가, ③ 평가결과의 출판, ④ 후속조치 과정 등이 포함되어야 하고, (3) ESG에 기초하여 질보장기관에 대한 동료평가가 시행되고 있어야 한다. 그 아래 '우수' 등급을 받기 위해서도 최소한 질보장기관에 대한 동료평가의 시기(날짜)가

정해져있어야 한다. 전체 회원국 가운데 16개 국가가 '매우 우수' 등급을, 그리고 17개 국가가 '우수' 등급을 받았다. 따라서 이미 외부 질 보장체계가 널리 확립되어 시행되고 있으나, 아직 일부 국가에서는 ESG가 전반적으로 적용되고 있지 않다는 점을 시사한다고 볼 수 있다.

학생참여 수준에 대한 지표를 보면, 2009년 실적평가는 2007년에 비하여 보다 기준이 강화되어 '매우 우수' 등급을 받기 위해서는 기존의 4가지 차원에서의 학생참여에 덧붙여 '자체평가보고서 준비' 단계에서의 학생참여가 새로 추가되었다. 이에 따라 최하 등급인 '매우 미흡' 등급을 받지 않으려면 최소한 5개 중 2개 차원에서 학생참여가 이루어져야 한다. 평가 결과를 보면, 2007년에 비하여 2009년에 보다 많은 나라들이 '매우 우수' 등급을 받았다. 따라서 질 관리과정에 대한 학생참여가 상당한 진전이 있음은 확실하지만, 그럼에도 여전히 개선되어야 할 여지가 있다는 점도 분명하다. 자세히 살펴보면, 회원국 가운데 31개 국가에서 국가차원 질보장기관의 거버넌스에서 학생참여가 이루어지고 있으며, 학생들이 외부평가팀의 정식 평가위원으로 참여하는 경우(26개 국)와 외부평가팀에 참관인(observer)으로 참여하는 경우(16개 국)도 상당하다. 또한 29개 회원국에서는 평가 결과의 판정과정에 학생들이 참여하고 있다. 전반적으로 2007년 이후 질 보장에 대한 학생참여는 더욱 진전되었으나, 학생들은 아직 자체평가보고서의 준비에 많이 참여하는 것도 아니고 후속조치 과정에는 거의 관여하지 못한다는 것을 알 수 있다.

국제협력 수준에 대한 평가지표의 경우, 2009년 평가에서 '매우 우수' 등급을 받기 위해서는 다음 4가지 차원 모두에서 국제참여가 이루어져야 한다. 즉, 외국의 전문가(동료)가, (1) 고등교육기관이나 교육프로그램의 외부평가팀에 정규위원이나 참관인으로 참여하거나, (2) 유럽교육품질보장네트워크(ENQA) 또는 관련 국제네트워크에 회원으로 가입하거나, (3) 국가차원 질보장기관의 거버넌스에 참여하거나, (4) 국가차원 질보장기관의 외부평가 참여 등 4가지 차원 모두에 참여하여야 한다. 회원국 가운데 16개 국가가 '매우 우수' 등급을, 12개 국가가 '우수' 등급을 받았다. 하지만 강화된 기준요건으로 인해, 2007년에 비하여 많은 국가들이 '보통'에서 '미흡' 등급으로 재분류되었다.

2009년 평가 결과는 질 보장에 있어서 국제협력이 상당히 성과가 있음을 보여준다. 특히, 실적평가보고서에서는 38개 회원국에서 외부평가팀에 외국인 전문가를 참여시키고 있으며, 33개 국가에서 질 보장기관의 평가에 외국인 전문가를 포함시키고 있다고 밝히고 있다. 아울러 유럽교육품질보장네트워크(ENQA)의 회원자격은 국가의 질 보장시스템이 유럽표준지침(ESG)을 준수하고 있다는 것을 보여주는 중요한 지표이다. 22개 국가의 질보장기관이 ENQA의 정식 회원이다. 따라서 이 결과는 아직 여러 국가에서 외부 질 보장에 대한 ESG와 질보장기관의 업무가 완전히 시행되지는 못하고 있다는 점을 시사한다.

또한, 2009년 실적조사에서는 회원국들의 고등교육기관 내부 질 보장에 대한 실태조사도 이루어졌다. 실적평가보고서에 따르면, 다수의 회원국들은 아직도 고등교육기관의 내부 질 보장이 학습결과기반적 또는 개선지향적 내부 질 보장시스템과는 아무런 관련도 없는, 단지 자체평가보고서를 준비하는 것이라고 생각하는 경향이 있다고 한다. 더욱이, 일부 고등교육기관들은 자체 관리시스템을 구축하고 이를 질 보장시스템이라고 우기기도 한다. 하지만, 이들 시스템의 일부는 ESG의 이행보다는 교직원과 부서의 실적을 측정하는 데 초점을 두고 있다. 따라서 볼로냐 협약 회원국들은 고등교육기관의 내부 질 보장에 보다 초점을 두어야 할 필요가 있다.

회원국들이 고등교육기관으로 하여금 ESG에 맞게 내부 질 보장과정을 개선하도록 유도하기 위하여 사용하는 방안들은, 주로 이해관계자 협의(28개 국), 재정적 인센티브 제공(25개 국), 재정지원 이외 다른 인센티브 제공(22개 국), 증빙자료 수집(16개 국) 등이다. 많은 회원국들이 활용하는 인센티브는 고등교육기관이 질 보장 부서를 신설하거나 확충하는 경우, 기존의 내부 질 관리절차를 보완하거나 질 보장시스템에 대한 감사를 실시하는 경우 추가적인 재정지원을 하는 방식이다.

고등교육기관이 질 관리 전략을 준비하고 출판하는지 여부에 대하여 조사한 결과, 자국 내 모든 고등교육기관이 교육의 질 향상을 위한 전략을 발간하고 있다고 보고한 회원국은 모두 22개 국가이고, 대부분의 고등교육기관이 그렇게 하고 있다고 한 회원국이 20개국으로, 전체 볼 로냐 회원국의 대다수가 긍정적인 응답을 하고 있다. 하지만 일부 국가는 고등교육기관이 교육의 질 보장 전략을 발간할 의무는 없다고 하거나 질 관리 전략은 고등교육기관의 전반적인 전략의 일부일 뿐이라고 설명하기도 한다.

고등교육기관이 제공하는 교육프로그램에 대한 내부 승인절차를 구비하고 있는지 여부에 대하여, 21개 회원국들은 자국 내 모든 고등교육기관들이 교육프로그램에 대한 내부 승인, 검토, 정기점검을 위한 제도를 운영하고 있다고 응답하였고, 20개 회원국들은 대부분의 고등교육기관에서 그렇게 하고 있다고 응답하였다. 교육프로그램에 대한 내부 승인은 다양한 형태로 이루어지는데, 먼저 정기적인 검토는 교수와 학생이 참여하는 공식적인 위원회를 통하여 이루어지며 일부 국가에서는 여기에 고용주 대표들도 참여한다고 한다. 교육프로그램에 대한 평가는 주로 학생이나 졸업생 대상 설문조사를 통해서 이루어진다. 일부 국가의 경우 내부 질 보장은 외부 질 보장절차를 참조하여, 먼저 자체평가보고서를 작성한 다음 동료평가가 이루어지는 절차를 밟는다. 또한 일부 국가에서는 교육프로그램의 세부내용을 고등교육기관의 내부검토위원회, 교육과정위원회 또는 교수평의회 등에 제출하여 승인을 받거나, 외부 인증을 받기 바로 전에 내부 평가와 승인과정을 거치도록 만든다. 어떤 나라에서는 교육프로그램의 내부평가를 위하여 유럽품질관리재단(European Foundation for Quality Management: EFQM)의 심사를 활용하기도 한다. 일부 국가에서는 교육프로그램에 대한 내부 평가와 승인에 대한 기본절차가 법률에 규정되어 있다.

교육프로그램을 학습결과(learning outcomes)의 관점에서 설명하고 있는지 여부에 대하여, 12개 회원국은 모든 고등교육기관에서 그렇게 하고 있다고 응답하였으며 15개 회원국은 대부분의 고등교육기관에서 그렇게 한다고 응답하였다. 학습결과란 교육과정을 통해 어느 정도 역량이 증진되었는지를 확인할 수 있는 학습경험의 측정가능한 결과라고 할 수 있다. 학습결과는 교육과정을 성공적으로 이수하고 나면 학습자가 무엇을 알고 이해하며 어떻게 표현할 수 있는 지를 설명한다(남궁 근 외, 2014: 203-204). 이처럼 고등교육기관이 학습결과를 사용하여 교육프로그램을 설정하는 데 상당한 진전을 보이고 있다는 낙관적 견해는 아마도 학습프로그램을 이수한 후 학습자가 무엇을 알고, 이해하며 보여줄 수 있는지에 대한 설명으로서의 학습결과와 교육프로그램의 전반적 목적이나 기대된 결과를 혼동하고 있기 때문이라고도 볼 수 있다. 이와 관련하여, 회원국들은 고등교육기관 교직원들이 학습결과를 이해하고 표현하도록 지원하고, 이를 측정할 수 있는 방법을 제시하는 것이 중요하다고 한다. 일부 국가에서는 학습결과를 교육프로그램을 설명할 때 꼭 포함시켜야 하는 준수사항이라고 설명하지만, 또한 일부 국가는 학습결과는 자격요건과는 관련이 없다고 말한다. 일부 국가에서는 이미 응용고등교육분야에는 학습결과 문화가 정착되어 있으나 대학에서 이런 방향으로 문화를 변화시키는 데에는 시간이 걸린다고 주장하고, 또한 다른 나라에서는 자국의 강한 내용중심적 교육과정의 전통으로 인해 변화에 상당한 시간이 걸린다고 지적하기도 한다.

실적평가보고서는 의도한 학습결과 성취 정도를 측정하기 위한 학생평가제도 도입은 학습결과에 대한 설명보다도 더 느리게 진행되고 있다고 평가하고 있다. 회원국 가운데 6개 국가에서는 자국 내 모든 고등교육기관이 시행하고 있다고 하며, 17개 국가에서는 대부분의 고등교육기관에서 도입하고 있다고 한다. 전체 회원국의 1/2 이상은 일부 고등교육기관에서 시행하거나 도입하지 않고 있다고 응답하였다. 극소수 국가에서만 명시된 학습결과가 어느 정도 성취되었는지 파악하고자 학생평가를 도입한 사례를 제시하고 있다. 일부 국가에서는 학습결과와 이에 대한 학생평가를 교육프로그램에 대한 외부 질 평가에 포함시키고 있다.

전반적으로, 대부분의 회원국에서 고등교육기관들은 내부 질 보장시스템을 구축하고 이를 외부평가과정에 맞추어 조정하고자 적극적으로 노력하고 있다고 평가할 수 있다. 일부 국가에서는 고등교육기관의 내부 질 보장에 대한 분명한 조치를 취하기보다는 각 고등교육기관이 처한 상황에 맞추어 적절한 방안을 모색하도록 요구하고 있다. 일부 국가에서는 고등교육기관의 내부 질 보장을 위하여 ISO, TQM, EFQM의 방법론을 사용하기도 한다.

고등교육기관에서의 내부 질 보장시스템의 활용이 진전을 보이고 ESG의 이행이 이루어짐에도 불구하고, 교육프로그램과 학습결과를 연계시키는 것과 의도한 학습결과의 성취 여부를 측정하기 위한 평가과정의 설계는 가장 어려운 부분이며, 또한 보다 많은 시간이 소요된다는 점도 분명하다. 2009년 평가 결과는 학습결과에 기반한 문화를 형성하는 것이 매우 어려울 뿐만 아니라 2010년까지는 달성할 수 없다는 점 또한 분명히 지적하고 있다.

4. 2011년 평가

2010년까지 유럽고등교육권역(EHEA)을 구축하려는 공동목표를 세운 볼로냐 협약의 이행보고서가 2012년 발간되었다.[7] 그 동안 볼로냐 협약의 핵심요소에 대한 추진실적을 정리한 이 보고서는, 질 보장 분야에 대하여 지난 10년간 질 보장시스템 구축은 상당한 성과를 거두었다고 평

7) Education, Audiovisual and Culture Executive Agency (EACEA) (2012). The European Higher Education Area in 2012: Bologna Process Implementation Report. Brussels: EACEA.

가하고 있다(남궁 근 외, 2014). 2011년 평가에서는 앞으로 보다 개선해야 할 질 보장 발전의 주요 이슈에 대한 합의를 바탕으로, 외부 질 보장시스템의 발전단계, 외부 질 보장에의 학생참여 및 국제협력에 대한 지표를 중심으로 평가가 이루어졌다.

표 2-4 교육의 질 보장 평가 결과, 2011년

	매우 우수	우수	보통	미흡	매우 미흡
외부질보장시스템 발전단계	18(38.3%)	6(12.8%)	17(36.2%)	6(12.8%)	0(0.0%)
학생참여 수준	11(23.4%)	11(23.4%)	13(27.7%)	5(10.6%)	7(14.9%)
국제협력 수준	8(17.0%)	11(23.4%)	10(21.3%)	11(23.4%)	7(14.9%)

출처: EACEA(2012), p. 64, 65, 66.

외부 질 보장시스템 발전단계에 대한 지표는 시스템이 적용되는 범위, 주요 평가대상, 유럽표준지침(ESG)의 적용 등을 평가한다. 이 지표에서 '매우 우수' 등급을 받으려면, 회원국에서 전국적으로 질 보장시스템이 적용되고 있어야 하며, 질보장기관은 ESG에 의거하여 평가되어야 한다. 또한 질 보장시스템은 모든 고등교육기관과 교육프로그램에 적용되어야 하며, (1) 교육, (2) 학생지원서비스, (3) 내부 질 보장/관리시스템을 주요 평가대상으로 하여야 한다. '우수' 등급에는 위의 모든 기준이 적용되지만, 다만 질 보장시스템이 위의 세 가지 주요 평가대상 가운데 일부만을 대상으로 하는 경우이다. '매우 우수' 및 '우수' 등급을 받은 회원국은 모두 24개 국이다. 평가 결과는 지난 10년간 질 보장 분야에서 얼마나 많은 발전이 이루어졌는지를 보여주고 있다.

그림 2-1 회원국별 외부질보장시스템 발전단계, 2010/11

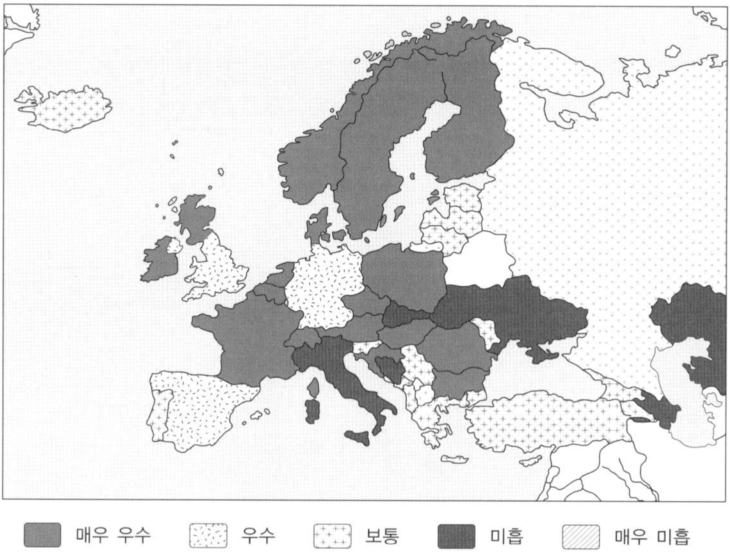

출처: EACEA(2012), p. 64, Figure 3.3.

이 지표에 대한 평가 결과, 볼로냐 회원국들은 4개 등급에 널리 분포되어 있다. '매우 미흡' 등급을 받은 국가는 하나도 없으며, 이는 아직까지 적절한 질 보장시스템을 갖추지 못한 회원국은 없다는 의미이다. '미흡' 등급을 받은 국가는 모두 6개 국가로, 이들 회원국들은 질 보장을 담당하는 전국단위의 질보장기관을 두고 있으나 아직 이들 기관에 대하여 유럽표준지침(ESG)에 따른 평가는 실시하지 않고 있으며, 또한 세 가지 주요 평가대상을 모두 대상으로 하지는 않는다. 17개 국가는 '보통' 등급을 받았는데, 이는 종합적인 질 보장시스템이 작동하며 질 보장의 모든 핵심 요소들을 대상으로 하고 있으나 질보장기관들이 ESG에 따른 평가를 받지는 않았다.

학생참여 수준에 대한 평가지표는 질 평가과정에서 학생들이 어느 정도 참여하는지를 평가한다. '매우 우수' 등급을 받기 위해서는, 학생들이 (1) 질보장기관의 거버넌스 구조, (2) 외부평가팀의 정규 평가위원 또는 참관인, (3) 자체평가보고서 작성, (4) 외부평가의 의사결정(판정) 과정, (5) 후속조치 과정 등 다섯 가지 차원 모두에 있어서 참여하여야 한다. '우수' 등급은 이 가운데 4개 차원에서 학생참여가 이루어지는 경우를 의미하고, '보통' 등급은 이 가운데 3개 차원에서 학생이 참여하는 경우이다. 우수 등급 이상을 받은 회원국은 모두 22개로, 아직 질 평가 과정에서 학생참여는 보다 강화될 여지가 많다고 볼 수 있다.

그림 2-2 **회원국별 질 보장에서의 학생참여 수준, 2010/11**

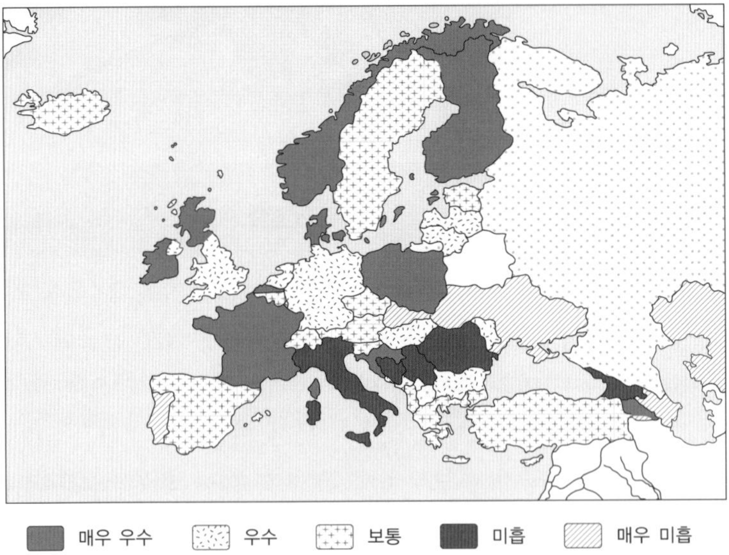

출처: EACEA(2012), p. 65, Figure 3.4.

국제협력 수준에 대한 지표는 외국의 전문가(동료)가 어느 정도 외부 질 보장과정에 참여하고 있는지를 평가하고 있다. 이 지표의 '매우 우수' 등급의 의미는, (1) 질보장기관이 유럽교육품질보장네트워크(ENQA)의 정규회원이거나 유럽고등교육질보증기관등록제(EQAR)에 등록되었는지 여부, (2) 전국적인 질보장기관의 거버넌스에 외국 전문가가 참여하는지 여부, (3) 외부평가팀에 외국 전문가가 평가위원 또는 참관인으로 참여하는지 여부, (4) 후속조치 과정에 외국 전문가가 참여하는지 여부 등 4개 측면에서 모두 긍정적인 평가를 받았다는 것이다. '우수' 등급은 이 가운데 3개 측면에서 외국 전문가의 참여가 이루어지는 경우이다. 평가 결과, '우수' 등급 이상을 받은 회원국이 19개 국가인데 비하여, '미흡' 이하 등급을 받은 국가도 18개나 된다. 따라서 유럽고등교육권역(EHEA) 내에서 국제협력 수준이 상당한 편차를 보이고 있으므로, 앞으로 이러한 편차를 줄이기 위한 보다 심도 있는 노력이 필요하다고 할 수 있다.

그림 2-3 **회원국별 질 보장에서의 국제협력 수준, 2010/11**

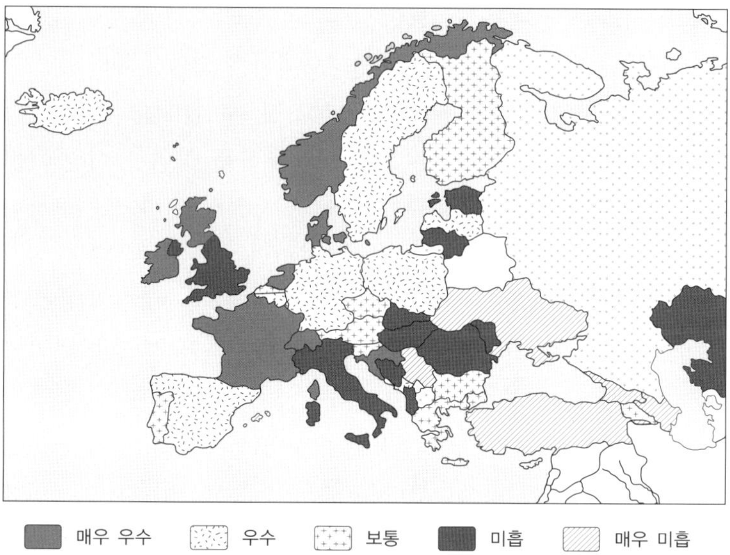

출처: EACEA(2012), p. 65, Figure 3.5.

Ⅲ. 요약 및 종합

볼로냐 협약 이후 지난 10년 간 고등교육의 질 보장 분야에서 어떤 변화가 있었는지를 4번(2005년, 2007년, 2009년, 2011년)에 걸친 실적조사 결과보고서를 바탕으로 살펴보았다. 유럽고등교육권역(EHEA)의 실적조사에서 나타난 특징은 다음 네 가지로 정리할 수 있다. 첫째, 모든 회원국들이 고등교육의 질 보장의 중요성에 공감하고 지속적인 개선을 추진하였다는 점이다. 이미 일부 국가에서는 1999년 볼로냐 협약 이전부터 고등교육에 대한 외부 질 보장시스템을 갖추고 있었으나, 많은 회원국들은 지난 10년 동안 새로 국가 차원의 독립적인 질보장기관을 설치하였다. 대부분의 회원국은 고등교육기관뿐만 아니라 정부로부터도, 법적으로 그리고 운영에 있어서도 독립적인 질보장기관을 설립하였다. 그리고 유럽표준지침(ESG)에 따라 고등교육기관과 교육프로그램에 대한 외부 질 보장시스템과 내부 질 보장시스템을 발전시켜 왔다. 전반적으로 지난 10년 동안 유럽고등교육권역(EHEA)에서는 고등교육의 질 보장 분야에서 괄목할 만한 성과가 이루어졌다고 볼 수 있다.

둘째, 2년마다 회원국을 대상으로 실적조사를 하면서 회원국들의 이행실적을 반영하여 평가지표를 변경하거나 등급별 평가기준을 상향조정하는 방법으로 회원국들의 이행을 유도하였다. 회원국에 대한 실적조사에서 이미 상당히 확산되고 정착된 사항에 대해서는 평가지표에서 제외하거나 보다 성과 향상이 요구되는 부분에 대해서는 등급별 평가기준을 상향조정하는 방법을 통하여 회원국들의 분발을 유도하고 있다. 이러한 실적조사를 통하여 고등교육의 질 보장을 위한 ESG가 유럽고등교육권역(EHEA) 전반에 걸쳐 확산되고 적용되는 수렴현상이 나타나고 있다.

셋째, 고등교육의 질 보장을 위한 제도적 장치는 앞으로도 보다 보완되어야 한다. 유럽고등교육권역(EHEA)에서는 아직 외부 질 보장시스템의 완전한 구축, 질 보장시스템에의 학생 참여 및 국제 협력 분야에 있어서 회원국 간 상당한 차이가 있다. 2011년도 실적조사 결과, 전체 47개 회원국 가운데 외부 질 보장시스템 발전단계 평가에서 '미흡' 판정을 받은 회원국이 6개, 질 평가과정에서의 학생참여 수준이 '미흡' 이하 판정을 받은 회원국이 12개, 외부 질 보장과정에의 국제협력 수준이 '미흡' 이하 판정을 받은 회원국도 18개이다. 이미 질 보장시스템이 완비된 회원국과 그렇지 않은 회원국 간에는 상당한 차이가 있음을 알 수 있다. 모든 회원국들이 질 보장을 위한 완전한 시스템을 구축하도록 유럽 차원의 지원과 노력이 보다 이루어져야 할 것이다.

넷째, 고등교육기관의 문화가 질 중심, 학습결과 중심으로 변화되어야 한다. 고등교육의 질 보장을 위한 노력은 궁극적으로 고등교육의 질 향상을 목표로 한다. 이를 위해서는 고등교육에 관여하는 교수, 학생, 직원, 대학당국, 교육부 모두 교육의 질과 학습결과를 중시하는 문화를 공유하여야 한다. 아무리 질 보장을 위한 시스템이 구축되어 있어도 이를 활용하는 이해관계자들이 변화하지 않으면 고등교육의 질 향상을 달성할 수 없다. 따라서 고등교육 당사자들 모두가 교육의 질과 학습결과를 우선순위에 두면서 교육의 내용과 방법을 고민하는 문화를 형성하여야 할 것이다. 유럽 고등교육체계의 국제경쟁력과 고용가능성 제고라는 볼로냐 협약의 목표를 달성하기 위해서는 아직도 개선해야 할 여지가 상당히 존재한다고 할 수 있다.

참고문헌

남궁 근 · 김상묵 · 김소영 · 노종호 · 손명구 (2014). **유럽연합의 대학개혁.** 서울: 법문사.

Bologna Process Stocktaking Report (2005). Report from a Working Group Appointed by the Bologna Follow-Up Group to the Conference of European Ministers Responsible for Higher Education, Bergen, 19-20 May 2005.

Bologna Process Stocktaking Report (2007). Report presented by the Bologna Follow-up Group to the Ministrial Conference in London, May 2007.

Bologna Process Stocktaking Report (2009). Report from working groups appointed by the Bologna Follow-up Group to the Ministerial Conference in Leuven/Louvain-la-Neuve 28-29 April 2009.

EACEA. (2010). *Focus on Higher Education in Europe 2010: The Impact of Bologna Process*. Brussels: EACEA.

EACEA. (2012). *The European Higher Education Area in 2012: Bologna Process Implementation Report*. Brussels: EACEA.

Harvey, Lee. (2006). Impact of Quality Assurance: Overview of a discussion between representatives of external quality assurance agencies. *Quality in Higher Education,* 12(3): 287-290.

Rauhvargers, Andrejs. (2009). *Bologna Stocktaking findings on the Higher Education Quality Assurance.*

Saarinen, Taina. (2008). Whose quality? Social actors in the interface of transnational and national higher education policy. *Discourse: Studies in the Cultural Politics of Education,* 29(2): 179-193.

Stensaker, Bjørn. (2007). Quality as Fashion: Exploring the translation of a management idea into higher education. In Westerheijden, Don F., Bjørn Stensaker, and Maria João Rosa, eds. *Quality Assurance in Higher Education: Trends in regulation, translation and transformation*. Vol. 20, pp. 99-118. Dordrecht, the Netherlands: Springer Science & Business Media.

제3장
고등교육 기회균등

I. 서 론

고등교육의 사회적 측면(social dimension in higher education)은 유럽 차원의 협력에 있어서 가장 중요한 도전이라고 할 수 있다. 사회적 측면은 1999년 볼로냐 선언에서는 비록 언급되지 않았으나, 2001년 프라하 교육부장관회의 이후 볼로냐 협약의 구성요소가 되었다. 2005년 베르겐 선언에서, 사회적 측면은 유럽고등교육권역(European Higher Education Area: EHEA)의 구성요소이며 EHEA의 매력과 경쟁력의 필요조건이라고 규정하였다.[1)] 하지만 이 사회적 측면의 성격 규정은 2007년이 되어서야 명확하게 이루어졌다. 2007년 런던 선언에서, 사회적 측면의 목표를 "고등교육을 받는 학생들은 인구의 다양성을 반영하여야 한다는 사회의 염원"으로 정의하였다. 런던 선언에서 회원국 장관들은, "우리는 고등교육을 받는 모든 학생들은 유럽 인구의 다양성을 반영해야 한다는 사회의 염원을 공유하고 있다. 학생들은 사회·경제적 배경과 관련된 어떤 장애도 받지 않고 학업을 마칠 수 있어야 한다는 데 공감한다. 기회균등의 기반 하에 모든 학위과정에의 참여를 확대하고 고등교육을 받을 수 있는 보다 신축적인 방도를 마련하며 학생들에 대한 적절한 서비스를 제공하려는 노력을 지속할 것이다"라고 선언하였다.[2)]

1) The European Higher Education Area: Achieving the Goals. Communiqué of the Conference of European Ministers Responsible for Higher Education, Bergen, 19-20 May 2005.

2) London Communiqué, Ministers Responsible for Higher Education in the Countries Participating in the Bologna Process, May 2007.

이처럼 유럽고등교육권역(EHEA)은 개인의 발전과 지속가능하고 민주적인 지식기반 사회에의 기여라는 측면에서 고등교육에 대한 균등한 기회를 보장하고 개인의 잠재력을 극대화하며 사회적 통합을 촉진하려는 목적을 지닌다(남궁 근 외, 2014). 고등교육의 사회적 측면은 다음과 같은 요소를 포함한다.[3)]

1. 누구나 동등하게 양질의 고등교육을 받을 수 있어야 한다.
2. 학생들은 적절한 학습 · 생활조건을 갖추어, 사회 · 경제적 배경에 따른 장애 없이 적절한 기한 내에 학업을 마칠 수 있어야 한다.
3. 열망과 능력에 따라, 모든 시민이 평생교육 경로를 통하여 고등교육을 받을 수 있는 기회가 증진되어야 한다.
4. 고등교육 진학 확대와 더불어, 정부는 학생들에게 지도 및 상담 서비스를 제공하기 위한 방안을 추진하여야 한다.
5. 학생은 고등교육 거버넌스의 정규 참여자로서, 고등교육 기관과 내용에 참여하여 영향을 미쳐야 한다.
6. 고등교육 진학 확대와 더불어, 정부는 재정적 · 경제적 측면에서 학생, 특히 사회취약계층의 학생들을 지원하기 위한 방안을 추진하여야 한다.

이를 기반으로, 각 회원국은 먼저 고등교육에서 소외되어온 집단들을 식별하는 등 사회적 측면에 대한 전략과 행동계획 수립을 다짐하였다. 2009년 루밴 회의에서 회원국들은 고등교육의 문호 확대 및 과소진출집단(under-represented groups)의 참여 증진 등 고등교육의 형평성 제고를 위하여 2020년까지 달성하고자 하는 측정 가능한 목표들을 설정하기로 하였다.[4)]

3) Key issues for the European Higher Education Area: Social Dimension and Mobility. Report from the Bologna Process Working Group on Social Dimension and Data on Mobility of Staff and Students in Participating Countries. May 2007.

4) The Bologna Process 2020: The European Higher Education Area in the New Decade. Communiqué of the Conference of European Ministers Responsible for Higher Education, Leuven and Louvain-la-Neuve, 28-29 April 2009.

아래에서는 「볼로냐 협약 이행보고서」(EACEA, 2012)를 중심으로, 사회적 측면에 대한 유럽고등교육권역(EHEA) 회원국들의 집행성과를 (1) 고등교육 문호 확대, (2) 모니터링, (3) 다양한 입학경로, (4) 학생서비스, (5) 등록금, (6) 학생의 배경과 고등교육 참여 등의 주제로 구분하여 설명하고자 한다.

Ⅱ. 집행성과

1. 고등교육 문호 확대

그 동안 고등교육 이수 비율이 낮은 집단의 고등교육 참여 수준을 높이고자 정부 차원에서 정책을 추진해온 회원국들은 거의 없었다(EACEA, 2010). 이런 맥락에서, 회원국들로 하여금 각 사회계층의 고등교육에의 참여를 모니터링하고 사회집단 간 불균형의 원인을 분석하여 보고하도록 하였다. 또한 과소진출계층의 참여를 증진하기 위한 전략과 계획을 수립하고, 그 효과를 측정하도록 요청하였다.

나라마다 고등교육의 과소진출집단(under-represented social groups)에 대한 정의는 다양하지만, 우선순위와 접근방법은 상당히 유사하다. 대부분의 경우 정부가 과소진출집단을 몇 개의 범주로 구분하여 정의한다. 오스트리아, 조지아, 독일, 영국은 일반적으로 고등교육에의 참여 수준을 점검하기 위하여 5개 이상의 범주(category)를 사용하고 있다. 그리스의 경우, 등록 학생에 대한 정보 수집을 위하여 사회경제적 취약계층, 장애인 등 5개 이상의 범주를 사용하지만, 이들 범주 가운데 어느 것도 과소진출계층을 대표하지는 않는다. 따라서 고등교육에 대한 사회적 형평성을 확보하고 특정 사회계층의 과소진출현상을 방지하기 위하여 보다 특별한 방법을 사용하고 있다. 이와는 반대로, 프랑스, 룩셈부르크, 스웨덴에서는 사회경제적 취약계층의 학생들만 잠재적인 과소진출집단으로 간주하고 있다. 룩셈부르크는 취약계층과 이주자출신 간에 분명한 연계성이 있다고 간주하고 있다.

회원국 전반에 걸쳐, 과소진출집단은 사회경제적 배경이나 부모의 교육수준, 소수인종, 장애 등과 가장 관련이 많다고 할 수 있다. 성별, 고령(高齡), 고등교육 이수에 불충분한 정규교육자격, 지리적 요인 (특히 고립된 농촌지역) 등도 많은 관련이 있다. 아울러, 보스니아-헤르체고비나, 조지아와 같은 일부 국가에서는 자녀가 있는 학생 또는 참전용사 등 특별한 사정에 초점을 두기도 한다. 독일, 스위스 등 일부 나라에서는 외국학생도 고등교육 참여율이 증진되어야 할 대상으로 간주하며, 이러한 관심은 종종 사회정책보다는 국제교류(mobility) 영역에서 논의되기도 한다.

회원국들은 특정 사회집단이 고등교육에서 과소진출(소외)된 이유를 여러 가지로 규명하고 있다. 사회경제적 불이익을 받는 학생들이 고등교육에서 소외되는 가장 보편적인 이유로는 나쁜 학업성적, 중등교육 또는 대학 진학에 대한 동기 부족, 고등교육 혜택을 받지 못한 가족의 경험 부족 등이 주로 언급되고 있다. 따라서 과소진출에 대한 주된 설명은 고등교육 단계 이전의 교육과 사회에서의 실패라고 할 수 있다. 영국의 조사 결과도 사회경제적 취약계층의 학생들이 고등교육에서 소외되는 주된 요인으로 열망의 부족, 상이한 사회경제적 계층 간 교육성취의 격차 등을 들고 있다(EACEA, 2010).

오스트리아, 프랑스, 독일, 헝가리, 아일랜드, 스위스 등 여러 나라에서는 기회 균등 및 참여 확대에 부정적인 영향을 미치는 자국 교육시스템의 특징들을 지적하고 있다. 가장 공통적으로 언급되는 특징은 중등교육에서의 선발정책과 조기 진로 구분에 대한 것이다. 최근 OECD 연구는 포용적인 초등·중등교육시스템과 고등교육에의 참여 확대 간에는 상관관계가 있다고 지적한다(OECD, 2008). 즉, 초등·중등학교가 매우 선발적(능력에 따라 학생을 뽑는)인데도 적절한 보완시스템이 구비되어 있지 않은 경우에는 아무리 고등교육 문호가 개방되어 있다고 하여도 비전통적 학습자가 고등교육 입학자격요건을 구비하기는 거의 불가능하다는 것이다. 실업계(직업교육)와 일반계(대학진학)로 구분하는 조기 교육계층화를 추구하는 시스템에서는 사회경제적 취약계층의 학생들은 직업훈련과정을 '선택'하는 (또는 다른 대안이 없는) 경향이 높다. 결과적으로, 핀란드, 아일랜드, 스웨덴 등 일부 국가에서는 고등교육에 대한 진입경로를 다원화하는데 초점을 둔다. 관련 정책수단으로는, 파트타임제(part-time), 유연한 학습기회 제공, 고령자 및 직업교육 · 비정규과정 이수자의 고등교육 진입 편의성 제도 등을 들 수 있다.

일부 국가에서는 고등교육에서의 선발 및 입학허가과정이 과소진출집단에 대한 편견을 야기한다고 한다. 이외에도 여러 제도적 요인들이 소외되어온 사회집단의 고등교육 참여 확대에 대한 심각한 장애요인으로 작용하고 있다. 예를 들면, 프랑스에서는 취약계층 학생들이 부분적으로는 선택과목의 범위에 대한 충분한 지식이 없어서 학부과정에서 실패할 가능성이 높다고 한다. 이로 인해 프랑스에서는 예비대학생들에 대하여 보다 적극적인 안내정책을 펼치고 있다. 과소진출집단의 고등교육기회 확대를 위한 노력은 또한 재정지원과 입학안내 측면에서도 보다 많은 지원이 가도록 하고 있다.

고등교육에의 참여 확대에 대한 정책적 접근방법을 보면, 거의 모든 유럽고등교육권역(EHEA) 회원국들은 볼로냐 협약 이후 후속과정에서 제시된 고등교육에의 참여 확대를 위해 노력하고 있다(EACEA, 2012). 단지 안도라, 아이슬란드, 라트비아, 슬로바키아 4개 회원국만 고등교육정책에 이를 반영하지 않고 있다. 고등교육에의 참여 확대를 위한 접근방법은 몇 가지 형태로 구분할 수 있는데, (1) 모든 범주의 학생들에게 보편적으로 적용되는 일반정책적 접근방법(general policy approach), (2) 과소진출집단에 초점을 두는 접근방법(policy approaches targeting specific under-represented groups), (3) 이 두 가지 접근방법을 병행하는 방식 등이다. 대부분의 회원국들은 두 가지 접근방법을 병행 사용하며, 아제르바이잔과 바티칸시티(교황청)는 고등교육에의 참여 확대를 위한 목표를 설정하고 이를 달성하고자 노력하고 있지만, 접근방법은 위의 형태와는 다르다고 한다.

일반정책적 접근방법을 통하여 과소진출 문제를 해결하려는 고등교육시스템은 모든 사회집단이 고등교육의 혜택을 받을 수 있도록 동등한 기회를 제공하는 환경을 조성하고자 한다. 이를 통하여 고등교육에 대한 전반적인 참여 수준을 제고할 뿐만 아니라 빈곤계층의 학생들에게도 좋은 영향을 줄 것으로 기대한다. 볼로냐 회원국 가운데 13개 국가에서 이 접근방법을 사용하고 있다. 지리적으로는 덴마크, 핀란드, 스웨덴 등 북유럽에서 일반적으로 사용하는 접근방법이다.

벨기에, 불가리아, 체코, 크로아티아, 덴마크, 핀란드, 이탈리아, 룩셈부르크, 노르웨이, 루마니아, 슬로베니아 등 일반정책적 접근방법을 사용하는 국가들은 참여 확대를 위하여 재정지원을 활용한다. 이들 국가에서는 학생들에 대한 재정지원과 등록금제도가 사회경제적 지위나 여건에 상관없이 고등교육을 받을 수 있도록 기회를 부여한다고 보고 있다.

재정지원 외에 또한 기존 고등교육시스템의 구조적 변화를 추진하기도 한다. 기존 고등교육 제공방식을 변경하여, 그 동안 고등교육에 과소진출했던 집단들을 포함하여 다양한 사회집단들을 고등교육에 끌어들이고자 한다. 이러한 구조적 변화로는, (1) 새로운 고등교육프로그램의 도입 (키프로스), (2) 단기 프로그램 (룩셈부르크), (3) 전문직업중심 프로그램 (프랑스), (4) 공립 직업고등교육기관의 설립 (폴란드), (5) 신축적인 방식으로 교육하는 고등교육기관의 설립 (이탈리아) 등을 들 수 있다. 이 외에도 프랑스, 독일, 이탈리아, 스웨덴 등 일부 국가에서는 비정규과정에서 취득한 학습결과(learning outcomes)의 인정 확대도 고등교육에의 참여 확대를 도모하기 위한 방법으로 간주한다.

고등교육에의 형평성 증진을 위한 노력은 다른 활동에 의해 보완되기도 한다. 체코, 프랑스, 네덜란드 등의 국가는 주로 고등학교 교육에서 졸업생들을 위한 지도와 상담서비스를 제공하는 방식을 채택하여 학생들에게 진로에 대한 정보를 제공하고 고등교육(대학)을 선택 가능한 대안으로 고려하도록 한다. 또한 대학 진학을 원하는 학생들을 위한 준비프로그램을 운영하기도 한다(체코).

한편, 조지아, 아일랜드, 몰도바, 스위스, 우크라이나 등 여러 회원국들은 과소진출집단에 초점을 두는 접근방법을 사용하고 있다. 특정 집단에 초점을 두는 접근방법은 여러 범주의 학생들을 대상으로 한다. 첫째, 회원국 가운데 약 1/2은 장애학생들을 위한 특별한 방안을 시행하고 있다. 장애학생들의 학습환경을 개선하여 다른 학생들과 동등한 입장에서 고등교육을 받을 수 있도록 하는 데 목표를 둔다. 둘째, 사회·경제적 여건으로 인해 고등교육을 받기 어려운 학생들을 위한 지원방안을 시행하고 있다. 저소득·저학력 가정 및 고아 출신 학생에게 경제적 제약조건을 완화하고자 다양한 형태의 재정지원을 제공하는 방법이다. 셋째, 스코틀랜드 등 일부 국가에서는 사회경제적 취약계층 출신 학생들에게 특별한 지도 및 상담서비스를 제공하고 아울러 대학 진학 및 성공가능성 제고를 위한 준비프로그램을 운영하기도 한다.

일부 국가에서는 장애학생 및 사회경제적 취약계층 출신 학생 이외의 다른 과소진출집단도 공식적으로 확인하고, 이들을 위한 재정지원, 특별전형, 지도 및 상담서비스 등 다양한 정책방안을 시행하고 있다. 민족(ethnicity), 이주자, 성별, 출신지역, 연령 등 다양한 기준을 바탕으로 이들 집단을 정의할 수 있다. 이러한 일반적인 범주 내에서 각 회원국은 특별한 국가적 관심을 표명하기도 한다. 예를 들면, 민족과 이주자 지위와 관련하여 조지아는 아제르바이잔과 아르메니아 학생들에게 특별한 관심을 보이며, 크로아티아는 집시(Gypsies) 학생들에게 초점을 둔다. 일부에서는 자국의 최근 역사와 밀접한 관련이 있는 기준을 토대로 과소진출집단을 정의하는데, 발칸지역과 아르메니아, 조지아, 몰도바 등 동유럽국가에서는 학생이나 부모가 참전용사이면 고등교육에의 과소진출집단에 포함시키고 특별한 지원을 제공한다.

과소진출 문제 해결을 위하여 어떤 정책적 접근방법을 사용하든지 간에, 아르메니아, 오스트리아, 아일랜드, 핀란드, 노르웨이 등 오직 일부 국가에서만 양적 정책목표를 설정하고 있다. 이처럼 구체적 목표를 설정한 나라는 사회경제적 취약계층 학생이나 저학력 부모를 둔 학생들의 고등교육 참여 확대에 초점을 두는 경향이 있다. 아일랜드는 정부계획을 통하여 2020년까지 모든 사회경제적 집단의 고등교육 입학률을 최소 54% 이상 달성하겠다는 목표를 설정하였다.[5] 이 목표는 그동안 과소진출된 특정 집단들의 대규모 고등교육 참여가 이루어져야 한다는 점을 의미한다. 예를 들어, 이 목표치에 도달하려면 정신노동자들의 참여율은 두 배가 되어야 한다. 또한 지각, 신체, 다중 장애를 가진 학생들의 경우는 2013년까지 두 배로, 노령 학생의 경우는 2013년까지 전체 전업(full-time) 입학생의 20% 이상 되어야 한다. 벨기에(네덜란드어 권역)에서는 학사학위가 없는 부모를 둔 학생들의 고등교육 참여 비율을 60%로 높이려는 목표를 설정하였다.[6] 영국(스코틀랜드)에서는 2008~2010년 동안 가장 취약한 하위 20% 인구 및 남성의 대학 지원과 고등교육 참여 수준을 증진시키려는 목표를 설정하였다. 프랑스에서는 정부가 취약계층 자녀의 고등교육 이수 비율을 2009년까지 46%, 2012년까지 50%로 높이려는 목표를 설정하였다(EACEA, 2010).[7] 또한, 대학입학 자격을 부여하는 교육과정의 학생수를 2012년까지 두 배로 늘리기로 하였다. 고등교육에의 입학 경로 및 전반적 참여의 지속적 확대를 위한 목표와 방안에 초점을 둠으로써, 사회경제적 지위 때문에 고등교육에서 소외되

5) Ireland Higher Education Authority (2008). *The National Plan for Equity of Access to Higher Education* 2008-2013.

6) Flanders in Action Pact 2020 (http://www.flandershouse.org/pact-2020).

7) 이러한 목표는 모든 고등교육기관에 적용되지만, 추가적인 목표가 소수의 고등교육기관(Grandes Écoles)에 부여되었는데 이들 기관의 준비과정(classes préparatories des Grandes Écoles) 학생의 30%에게 (저소득층에 주는) 사회적 장학금을 주는 것이다.

어온 학생들의 수를 줄일 수 있을 것으로 기대하고 있다. 핀란드에서는 이주자 출신 학생들의 고등교육 진학률이 전체 국민의 진학률과 등등해야 한다는 목표를 설정하고 있다.[8)]

유럽 고등교육기관에 대한 조사(*Trends 2010*) 결과를 보면, 전체 유럽 고등교육기관들의 약 80%는 장애학생들을 위한 정책을 시행하며, 사회경제적 취약계층 학생들을 위한 정책을 시행하는 고등교육기관도 전체의 69%에 이른다. 또한 파트타임제(part-time) 학생들을 위한 정책을 추진하는 기관도 60%나 되지만, 소수민족 및 이주자 출신 학생들을 위한 정책을 시행하는 기관은 전체의 1/4도 되지 않고 정규자격요건을 구비하지 못하여 이전 학습에 대한 인정이 요구되는 학생들에 대한 정책을 가지고 있는 기관도 30%에 불과하다(Sursock & Smidt, 2010).

2. 모니터링

고등교육의 형평성 제고를 위해서는 성별, 장애, 연령, 사회적 배경, 이주자 등 다양한 학생집단의 구성비율을 점검하고, 정부가 추진하는 여러 정책방안이 효과적인지 여부를 면밀하게 모니터링(monitoring)하는 것이 고등교육의 사회적 측면에서 매우 중요하다. 모니터링은 또한 그동안 무시되거나 드러나지 않았던 과소진출 문제를 부각시키고, 고등교육에의 참여를 자극하는 새로운 방안을 모색하는 원천이 될 수 있다. 일부 국가는 다양한 정책수단을 통하여 참여 확대 문제를 다루고 있으나 이러한 조치들이 학생집단의 구성에 미치는 효과를 평가하는 체계적인 모니터링 활동은 하지 않는다고 한다(EACEA, 2012).

대부분의 회원국들이 학생들의 분포를 파악하고자 모니터링활동을 하고 있으나, 모니터링시스템이 과소진출집단을 모두 포괄하지 못하거나 모든 관련 학생들의 특징들을 담지 못하기도 한다. 어떤 경우에는 학

8) Finland Ministry of Education (2008). *Education and Research 2007~2012 Development Plan*.

그림 3-1 회원국별 모니터링 활동 실태

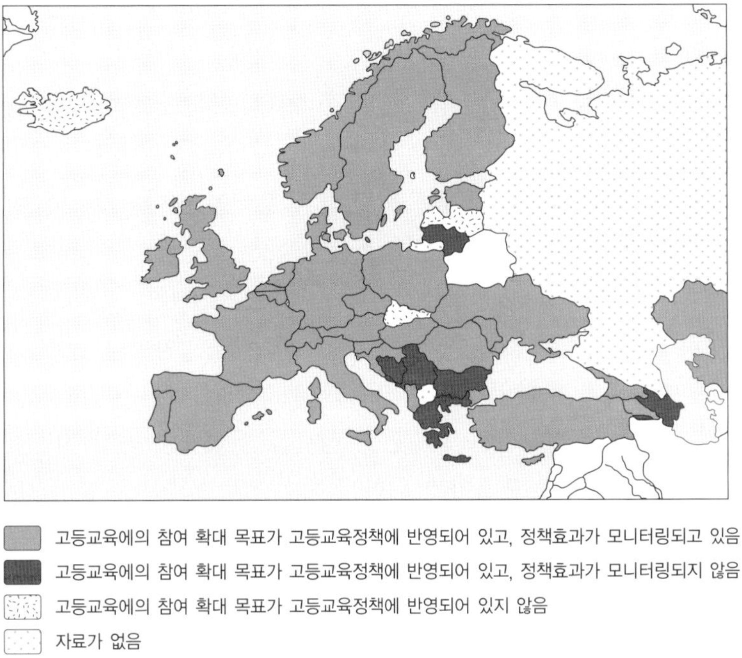

출처: EACEA(2012), p. 82, Figure 4.9.

생 구성의 특정 측면은 모니터하지 못하도록 법적으로 금지하는 등, 이는 다양한 법률적 제약요건과 관련이 있기도 하다. 예를 들면, 에스토니아와 핀란드에서는 학생의 민족 및 사회·경제적 배경에 대한 정보 수집은 불가능하다.

각 과소진출집단의 학생 수 및 졸업률에 대한 체계적인 자료의 수집은 최근 일부 국가에서 이루어지고 있다(EACEA, 2010). 아일랜드는 고등교육청(Higher Education Authority)에서 학생기록시스템을 개발하면서 2007년에서야 비로소 모든 고등교육기관들이 동일한 양식을 사용하여 관련 데이터를 수집하기 시작하였다. 이러한 고등교육에의 '동등한 접근'(equal access)에 대한 학생데이터의 수집은 장애학생 및 대학 신입생들의 사회적 · 경제적 · 문화적 배경에 대한 비교가능한 정보를 제공해준다. 이는 향후 활용가능한 재원의 배분 및 이에 대한 목표 설정의 근거를 제공해주며, 아울러 기존 정책의 영향을 이해하는 데에도 도움을 줄 것이다. 벨기에(프랑스어 권역)에서는 2008년 고등교육평가단(Higher Education Observatory) 설치를 위한 법률을 제정하고 2009년부터 활동에 들어갔다. 이 평가단은 고등교육 전반과 학생에 대한 자료, 통계, 정보의 수집을 담당하며, 정책의 집행을 용이하게 하는 체계적 자료를 제공한다.

모니터링이 단순히 정보수집만을 의미하는 것은 아니다. 정보가 일상적으로 수집되고 또한 무시된다면, 효과적인 모니터링 방안을 모색하기 어렵다. 따라서 정부기관이 수집한 정보를 어떻게 사용할 지가 중요하다. 과소진출 문제를 해결하기 위한 정책수단의 효과는 통상적으로 교육부(Ministry of Education)와 같은 중앙부처가 분석한다. 하지만, 모든 나라가 영향평가(impact assessment)를 하는 것은 아니다. 그럼에도 여러 나라에서 여러 가지 직 · 간접적인 조정장치(steering mechanism)를 가동하고 있다. 영국에서는 상이한 사회경제적 집단, 출신학교, 소외된 이웃들의 고등교육 참여비율을 측정하는 성과지표를 운영하고 있다. 벨기에(네덜란드어 권역) 정부는 고등교육기관들과 다양성 목표에 대한 관리협약을 체결하고, 이들 교육기관들이 목표를 달성하고자 적절한 행동을 취하도록 위임하고 있다.

소외집단의 참여를 확대하고자 하는 정책이나 방안, 모니터링, 조정장치 등을 개발한 시스템과 그렇지 않은 경우는 상당한 차이가 있음에도, 어떤 나라가 다른 나라보다 효과적으로 사회적 측면의 과제들을 다루고 있다고 결론을 내리기는 어렵다. 어떤 나라들은 사회적 측면의 광범한 문제들을 관련 정보를 기반으로 일관되게 논의하는 데 비하여, 어떤 국가는 투명성이 상대적으로 부족하여 참여 확대에 큰 영향을 미치는 고등교육시스템의 특징과 방안을 은폐하기도 한다. 키프로스와 터키에서는 접근성 제고를 고등교육의 중요한 우선순위로 취급하고 있으나, 그 동안 소외되어온 과소진출집단에 대한 모니터링은 제대로 하지 않고 있다. 이와 유사하게, 안도라, 불가리아, 마케도니아, 바티칸시티(교황청), 라트비아, 몬테네그로, 세르비아, 슬로바키아 등 여러 나라에서는 참여를 촉진하는 방안들을 시행하고 있으나 이에 대한 모니터링은 하지 않고 있다. 유럽고등교육권역(EHEA)에서 모니터링 활동과 정책의 실제적 효과간의 체계적 관계는 아직 검증되지 않고 있다. 모니터링을 통해 획득한 데이터를 미래를 위한 전략기획의 참고자료로 체계적으로 사용하고 있는 나라는 얼마 되지 않는다. 대부분의 회원국에서는 아직 자료수집과 정책개발간의 연계가 분명하게 이루어지지 않고 있다고 볼 수 있다.

3. 다양한 입학경로

고등교육에의 비전통적(non-traditional) 입학경로(대안적 경로)는 전통적인 입학자격요건을 구비하지 못한 고등교육(대학) 진학희망자를 대상으로 한 입학경로(access route)를 의미한다(EACEA, 2012). 이런 경우는 단기 중급 직업교육과정(고등교육으로의 진학을 허용하지 않는 프로그램)이나 고교교육 이전의 초기 교육과정을 포기했기 때문에 발생한다. 다양한 고등교육에의 입학경로 마련은 비전통적 학습자들의 고등교육 진입이 가능하도록 하고자 입학자격기준을 확대하여 고등교육을 받을 수 있는 역량을 가진 국민은 정규학력 여부와 관계없이 누구나 기회를 가질 수 있도록 하려는 것이다. 따라서 대안적 경로에 대한 분석은 현행 고교교육시스템(upper secondary education system)의 구조와 밀접한 관계속에서 이루어져야 한다. 실제, 여러 고교시스템의 가장 중요한 특징 가운데 하나는 학문적 경로와 직업 경로 간의 경계가 분명하지 않다는 점이다. 이는 직업교육프로그램(실업계 중 · 고교)이 고등교육을 받을 수 있는 자격요건을 구비하도록 한다는 것을 의미한다. 전반적으로, 다양한 입학경로 마련은 상이한 교육과정과 경로에 대한 동등한 존중과 형평성에 기여하는 긍정적 변화로 간주될 수 있다. 하지만, 일반교육과 직업교육간의 이러한 투과성이 모든 회원국에서 이루어지지는 않고 있다. 또한 일부 국가에서는 고교교육과정 중도포기자의 비중이 상대적으로 높게 나타나고 있다.

그림 3-2 회원국별 비전통적 학습자에 대한 고등교육에의 대안적 경로

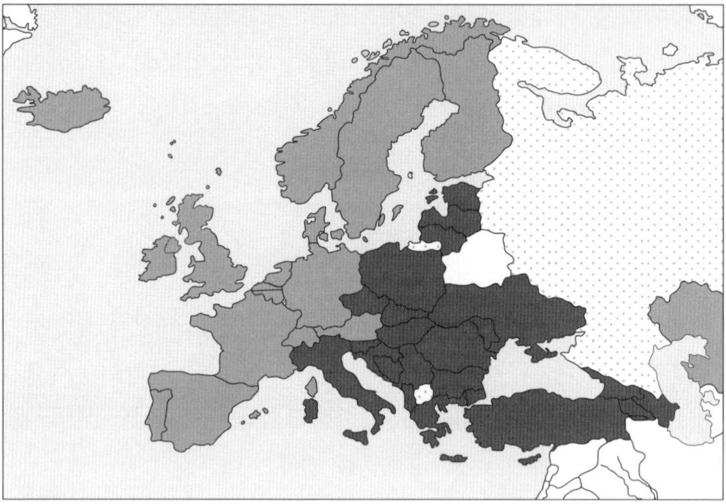

고등교육에의 대안적 경로가 있음

고등교육에의 대안적 경로가 없음

자료 없음

출처: EACEA(2012), p. 84, Figure 4.10.

[그림 3-2]는 고등교육에의 대안적 경로에 대한 유럽고등교육권역(EHEA)의 현재 상황을 보여주고 있다. 회원국들은 크게 두 집단으로 구분할 수 있는데, 한 집단은 (실업계 또는 일반계) 고교 졸업이 대학 진학을 위한 유일한 방법이 아니며 최소한 하나 이상의 대안적 경로를 마련해둔 국가들이고, 다른 집단은 정규 고교 졸업이 고등교육 진학을 위한

유일한 경로인 회원국들로 구성되어 있다. 자료 확보가 된 47개 고등교육시스템가운데 22개 고등교육시스템은 최소한 1개 이상의 대안적 경로를 확립하고 있으나, 25개 시스템에서는 고교 졸업장 소지자만이 고등교육기관에 지원할 수 있다. 전반적으로, 위의 그림은 서유럽국가들의 경우 다른 유럽고등교육권역(EHEA) 회원국들에 비하여 입학자격요건이 보다 신축적임을 보여주고 있다.

고등교육에의 대안적 진학은 상이한 형태를 가지며, 다양한 접근방법에 기반을 둘 수 있다. 대표적인 경우는 비전통적 학생이 다양한 비정규 학습활동, 전문직업적 경험, 자원봉사활동 등 정규학교 외부에서 획득한 지식과 기술에 대한 인정(recognition)이다. 이는 또한 대학입학자격 범위의 확대를 포함하는데, 이는 단기 직업훈련프로그램 또는 여타 비전통적 프로그램 이수 및 자격 또한 대학입학자격을 얻을 수 있다는 것을 의미한다. 이 외에도 일부 국가에서는 고등교육 이수에 필요한 지식과 기술이 부족한 지원자들에게 대학진학을 위한 예비프로그램을 이수할 수 있는 기회를 제공하고 있다.

비전통적 · 비공식적 학습을 인정하여 대학 입학자격을 부여하는 나라에서는 이러한 가능성을 명확하게 법률로 규정하고 있다. 하지만 회원국마다 법률체계는 다양한 방법으로 상이하게 이러한 대안을 규제하고 있다. 일부 회원국(핀란드, 스웨덴)들은 법률에서 고등교육에의 대안적 접근을 보다 개방적인 방법으로 설명하고 있는데, 대안적 전형과정에서 사용하는 접근방법이나 비전통적 학습자의 특정 범주를 언급하지는 않고 있다. 규제적 틀 또한 보다 처방적이고, 자격을 갖춘 학습자의 범주와 비전통적 지원자의 지식과 기술을 평가할 때 사용하는 수단과 접근방법 등 다양한 측면에 대하여 상세한 정보를 제공하고 있다(독일, 스페인). 영국은 특수한 경우인데, 고등교육에의 대안적 입학에 대한 법률은 없으나 고등교육기관들은 통상적으로 표준적 입학자격을 구비하지 못한 비전통적 지원자들을 받아들이고 있다. 이는 영국 대학들은 입학자격기준과 학생선발에 대하여 전적으로 책임을 지는 자율권을 가진 기관으로, 자체적으로 전형기준과 조건을 설정할 수 있기 때문이다. 그럼에도, 국가 차원에서 고등교육에의 대안적 입학경로 활용을 촉진하고자 지원하고 있다. 영국 고등교육질보장청(Quality Assurance Agency for Higher Education)은 실천요강을 발간하였는데, 비전통적 학생의 잠재력을 판단할 때 고려해야 할 사항들을 적시하고 있다. 이 요강에 따르면, 고려사항에는 작업장에서의 성취를 포함하여 지원자의 모든 이전(以前) 학습을 포함하고 있다.

이전의 비공식적 · 비정규적 학습의 인정과 함께, 일부 회원국에서는 고등교육에서 요구하는 능력을 획득하는 데 추가적 도움이 필요한 비전통적 지원자들을 대상으로 한 특별 예비프로그램을 운영하고 있다. 이 프로그램은 우선적으로 대학입학자격이 없는 단기 고교교육과정을 이수한 학습자 및 정규 고교교육과정 중도이탈자들을 주된 대상으로 하며, 이 프로그램을 이수하면 고교 졸업장과 동등한 자격요건을 부여한다. 비전통적 대학진학 희망자들을 대상으로 한 준비과정은 아일랜드와 영국에서 보다 많이 제공되고 있다.

거의 모든 회원국에서 대학입학자격요건을 구비하지 못한 고령학생들에게 정규 고교졸업장을 받을 수 있는 기회를 부여하고 있다. 이러한 '두번째 기회'(second chance) 프로그램은 야간, 파트타임제(part-time) 또는 원격교육 등 다양하고 유연한 방법으로 제공되고 있다. 이 또한 비전통적 학습자들에게 고등교육을 받을 수 있는 자격요건을 갖출 수 있는 기회를 제공하는 중요한 역할을 담당한다.

유럽고등교육권역(EHEA) 회원국에서 대안적 경로를 통해 대학에 진학한 비율은 평균적으로 약 5%에 이르지만, 영국(잉글랜드)은 약 28%에 달한다. [그림 3-3]을 보면, 터키, 슬로바키아, 루마니아, 폴란드, 네덜란드, 라트비아, 이탈리아, 크로아티아에서는 대학에 진학하는 모든 학생들은 정규 고등학교 졸업자들이다(〈표 3-1〉 참조). 이는 많은 국가들이 정규 고교졸업자격이 없이도 대학에 진학할 수 있는 제도적 가능성을 제공하지 않고 있다는 점을 시사한다. 단지 네덜란드에서만 21세 이상 비전통적 대학지원자들이 이전 학습에 대한 인정을 통해 대학에 입학할 수 있다. 그러나 실제 그 가능성은 희박하다고 할 수 있다.

한편, 핀란드, 아일랜드, 영국(잉글랜드, 웨일즈), 스웨덴에서는 대학생의 70~80%가 전통적인 경로를 통해 진학하였으며, 나머지는 대안적 경로를 통해 대학에 들어왔다. 이들 국가들은 정규 학습과정 밖에서 습득한 지식과 기술의 인정을 통한 경로(핀란드, 아일랜드, 스웨덴, 영국) 또는 비전통적 지원자를 위한 준비과정(아일랜드, 영국)과 같은 고등교육에 대한 대안적 경로를 최소한 하나 이상 확립하고 있음을 알 수 있다.

표 3-1 정규과정을 통한 대학진학 학생비율, 2009/10학년도

TR 터키	SK 슬로바키아	RO 루마니아	PL 폴란드	NL 네덜란드	LV 라트비아	IT 이탈리아	HR 크로아티아	FR 프랑스	CZ 체코	DE 독일	DK 덴마크
100.0	100.0	100.0	100.0	100.0	100.0	100.0	100.0	98.3	97.1	95.8	94.4
CH 스위스	**AT 오스트리아**	**NO 노르웨이**	**EE 에스토니아**	**MT 몰타**	**ES 스페인**	**PT 포르투갈**	**FI 핀란드**	**IE 아일랜드**	**UK 영국**	**SE 스웨덴**	**평균**
93.5	92.0	91.5	90.2	89.9	89.5	84.7	79.0	76.9	76.3	71.5	92.2

출처: EACEA(2012), p. 86, Figure 4.11.

그림 3-3 정규과정을 통한 대학진학 학생비율, 2009/10학년도

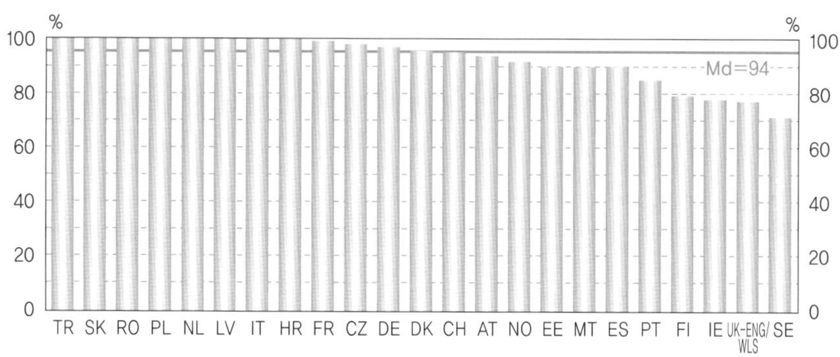

출처: EACEA(2012), p. 86, Figure 4.11.

[그림 3-3]의 가운데에 위치한 프랑스, 독일, 덴마크, 스위스, 오스트리아, 노르웨이, 몰타, 스페인, 포르투갈 등 다수의 국가들은 비전통적 학습자를 위한 대안적 입학경로에 대한 체계적인 정책을 가지고 있으며, 전체 고등교육 진학자들의 2~15%가 대안적 경로를 통해 진학하고 있다. 따라서 실제로는 회원국마다 대안적 경로의 활용 정도가 상이함을 알 수 있다. 아직 비전통적 학생들의 고등교육에의 참여율이 충분히 많지 않기 때문에 볼로냐 협약으로 인해 유럽고등교육권역(EHEA)의 학생인구 다양성이 증진되었다고 주장하기는 아직 곤란하다(Koucký et al., 2009).

일부 국가에서는 고등교육에의 대안적 경로 개발을 촉진하기 위한 수단으로 학습결과(learning outcomes)에 기초한 국가자격기준(national qualifications framework)을 확립하고자 추진하고 있다. 분명하게 정의된 학습결과로의 이행은 두 가지 방법으로 대안적 입학경로를 지원할 것으로 기대된다. 첫째, 대학 수준에서 요구되는 명확하게 정의된 지식, 기술, 역량은 일반 입학전형과정의 한 부분으로서 비정규 · 비공식 학습을 인정하는 방법을 적용할 수 있도록 만들 수 있다. 둘째, 국가자격기준 또한 상이한 국가자격의 내용을 명확하게 규정하는데, 이는 정규 고교 졸업자격의 대안으로 고등교육기관에서 이해하고 받아들일 수 있는 비전통적 자격증과 자격기준을 정하는 데 도움이 될 것이다. 앞으로 고등교육에의 대안적 입학경로에 대한 국가자격기준의 영향에 대하여 보다 분석이 이루어져야 할 것이다.

4. 학생서비스

고등교육 부문에서 제공하는 학생서비스(student service)는 고등교육에의 진학 증대 및 학생 경험의 질 향상에 기여하는 요소로서 사회적 측면의 통합적 부분으로 여겨지고 있다(EACEA, 2012). 이러한 서비스는 입학 이전부터 고등교육에 이르기까지 다양한 학생들을 지원하며, 학생들의 성취와 학업에서의 성공에 기여하고, 고등교육 이수자들이 노동시장에 진입할 때까지 계속된다. 유럽고등교육권역(EHEA) 회원국 교육부장관들이 2007년 런던 선언에서 밝힌 바와 같이, 이러한 학생서비스들은 고등교육을 보다 포용적으로 만들려는 목표의 달성에 매우 중요하다.[9)]

고등교육기관은 다양한 학생서비스를 제공하지만, 주로 학습지도서비스, 진로지도서비스, 심리상담서비스에 중점을 두고 있다. 학습지도 및 진로지도서비스는 대부분의 회원국에서 공통적으로 제공하고 있다. 다만, 안도라, 크로아티아, 몬테네그로, 우크라이나에서는 이러한 서비스가 고등교육기관의 표준 서비스에 포함되어 있지 않으며, 불가리아와 조지아에서는 진로지도서비스만 포함된다. 심리상담서비스 제공은 그다지 보편화되어 있지 않은데, 회원국의 약 2/3 정도만 고등교육기관들이 공통적으로 이러한 서비스를 학생들에게 제공하고 있다고 한다. 하지만 이 경우에도 심리상담은 종종 고등교육기관이 자체적으로 제공하기보다는 외부기관에 의해 제공된다. 이러한 서비스 외에도 약 1/2 정도의 회원국들은 고등교육기관의 학생들에게 의료서비스, 편의시설(기숙사), 스포츠 및 사회 · 문화활동을 위한 서비스 등을 제공하고 있다.

벨기에(네덜란드어 권역), 보스니아-헤르체고비나, 체코, 크로아티아, 덴마크, 아이슬란드, 아일랜드, 슬로베니아 등에서는 장애학생 등 특별한 도움이 필요한 학생들을 위한 서비스를 제공하고 있다. 이러한 서비스의 목적은 필요에 부합하는 학습지도 및 진로지도 서비스를 제공하여 이들이 다른 학생들과 동일한 조건에서 공부할 수 있도록 보장하기 위함이다. 일부 국가에서는 고등교육기관들이 장애학생들의 추가적인 필요에 부응하도록 지원하고자 추가적으로 재정지원을 제공한다(EACEA, 2010). 아일랜드에서는 학생집단간 형평성이 증진된 고등교육기관에 더 많은 자원을 배정하고 있다. 영국에서도 소외집단의 예비학생들에게 열

9) London Communiqué, Ministers responsible for Higher Education in the countries participating in the Bologna Process, May 2007.

망과 성취를 불어넣고자 지원활동을 하는 고등교육기관에게 더 많은 재원을 제공한다. 이는 포괄적 교육보조금의 일부로 제공되며, 고등교육기관은 재원 사용에 대한 자율권을 갖는다. 네덜란드에서는 일부 고등교육기관이 소수인종 학생들의 학업성취도 증진을 위한 활동으로 인해 정부로부터 추가적으로 재정지원을 받고 있다. 몬테네그로와 영국(스코틀랜드) 등은 대학에 진학하려는 고등학생들을 대상으로 학습지도 및 진로지도 서비스를 제공하고 있다. 이러한 서비스들은 다양한 외부활동/프로그램의 형태를 띠며, 학생들에게 대학 진학에 대한 동기를 부여하고 보다 적절한 진로를 선택할 수 있도록 도와준다.

조직 관점에서 보면, 고등교육기관이 제공하는 학생지원서비스들은 복잡한 양상을 지닌다. 상당수의 서비스들은 대학본부 차원에서 제공되지만, 일부는 단과대학 또는 학과 차원에서 제공되기도 한다. 예를 들면, 슬로베니아에서는 학습지도, 진로지도, 편의시설, 학생교류, 레저 활동 등 다양한 영역의 서비스들을 대학본부 차원에서 제공한다. 이 외에 개별 단과대학들은 학생들에게 추가적이고 보다 집중적인 학습지도 및 진로지도 서비스를 제공한다. 이와 유사하게, 체코에서는 특별자문단, 학과, 학장실, 연구실 등에서 학생서비스를 제공하고 있다. 고등교육기관이 개별적으로 모든 학생서비스를 제공해야 할 필요는 없다. 특히 의료서비스 또는 심리상담 서비스는 외부 기관에 의해 종종 제공된다. 예를 들면, 세르비아에서는 학습지도와 진로지도는 고등교육기관 내의 진로지도센터 등에서 주로 제공되지만, 심리상담 서비스는 교외의 의료기관이나 종합병원에서 주로 제공되고 있다.

일부 회원국에서는 다양한 학생서비스를 제공하는 독립적인 법인체를 운영하고 있다. 노르웨이의 경우 학생서비스는 학생복지기관(Student Welfare Organization) 및 24개 지부에서 책임지고 있다. 이 조직은 지역 내 학생들에게 편의시설, 식당 및 의료, 스포츠, 사회·문화 활동 등에 대한 서비스를 제공한다. 유사한 사례로 독일에서는 공공기관인 대학생

후생복지기구(Studentenwerk)가 전국에 지부를 두고 있으며, 이를 통해 비슷한 서비스를 제공하고 있다. 덴마크에서는 자치기구인 학생상담기관(Student Counseling)이 설립되어, 심리상담 서비스를 제공하고 있다.

학생서비스 제공에 대한 법률적 기반은 회원국마다 상이하다. 어떤 회원국에서는 고등교육기관이 특정 형태의 학생서비스를 제공해야 한다고 법률로 규정하고 있다. 예를 들면, 체코나 스웨덴에서는 고등교육법(Higher Education Act)에서 공립 고등교육기관은 고등교육 분야 및 졸업 후 취업 기회에 대한 정보 제공과 자문서비스를 지원자, 학생 등에게 제공해야 할 의무가 있다고 규정하고 있다. 덴마크에서는 대학이 중도이탈 위기에 있는 학생을 특별 지도를 해야 할 법적 의무를 지고 있다. 노르웨이에서는 '학생복지기관에 관한 법률'에 의거하여 모든 고등교육기관은 학생복지기관과 협력해야 할 의무가 있다. 영국은 이와는 다른 모델을 적용하고 있는데, 제도적 자율성으로 인하여 고등교육기관은 학생서비스를 제공해야 할 의무는 없다. 하지만, 명시적인 규정이 없다고 해서 실제 학생서비스를 제공하지 않는다는 의미는 아니다. 일례로 스코틀랜드의 경우 모든 고등교육기관은 학생들에게 학습지도, 진로지도 및 심리상담 서비스를 제공할 뿐만 아니라 종합적인 의료서비스까지 제공하고 있다.

사회취약계층 또는 장애 학생들이 중도이탈하지 않도록 개별적인 지원서비스를 제공하기 위해서는 상당한 투자가 이루어져야 한다. 적절한 학생-직원 비율의 달성과 직원에 대한 교육훈련 제공을 위한 충분한 지원이 필요하다(Sursock & Smidt, 2010). 고등교육기관의 예산이 학생서비스의 주요 재원으로 사용되지만, 일부 국가에서는 다른 재정적 기반을 활용하기도 한다. 체코, 에스토니아, 핀란드, 슬로베니아에서는 유럽사회기금(European Social Fund)이 고등교육기관의 학생서비스 개발에서 중요한 역할을 담당한다. 이는 특별히 학생서비스 제공에 초점을 두는 프로젝트나 학생서비스를 포함한 보다 광범한 계획을 통하여 이루어진다. 두 번째 경우에 대한 예를 들면, 에스토니아의 "Primus"라는 프로젝트는 고등교육의 질 향상을 지원하고 졸업생의 경쟁력을 증진하고자 추진되고 있는데 여기에는 6개의 중요한 활동계획이 포함되어 있으며, 이 가운데 하나는 19개 고등교육기관으로 하여금 학생서비스를 제공하도록 지원하는 것이다.

추가적인 재원이 다양한 국가 차원의 기금에서 제공되기도 한다. 그 대표적인 사례가 덴마크인데, 학생서비스는 중앙정부 차원의 정치적 협약을 통하여 재정의 일부가 지원되는데, 이 협약에는 연구, 교육, 혁신 및 기업가정신 영역에 대한 계획이 포함되어 있다. 이 외에도, 일부 대학들은 다양한 진로지도 서비스를 검증하기 위한 특별지원금을 받고 있다. 학생서비스를 제공하는 독립기관을 두고 있는 나라에서는 이들 기관들을 다양한 방법으로 지원한다. 노르웨이에서는 학생복지기관의 재정이 학생들의 의무적인 기여금과 정부에 의해 충당되고 있으나, 덴마크의 학생상담기관은 재정을 전적으로 국가에 의존하고 있다.

5. 등록금

2001년 이후 회원국 교육부 장관들은 학생들이 사회적 · 경제적 배경에 따른 장애 없이 학업을 완성할 수 있는 고등교육시스템을 구축해야 할 필요성에 대하여 주기적으로 재확인하였다. 이런 맥락에서 어떻게 고등교육재정시스템이 구축되고, 학생들의 등록금과 학생들이 받을 수 있는 지원 간의 균형이 이루어지는 지에 대한 질문이 제기된다. 고등교육 과정에서 지불해야 하는 등록금과 학생에 대한 재정적 지원의 문제는 유럽 차원에서 정확하고 명쾌하게 이해하고 비교하기는 어렵다(EACEA, 2012). 그것은 나라마다 실상이 복잡하고, 또 고려해야 할 측면이 많기 때문이다. 예를 들어, "어느 나라 학생들은 등록금을 낸다"는 문장은 명확해 보이지만, 교육시스템을 이해하기에는 정보가 충분하지 않다. "학생"이란 용어는 모든 학생을 뜻하는가 아니면 일부 학생을 말하는가? 만약 일부라면, 어떤 학생들이 등록금을 내야하는지 결정하는 기준은 무엇인가? 등록금은 얼마인가? 등록금은 입학 때 내는가 아니면 졸업 후에 내는가? 이 모든 질문에 대답해도, 현실을 이해하고 평가하는 데 필요한 정보는 여전히 부족하다. 나머지는 학생지원시스템에 대한 정보로 충당된다. 학생이나 그 가족은 보조금, 대출 또는 세금감면 등의 형태로 정부의 재정지원을 받을 수 있는가? 만약 그렇다면, 어떤 조건과 기준에서 가능한가? 따라서 등록금체계와 학생에 대한 재정지원을 함께 고려해야 한다.

먼저 학부과정(first cycle)의 등록금 현황을 보면 [그림 3-4]와 같다. 등록금의 명칭과 규모, 그리고 유형은 나라마다 상이하기 때문에 구분

그림 3-4 학부과정에 대한 등록금 현황, 2010/11학년도

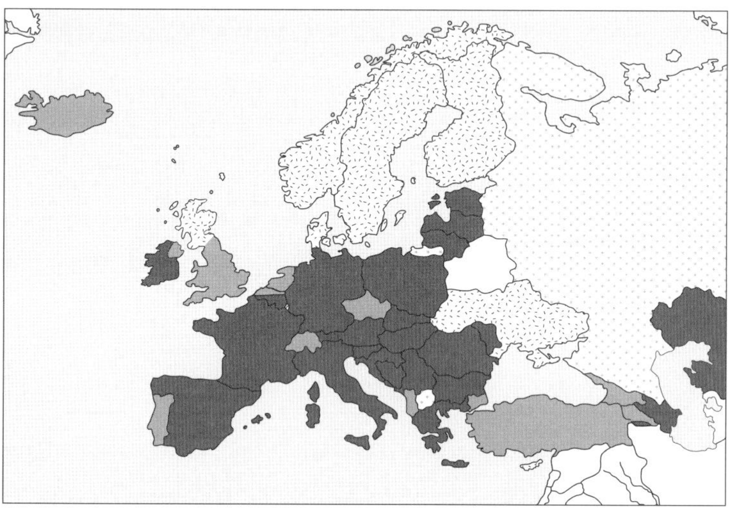

- 모든 학생이 등록금을 냄
- 일부 학생은 등록금을 냄
- 모든 학생에게 등록금 무료
- 자료 없음

출처: EACEA(2012), p. 91, Figure 4.13.

하지 않고, 다만 모든 학생들이 등록금을 내야하는지 아니면 일부 학생만 등록금을 내는지를 구분한다. 전반적으로 유럽고등교육권역(EHEA)에서는 공통적으로 등록금을 부과한다. 등록금이 무료인 회원국은 단지 7개뿐이다. 학부과정에서 등록금이 없는 나라들이 주로 북유럽국가임을 볼 때, 이는 문화적 · 지리적 특성을 반영한다고 볼 수 있다. 전체 회원국의 약 1/2은 일부 학생에게만 등록금을 부과하는데, 이는 이들 국가의 경우 등록금 납부자와 면제자를 구분하는 기준이 있다는 점을 시사한다. 14개 회원국에서는 모든 학생들에게 등록금을 부과한다. 하지만 이 가운데 체코는 비록 모든 학생에게 등록비(registration fee)를 받지만, 이 금액은 다른 나라의 등록금에 비하면 아주 미미한 액수이다.

표 3-2 등록금을 납부하는 대학생의 비율, 2009/10학년도

PT 포르투갈	UK 영국	CH 스위스	NL 네덜란드	IT 이탈리아	HR 크로아티아	SK 슬로바키아	IE 아일랜드	FR 프랑스	TR 터키	LV 라트비아	LT 리투아니아
100.0	100.0	98.7	97.6	93.5	83.3	81.4	78.5	76.3	75.0	58.8	58.0

PL 폴란드	DE 독일	RO 루마니아	EE 에스토니아	CZ 체코	AT 오스트리아	MT 몰타	SE 스웨덴	FI 핀란드	DK 덴마크	평균
50.9	48.3	43.7	43.7	42.3	23.3	7.1	0.0	0.0	0.0	57.3

출처: EACEA(2012), p. 92, Figure 4.14.

그림 3-5 등록금을 납부하는 대학생의 비율, 2009/10학년도

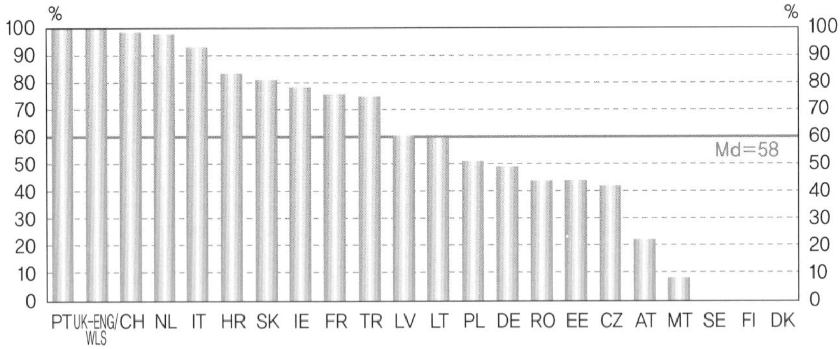

출처: EACEA(2012), p. 92, Figure 4.14.

이와 관련하여, Eurostudent(2011)는 등록금을 내는 학생들의 비율도 상당한 차이가 있다고 한다(〈표 3-2〉 참조). [그림 3-5]를 보면, 조사대상 22개 국가에서는 평균적으로 58%의 학생이 등록금 납부대상이지만 이들 국가 간에도 등록금을 납부하는 학생의 비율은 상당한 차이가 있음을 알 수 있다. 이탈리아, 네덜란드, 포르투갈, 스위스, 영국(잉글랜드, 웨일즈)은 실제적으로 모든 학생들이 등록금을 내는 데 비하여, 5개 회원국은 대학생의 약 70% 이상이 등록금 납부대상이고, 7개 회원국에서는 학생의 40% 이상이 등록금을 낸다고 한다. 한편, 몰타는 단지 7%의 학생만이, 오스트리아는 23%의 학생만 등록금을 낸다고 한다.

〈표 3-3〉과 [그림 3-6]은 고등교육기관의 전체 경비 가운데 가계지원(household funding) 비중을 나타낸다. 2000년에는 가계지원 비중이 평균 12.6%이었으나 2008년에는 15.5%로 상승하였다. 조사대상 27개국 가운데 2000년 중위수에 해당하는 국가는 포르투갈로 가계지원비 비중이 7.7%였으나, 2008년에는 아일랜드로 그 비중이 14.7%였다. 조사대상 가운데 12개 국가에서는 고등교육기관의 전체 지출 가운데 가계지

표 3-3 고등교육기관 전체 경비 중 가계지원 비중, 2000년, 2008년

	BG 불가리아	LV 라트비아	RO 루마니아	PL 폴란드	HR 크로아티아	EE 에스토니아	LT 리투아니아	UK 영국	SI 슬로베니아	NL 네덜란드
2000년	39.5	38.2	31.1	30.3	26.9	26.1	25.2	20.3	17.2	14.0
2008년	33.7	32.5	29.8	23.5	25.4	17.8	24.1	49.4	15.6	14.8

	IE 아일랜드	ES 스페인	FR 프랑스	PT 포르투갈	CZ 체코	HU 헝가리	TR 터키	SK 슬로바키아	BE 벨기에	IT 이탈리아
2000년	11.4	10.3	9.2	7.7	7.5	6.1	4.6	3.8	2.7	2.5
2008년	14.7	17.0	9.5	27.3	9.2	6.9	10.0	10.1	5.3	21.1

	NO 노르웨이	AT 오스트리아	EL 그리스	SE 스웨덴	MT 몰타	IS 아이슬란드	DK 덴마크	평균
2000년	2.5	1.7	0.4	0.0	0.0	0.0	0.0	12.6
2008년	3.1	5.9	0.4	0.0	0.0	7.2	4.4	15.5

출처: EACEA(2012), p. 92, Figure 4.15.

그림 3-6 고등교육기관 전체 경비 중 가계지원 비중, 2000년, 2008년

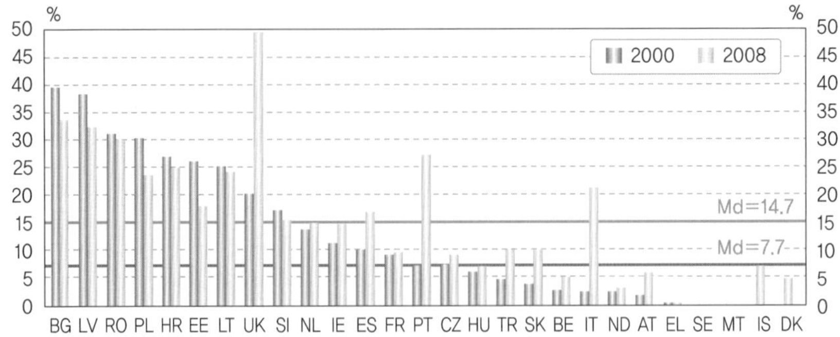

출처: EACEA(2012), p. 92, Figure 4.15.

원이 차지하는 비중이 2008년에도 10% 이하인데 비하여, 6개 국가는 10~20%, 6개 국가는 20~30% 사이이다. 2008년의 경우 가장 가계지원이 차지하는 비중이 높은 국가는 영국(49.4%), 불가리아(33.7%), 라트비아(32.5%) 등이다.

등록금 납부 대상과 규모를 결정하는 기준도 회원국 간에 상당한 차이가 있다. 일부 국가에서는 재정여건(학생의 경제적 상태)을 등록금 부과 기준으로 사용한다. 다른 나라에서는 학업성취도를 등록금 납부 여부를 결정하는 수단으로 활용한다. 슬로베니아에서는 학생의 지위를 기준으로 등록금 납부 여부를 결정하는데, 파트타임제(part-time) 학생은 등록금을 내는 데 비하여 전일제(full-time) 학생은 면제를 받는다.

하지만, 대부분의 회원국들은 여러 기준을 함께 활용한다. 라트비아, 리투아니아, 헝가리는 학업성취도 기준과 교육프로그램의 유형에 따른 기준을 함께 활용하며, 벨기에는 학생의 경제적 사정과 교육프로그램의 유형에 따른 기준을 병행하여 사용한다. 프랑스는 재정적 기준과 학업성취도를, 그리고 키프로스와 스페인은 재정적 기준, 학업성취도 및 교육프로그램의 유형을 함께 고려한다. 하지만 키프로스의 경우, 공립 고등교육기관에 재학하는 내국인과 EU 학생들은 등록금을 면제받는다는

그림 3-7 학생 지원의 주요 유형, 2010/11

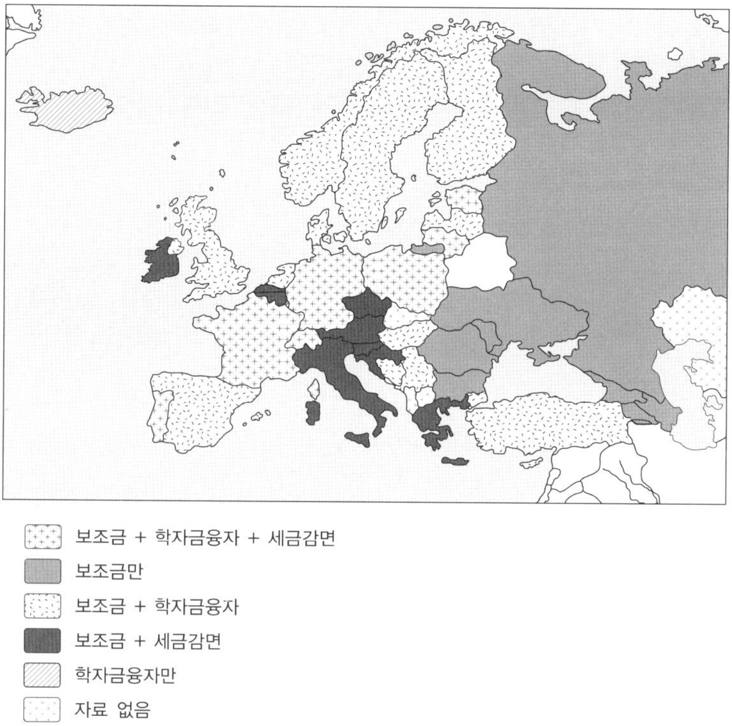

출처: EACEA(2012), p. 95, Figure 4.18.

점을 유념해야 한다. 반면, 스페인에서는 등록금 납부 여부는 오직 가족의 경제여건에 의해 결정되고, 다른 기준들은 등록금 규모를 결정하는 데 사용한다. 체코, 폴란드, 슬로바키아에서는 외국어 교육프로그램에 한하여 고등교육기관이 등록금을 자율적으로 결정할 수 있다. 체코에서는 또한 학업기간을 일 년 이상 연장하는 학생에게는 등록금을 부과하지만, 다른 모든 경우에는 입학금만 납부하면 된다. 라트비아에서는 대부분의 학생들이 등록금을 납부하지만, 외국어로 강의하는 수업의 학점당 등록금은 자국어로 수업하는 경우보다 일반적으로 높게 책정된다.

등록금 규모를 보면, 학부 학생의 평균 등록금 수준은 월간(1개월당)

100유로 이내이다. 영국(잉글랜드, 웨일즈), 아일랜드, 리투아니아에서는 월 170~280유로의 등록금을 내지만, 덴마크, 스웨덴, 핀란드 등 북유럽 국가에서는 학부과정이 무료이다.

학생에 대한 재정적 지원도 함께 고려해야 유럽고등교육권역(EHEA)의 등록금에 대한 이해를 보다 증진할 수 있다. [그림 3-7]은 회원국의 학생 지원 형태를 보여주고 있다. 지리적 · 문화적 특성에 따라 지원 유형이 상이함을 알 수 있다. 중부 및 동부 유럽 국가들의 대부분은 보조금(grant)이 대표적인 학생 지원방식이다.[10] 학자금융자(loan)는 14개 국가에서 보조금과 함께 사용하는 지원 형태이지만, 아이슬란드에서는 학자금융자만 이루어지고 있다. 이 외에도 부모에 대한 세금감면(tax benefit)이 중요한 지원 형태라고 볼 수 있는데, 7개 국가에서는 보조금과 함께 학생 지원을 위한 주요 방식으로 활용하며, 9개 국가에서도 다른 지원 유형과 함께 세금감면을 활용하고 있다.

6. 학생의 배경과 고등교육 참여

1) 성 비

유럽고등교육권역(EHEA) 회원국들은 고등교육에 참여하는 학생들은 가능한 한 전체 국민들의 구성비율을 반영하여야 한다는 점에 대하여 동의하였다. 이런 관점에서 볼 때, 제일 먼저 주목해야 할 지표는 학생들의 성비이다(EACEA, 2012). 전반적인 추세는 여학생이 남학생보다 많은 경향을 보여주고 있다(〈표 3-4〉 참조).

볼로냐 협약의 출범 당시에 남성보다 여성이 더 많이 대학에 진학하고 있음을 보여준다. 스위스와 터키를 제외한 (자료 수집이 가능한) 모든 회원국들에 있어서 2000/01학년도 신입생의 경우 여학생 비율이 50%를 넘었다. 이들 회원국의 1/2에 있어서는 이러한 경향이 지난 볼로냐 협

10) 보조금은 장학금처럼 학생에게 지원되는 갚을 의무가 없는 공적 지원금인데 비하여, 학자금융자는 갚아야 하는 재정지원(대출)임.

표 3-4 대학 진학 여학생 비율(2000/01학년도) 및 변화(2000/01–2008/09)

	TR 터키	CH 스위스	SK 슬로바키아	NL 네덜란드	BG 불가리아	IE 아일랜드	ES 스페인	HU 헝가리	AT 오스트리아
A	42.3	45.1	50.2	52.1	52.7	53.1	53.3	53.9	54.3
B	2.3	4.4	8.1	1.3	2.5	−1.3	1.3	2.1	0.7

	DE 독일	CY 키프로스	UK 영국	BE 벨기에	MK 마케도니아	RO 루마니아	IT 이탈리아	SI 슬로베니아	CZ 체코
A	54.3	54.4	54.5	54.6	54.8	54.8	55.2	55.5	55.7
B	−0.6	−5.8	3.8	0.7	−4.3	1.5	1.3	−0.4	1.7

	FI 핀란드	MT 몰타	DK 덴마크	SE 스웨덴	LT 리투아니아	NO 노르웨이	EE 에스토니아	IS 아이슬란드	평균
A	56.1	57.4	58.4	58.6	58.8	58.8	60.7	61.4	54.7
B	−0.6	−1.0	−1.0	−1.5	−4.7	−0.2	−0.6	−1.0	0.3

A: 2000/01학년도 신입생 중 여학생의 비율(%)
B: 2000/01학년도와 2008/09학년도 간 신입생 중 여학생 비율의 변화(%)
출처: EACEA(2012), p. 73, Figure 4.1.

약 이행기간 동안에도 지속되었다.

전반적으로 [그림 3-8]은 지난 볼로냐 협약 이행기간 동안 성비 불균형이 약간 더 심화되었음을 보여준다. 세로축의 0% 이상 영역에 위치한 국가에서는 2000/01학년도와 2008/09학년도 사이에 여학생의 비율이 증가하였음을 보여준다.

그럼에도 회원국 간 다양화 현상이 나타나고 있다. 자료가 수집된 26개 국가 가운데 12개 회원국에서 2000년 여학생의 대학 진학 비율이 높았으나 2009년에는 보다 성비 균형을 맞추는 방향으로 변화하였다. 키프로스는 이와 반대 양상을 보이는데, 대학에 진학하는 남학생의 비율이 여학생보다 많아졌다. 스위스의 경우 2000/01학년도에는 남학생보다 여학생의 비율(45.1%)이 적었으나 2009년에는 거의 성비 균형을 달성하였다. 슬로바키아에서는 2000/01학년도에는 거의 성비 균형을 이루었으나(여학생 비율 50.2%), 그 동안 여학생의 대학 진학 비율이 늘어나 이제는 여학생 비율이 높은 4번째 나라가 되었다.

그림 3-8 대학 진학 여학생 비율(2000/01학년도) 및 변화(2000/02-2008/09)

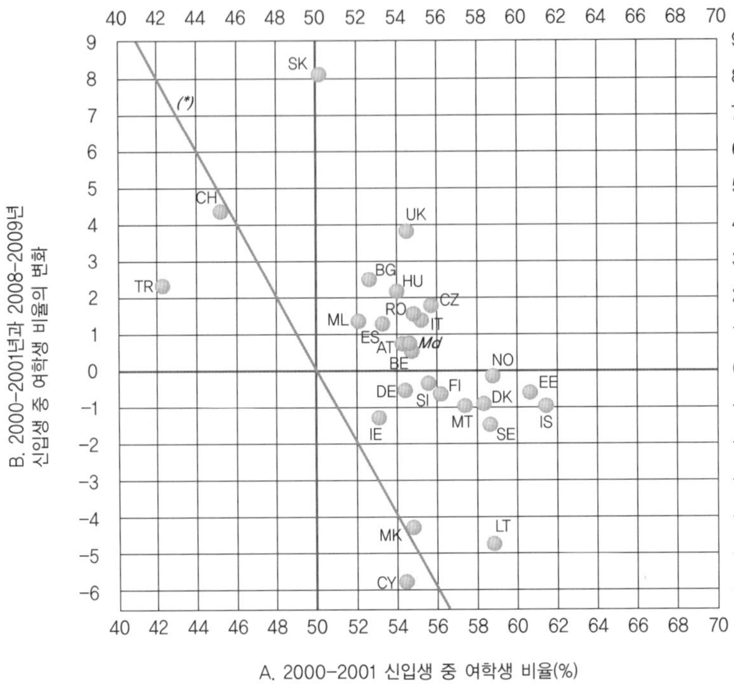

비고: (*) 여학생 비율의 차이가 정확하게 성별 격차를 상쇄시키는 선을 의미함. 즉, 가로축의 56과 세로축의 -6을 이 선이 통과하는데, 그 의미는 2000/01학년도 여학생의 비율이 56%이므로 6%를 감소시키면 성비의 균형(50 : 50)을 이루게 된다는 것임. 가로축 기준 2000-2001의 수치는 1999/00학년도 및 2000/01학년도의 평균 수준을 나타내며, 세로축 기준 2008-2009의 수치는 2007/08학년도 및 2008/09학년도의 평균치를 나타냄

출처: EACEA(2012), p. 73, Figure 4.2.

고등교육에서 여학생 비율이 보다 높은 현상을 자세히 살펴보면, 학문 분야마다 상당한 차이가 있음을 알 수 있다. 여학생은 교육, 수의학, 보건, 복지 분야에서 다수를 차지하는 데 비하여, 남학생들은 컴퓨터, 공학, 교통서비스 분야에서 우세하다. 수학과 자연과학, 제조 · 가공, 환경보호 분야는 평균치가 50%로 균형을 이루고 있으나 나라마다 편차가 심하다. 고등교육에 있어서 여학생의 전반적인 비율은 높으나, 학문분야마다 성비가 상이하다는 점에 주목해야 한다. 더욱이 최근의 한 연구 결과는 고등교육에서의 수직적 구분의 문제를 제기하고 있는데, 이는 박사과정생의 경우 여성이 여전히 남성보다 비율이 낮다는 점을 보여주고 있다(EACEA/Eurydice, 2010).

이와 더불어 주목해야 할 점은 지난 10년간 남학생들의 학부과정 졸업비율이 여학생보다 더 낮아지고 있다는 점이다. 이미 2000년에도 남학생이 여학생에 비하여 졸업할 가능성이 낮았다(여학생 대비 남학생의 졸업가능성 비율(odds ratio)이 1.0 이하임). 그동안 여학생 대비 남학생의 졸업가능성은 더욱 떨어져 2010년에는 평균적인 가능성 비율이 0.6보다도 낮아졌다. 따라서 졸업생을 기준으로 보면, 대학생의 성비가 여학생 쪽으로 조금 더 치우치게 됨을 보여준다.

2) 이주자

유럽이라는 지리적 특성상 이주자 출신의 고등교육에의 참여 또한 중요한 과제이다(EACEA, 2012). 유럽 통합과 세계화는 이민(이주)의 증가를 초래하였고, 이로 인해 고등교육에의 이주자 참여 문제는 주목해야 할 과제가 되었다. 2005년 베르겐 회의에서, 유럽고등교육권역(EHEA)은 모두에게 고등교육에의 기회를 제공하여야 하며, 이주자들 또한 인구비율에 맞추어 동등하게 학생인구를 구성하여야 한다고 선언하였다.[11]

이주자란 출생한 국가가 현재 거주하는 국가와 다른 사람을 의미한다. 물론 이주자가 이미 오래 전부터 살고 있었는지 아니면 최근에 이주해왔는지는 알 수 없다. 따라서 이주자의 참여비율에는 외국학생들도 포함되어 있으나 이민 2세는 포함되지 않아서, 고등교육에의 이주자 참여 수준을 정확하게 평가하기에는 무리가 있다. 회원국 22개국의 자료를 보면, 대부분의 경우 이주자들의 고등교육에의 참여 비율은 비이주

11) The European Higher Education Area: Achieving the Goals. Communiqué of the Conference of European Ministers Responsible for Higher Education, Bergen, 19-20 May 2005.

자들에 비하여 낮은 수준이다. 이 가운데 에스토니아, 그리스, 이탈리아, 스페인, 스위스 등 10개 회원국에서는 격차가 5% 이상 벌어져있다. 키프로스, 체코, 덴마크, 헝가리의 경우는 두 집단 간 매우 유사한 참여율을 보이고 있다. 즉, 이들 국가에서는 이주자들이 비이주자들만큼 고등교육에 참여한다고 볼 수 있어서, 베르겐 회의에서 설정한 목표를 달성하였다고 할 수 있다. 영국에서는 이주자들이 비이주자들보다 훨씬 참여율이 높은데(22.4% 대 14.1%), 이는 많은 외국학생들이 영국의 고등교육시스템을 선호하여 국제교류 등을 통해 영국으로 오기 때문이라고도 설명할 수 있을 것이다.

또한, 중등교육 이수과정에서의 중도이탈율에서는 이주자 출신 학생들의 비율이 비이주자들보다 높게 나타나고 있다. 즉, 고등교육에의 이주자 출신 학생들의 비율이 상대적으로 낮은 이유는 고등교육에의 입학경로 및 입시전형 문제도 관련이 있지만 또한 중등교육과정에서의 중도이탈율도 관련이 있다고 할 수 있다. 특히, 그리스는 두 집단 간 중도이탈율의 차이가 34.5%에 달하며, 이탈리아(25.6%), 스페인(17.1%)도 높은 수준이다. 따라서 이주자 출신 학생들의 참여를 증진하기 위한 방안은 고등교육 수준보다 더 이전부터 적용되어야 할 것이다.

3) 부모의 학력

고등교육시스템의 공정성을 보여주는 또 하나의 지표는 교육성과가 세대를 이어서 대물림되는 정도이다(EACEA, 2012). 유럽고등교육권역(EHEA)에서 학생들이 자신의 사회 · 경제적 배경과 관계없이 학업을 완료할 수 있어야 한다는 2007년 런던 선언의 목표를 달성하려면 부모의 교육성과가 미치는 효과를 살펴보아야 한다. 부모의 교육수준은 교육성과에 큰 영향을 미치지만, 이러한 관계성은 점차 줄어들고 있다고 볼 수 있다(Eurostat/Eurostudent, 2009).

〈표 3-5〉와 [그림 3-9]는 고학력(학사학위 취득) 부모를 둔 학생과 그

표 3-5 저학력 부모 대비 고학력 부모를 둔 학생의 학위 취득 가능성, 2009

RO 루마니아	SK 슬로바키아	CZ 체코	MT 몰타	BG 불가리아	LT 리투아니아	EE 에스토니아	LV 라트비아	HU 헝가리	AT 오스트리아	PL 폴란드
12.95	9.77	5.55	5.38	4.56	4.41	4.12	3.95	3.79	3.77	3.55
LU 룩셈부르크	**FR 프랑스**	**DE 독일**	**IT 이탈리아**	**CH 스위스**	**EL 그리스**	**NO 노르웨이**	**TR 터키**	**IS 아이슬란드**	**BE 벨기에**	**PT 포르투갈**
3.49	3.46	3.42	3.39	3.30	3.25	3.21	3.20	3.04	3.01	2.89
ES 스페인	**UK 영국**	**CY 키프로스**	**FI 핀란드**	**NL 네덜란드**	**IE 아일랜드**	**SI 슬로베니아**	**SE 스웨덴**	**DK 덴마크**	**평균**	
2.89	2.87	2.76	2.61	2.50	2.47	1.97	1.79	1.63	3.84	

출처: EACEA(2012), p. 78, Figure 4.7.

그림 3-9 저학력 부모 대비 고학력 부모를 둔 학생의 학위 취득 가능성, 2009

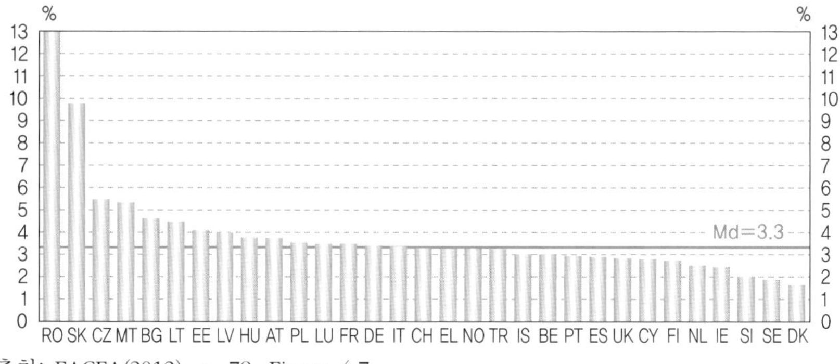

출처: EACEA(2012), p. 78, Figure 4.7.

렇지 않은(고졸 또는 전문대 졸업) 부모를 둔 학생들 간에 학위 취득가능성 차이(odds ratio)를 보여주고 있다. 조사대상 31개 국가의 학위 취득 가능성 차이의 평균은 3.84, 중위수는 3.3(스위스)으로, 이는 고학력 부모를 둔 학생이 대학에서 성공적으로 학위를 취득할 가능성은 그렇지 않은 부모를 둔 학생들의 학위 취득가능성에 비하여 3.84배 높다는 의미이다. 따라서 거의 모든 회원국에 있어서 학사학위를 취득할 가능성은 부모의 학력에 의해 강하게 영향을 받고 있음을 알 수 있다. 덴마크, 슬로베니아, 스웨덴에서는 부모의 학력이 미치는 영향은 분명하지만 그

래도 상대적으로 약한 편이다. 하지만, 대부분의 다른 회원국들은 고학력 부모를 둔 학생들의 학위 취득 가능성이 그렇지 않은 학생들에 비하여 2~5배 정도 높은 편이다. 슬로바키아와 루마니아의 경우에는 그 가능성의 격차는 더욱 커서, 고학력 부모를 둔 학생들의 학위 취득 가능성이 10~13배나 높다.

이러한 결과는 대학 재학생의 교육적 배경에 대한 Eurostudent(2011)의 조사결과에서도 검증되었다. 이 자료에 따르면, 루마니아와 슬로바키아의 교육시스템은 낮은 교육적 배경을 가진 학생들이 고등교육에 매우 과소진출되는 사회적으로 배타적인 시스템이라고 규정할 수 있다. 부모의 학력과 이주자 신분이 대학 진학에 미치는 영향을 비교해 보면, 일부 회원국에서는 이주자라고 해서 고등교육 학위를 취득할 가능성을 제한하지는 않지만, 모든 회원국에 있어서 부모의 학력은 학생의 학위 취득과 관계가 있음을 알 수 있다. 따라서 부모의 학력수준이 이주자 신분보다도 학생의 학위 취득에 더 큰 영향을 미친다고 할 수 있다.

Ⅲ. 요약 및 종합

고등교육의 사회적 측면은 유럽고등교육권역(EHEA)에 있어서 그동안 고등교육의 혜택을 제대로 받지 못했던 여러 사회집단들의 참여를 증진하기 위한 다양한 정책들을 다루고 있다. 위에서 설명한 바와 같이, 고등교육에의 참여와 관련된 자료들은 모든 사회집단에게 동등한 고등교육에의 기회를 부여하려는 목표는 아직 달성되지 못하였음을 보여주고 있다. 물론 지난 10년 동안 성과가 없었던 것은 아니지만, 아직 보다 많은 노력이 필요한 분야가 여전히 존재한다. 특히, 부모의 학력이 여전히 자녀의 고등교육 학위 취득에 큰 영향을 미치고 있으며, 많은 회원국들의 경우 이주자 출신은 고등교육을 이수할 가능성이 제한되어 있다.

반면, 긍정적인 점은 거의 모든 회원국들이 고등교육에의 참여 확대와 증진을 위하여 노력하고 있다는 점이다. 대부분은 모든 범주의 학생들에게 보편적으로 적용되는 일반정책적 접근방법과 과소진출집단에 초점을 두는 접근방법을 병행하여 시행하면서 이러한 문제를 해결하고자 하고 있다. 일반정책적 접근방법은 모든 사회집단이 고등교육의 혜택을 받을 수 있도록 동등한 기회를 제공하는 환경을 조성하는 데 초점을 둔다. 이를 통하여 고등교육에 대한 전반적인 참여 수준을 제고할 뿐만 아니라 빈곤계층의 학생들에게도 좋은 영향을 줄 것으로 기대한다. 과소진출 문제를 해결하기 위한 방안은 다양한 양태를 보이고 있으나, 주로 재정지원, 특별전형, 다양한 학생서비스 제공 등을 포함한다. 하지만 이러한 정책의 효과가 항상 모니터링되지는 아니며, 설사 모니터링하고 있다고 하여도 그 영향이 늘 가시적이지는 않다. 대부분의 회원국에서는 아직 모니터링을 통한 자료수집과 정책개발간의 연계가 분명하게 이루어지지 않고 있다고 볼 수 있다.

고등교육에의 대안적(비전통적) 경로 또한 사회적 측면에서 역점을 두는 영역이다. 대안적 경로는 주로 비전통적 학생이 정규학교 외부에서 획득한 지식과 기술에 대한 인정, 대학입학자격 범위의 확대, 고등교육 이수에 필요한 지식과 기술이 부족한 지원자 대상 예비프로그램 제공 등이다. 주로 이전 학습의 인정 형태로 이루어지지만, 47개 회원국 가운데 22개 회원국만이 최소한 1개 이상의 대안적 경로를 확립하고 있을 뿐이다.

학생서비스 영역은 워낙 복잡하여 비교 가능한 전반적인 특성을 설명하기 어렵다. 학생서비스는 다양하지만, 주로 학습지도서비스, 진로지도서비스, 심리상담서비스에 중점을 둔다. 학습지도 및 진로지도 서비스는 대부분의 회원국에서 공통적으로 제공하며, 심리상담서비스는 회원국의 약 2/3 정도가 제공한다. 이 외에도 약 1/2 정도의 회원국들은 학생들에게 의료서비스, 편의시설(기숙사), 스포츠 및 사회 · 문화활동을 위한 서비스 등을 제공하고 있다. 하지만, 이런 서비스를 모든 학생들이 받을 수 있는지, 그리고 상이한 학생들의 요구에 대하여 적절히 대응하고 있는지 등을 파악할 수 있을 만큼 충분한 평가는 아직 이루어지지 않고 있다.

또한, 등록금 및 학비 지원과 같은 교육비 측면이 고등교육에의 참여 확대라는 사회적 측면을 지원하고 있는지 살펴보았으나, 각 나라마다 다양한 요인들을 고려해야하기 때문에 분명한 결론을 내리기는 어렵다. 유럽고등교육권역(EHEA)에는 모든 학생의 등록금이 무료이며 모두 지원을 받는 회원국부터 모든 학생이 등록금을 납부하지만 지원은 거의 받지 못하는 회원국에 이르기까지 등록금 및 학비 지원의 양태가 워낙 다양하며, 또한 등록금과 학비 지원 수준도 천차만별이다. 이러한 복잡한 문제에 대하여 전반적인 특성을 설명하기는 어렵지만, 고등교육에서의 교육비 문제는 고등교육의 사회적 측면에 심대한 영향을 미친다는 점은 분명하다고 할 수 있다.

지금까지 많은 회원국들이 이미 특정 사회집단의 고등교육에의 과소진출 문제를 해결하고자 다양한 정책을 시행하고 있으나, 아직 고등교육의 사회적 측면을 통하여 이룩하고자 하는 목표들은 달성되지 않고 있는 실정이다. 사회적 측면의 목표기한은 2020년이므로, 남은 기간 동안 각 회원국의 고등교육정책은 고등교육의 사회적 측면을 우선적으로 고려해야 할 필요성이 여전히 존재한다고 할 수 있다.

참고문헌

남궁 근 · 김상묵 · 김소영 · 노종호 · 손명구 (2014). **유럽연합의 대학개혁**. 서울: 법문사.

EACEA. (2010). *Focus on Higher Education in Europe 2010: The Impact of Bologna Process*. Brussels: EACEA(Education, Audiovisual and Culture Executive Agency).

EACEA. (2012). *The European Higher Education Area in 2012: Bologna Process Implementation Report*. Brussels: EACEA(Education, Audiovisual and Culture Executive Agency).

EACEA/Eurydice (2010). *Gender Differences in Educational Outcomes: Study on the Measures Taken and the Current Situation in Europe*. Brussels: Eurydice.

Eurostat & Eurostudent (2009). *The Bologna Process in Higher Education in Europe. Key Indicators on the social dimension and mobility*. Luxembourg: Office for Official Publications of the European Communities.

Eurostudent (2011). *Social and Economic Conditions of Student Life in Europe*.

Finland Ministry of Education (2008). *Education and Research 2007~2012 Development Plan*.

Ireland Higher Education Authority (2008). *The National Plan for Equity of Access to Higher Education 2008-2013*.

Koucký, Jan, Aleš Bartušek, and Jan Kovařovic. (2009). *Who is more Equal? Access to Tertiary Education in Europe*. Education Policy Centre, Charles University, Prague.

OECD (2008). *Tertiary Education for the Knowledge Society*. www.oecd.org/edu/tertiary/review

Sursock, Andree & Hanne Smidt. (2010). *Trends 2010: A decade of change in European Higher Education*. Brussels: European University Association.

제4장

고등교육 성취수준과 취업

Ⅰ. 서　　론

이 장에서는 고등교육의 효과적인 성과(effective outcomes)를 중심으로 살펴보고자 한다. 효과적인 성과는 고등교육 졸업률과 노동시장 취업전망이라는 두 가지 요소를 사용하여 측정할 수 있다(EACEA, 2012; Eurostat & Eurostudent, 2009). 특히 두 번째 요소는 취업가능성(employability)으로 인식되기도 한다(EACEA, 2012).

취업가능성에 대하여 좀 더 구체적으로 살펴보면 다음과 같다(EACEA, 2012; Working Group on Employability, 2009). 볼로냐 협약 내에서 취업가능성 개념은 일자리를 유지하기 위하여, 그리고 노동시장 내에서 활동할 수 있기 위하여 '처음에 의미가 있는 일자리를 얻을 수 있는 능력' 또는 '창업할 수 있는 능력'(the ability to become self-employed)으로 이해될 수 있다. 둘째, 이러한 맥락에서 취업가능성에 대한 고등교육의 역할은 두 가지로 구분할 수 있다. 하나는 일터와 고용주들이 필요로 하는 지식, 기술, 그리고 역량으로 학생들을 무장시키는 것이다. 다른 하나는 졸업생들이 보다 많은 기회를 갖도록 하거나 직장생활을 통하여 자신의 기술과 특성을 새롭게 할 수 있도록 보장하는 것이다.

취업가능성은 볼로냐 협약의 초기부터 중심 목표의 하나로 자리 잡아 왔고, 이는 졸업생의 미취업에 대한 우려의 결과였다. 또한 취업가능성은 유럽노동시장 출현과 관련되어 있다. 런던 회의에서는 3단계 학위체제별로, 그리고 평생학습 맥락과 관련하여 취업가능성 제고방안을 검토하도록 주문하였고, 이는 취업가능성연구팀(Employability Working

Group)이 담당하였다. 이 연구팀의 권고에 따라 2009년 루밴/루뱅-라-뇌브 회의에서는 "기술 인력을 유지하고 새롭게 함에 있어서 정부, 고등교육기관, 사회적 파트너들과 학생들 간의 긴밀한 협력"의 필요성을 강조하였다. 또한 이 회의에서는 고등교육기관들이 고용주들의 요구사항에 보다 민감해야 한다는 점과 취업알선과 직무연수(on-the-job training)의 중요성을 강조하였다.

이 장의 구성은 다음과 같다. 제2절에서는 고등교육기관들의 산출, 즉 고등교육의 성취수준을 살펴보도록 한다. 특히, 교육수준 향상과 노동수요 변화, 국가별/연령대별 고등교육학위 취득 비율을 기준으로 검토한다. 제3절에서는 고등교육에서의 입학률(entry rates) 대비 졸업률(completion rates), 그리고 졸업률 제고를 위한 각종 개선책들을 살펴보고자 한다. 제4절에서는 졸업생들과 노동시장을 살펴본다. 특히, 노동시장을 둘러싼 실업률과 취업가능성, 고등교육 학력과 노동시장에서의 적합성, 교육수준에 따른 개인 수입의 차이, 그리고 졸업생 취업가능성 향상을 위한 정책들을 검토한다. 제5절의 종합논의를 끝으로 이 장을 마무리하고자 한다.

Ⅱ. 고등교육 성취 수준

1. 교육수준 향상과 노동수요 변화

여기에서는 유럽연합 27개 회원국(EU27)[1]을 대상으로 교육수준 향상과 노동수요 변화를 살펴보고자 한다(Coomans, 2012). 먼저 교육수준의 향상을 보면, 교육수준의 상승은 과거 3~40년 동안 두드러진 특징이라고 볼 수 있다. 중등교육으로의 대규모 전환을 이루지 못했던 수많은 국

1) 여기에서의 조사 대상이었던 EU27, 즉 유럽 연합 27개국은 사이프러스, 룩셈부르크, 아일랜드, 영국, 스웨덴, 프랑스, 독일, 벨기에, 체코, 덴마크, 헝가리, 오스트리아, 에스토니아, 스페인, 슬로베니아, 포르투갈, 슬로바키아, 네덜란드, 루마니아, 핀란드, 폴란드, 이탈리아, 리투아니아, 그리스, 라트비아, 몰타, 불가리아이다.

가들에서조차도 큰 성과를 보이고 있다. [그림 4-1]은 1996년과 2010년 기간 동안 25-64세 연령대의 교육수준 변화를 보여준다. 낮은 교육수준집단의 비중이 44%(1996년)에서 27%(2010년)로 줄어드는 동안, 높은 교육수준집단의 비율은 18%(1996년)에서 26%(2010년)로 증가하였다.

그림 4-1 EU27 교육수준별 인구분포 추세, 1996-2010

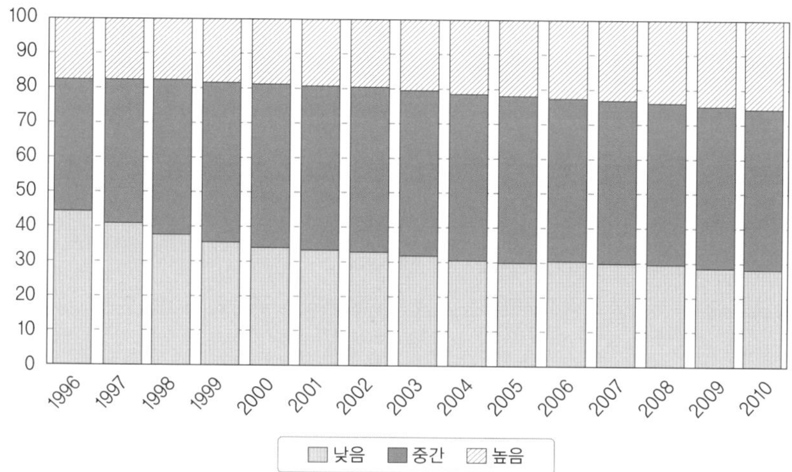

출처: Coomans(2012), p. 201, Figure 8.3.

다음 [그림 4-2]는 2010년 2개의 연령집단에 대한 교육수준 분포를 보여주고 있다. 고등교육의 학력수준을 가진 55-64세 연령대의 비율은 19% 미만이지만, 25-34세 연령대의 경우 그 비율은 33%에 달한다. 낮은 교육수준 집단의 비율을 비교하면, 그 비율은 38%(55-64세 연령대)에서 19%(25-34세 연령대)로 절반이나 줄어든다.

고등교육비율 증가는 다음과 같은 특징을 보이고 있다. 첫째, 고등교육비율 증가는 여성에게서 훨씬 더 뚜렷한 현상이다. 25-34세 연령대에서 2010년도에 고등교육학위를 취득한 남성은 29%이지만 여성은 38%이며, 여성의 비율은 고등교육졸업생 전체의 56%를 차지하고 있다. 둘째, 고등교육 증가 수준은 유럽뿐 아니라 전 세계적인 인구통계학적 변화와 긴밀하게 연관되어 있다. 출산율 하락은 가족 당 자녀수를 감소시켰고, 교육 투자를 촉진하였다. 셋째, 취업활동과 취업률은 보편적으로 교육수준과 상관관계를 보이기 때문에 교육수준 증가는 거의 자동적으로 노동인구를 증가시켰다. 25–64세 연령대의 경우 고등교육 졸업생들의 유럽 평균 취업활동율은 88%이며, 낮은 수준의 학력자들의 경우 유럽 평균 취업활동율은 63%이다. 이 추세는 지난 10년간 전반적인 취업활동연령 인구의 감소규모가 보다 높은 취업활동율을 보인 집단들의 증가보다도 더 크다는 사실을 의미한다. 이런 추리는 인구통계학적 원인 이외에도 노동인구 증가라는 원인이 작용할 수 있음을 보여준다. 넷째, 교육수준 향상은 생산성 증대와 삶의 질 향상뿐만 아니라 사회적 응집력 제고에도 기여한다고 볼 수 있다.

그림 4-2 EU27 교육수준별 청년층과 중장년층의 인구분포, 2010년

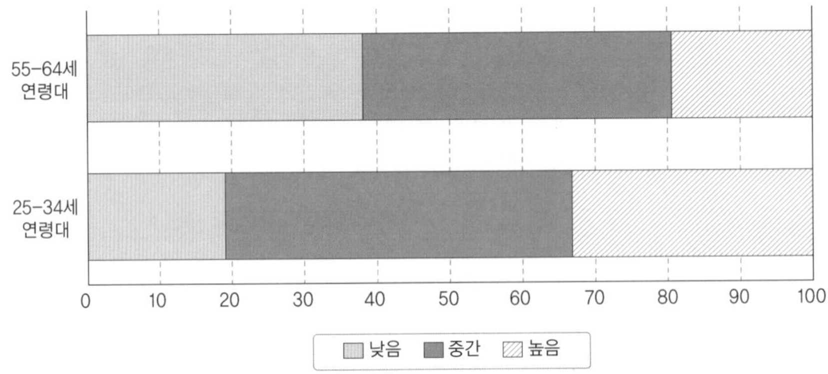

출처: Coomans(2012), p. 202, Figure 8.4.

이러한 변화가 교육 수준별 취업 패턴과 양립 가능한지 여부가 문제가 된다. 다음 [그림 4-3]을 보면, 고등교육 졸업생의 경우에는 2000년도와 2008년도 사이의 취업 증가가 높았으나(연평균 4%), 중등교육 학력자들의 취업증가율은 거의 평균치(연평균 +1.4%)이며, 하위 학력자들의 경우는 평균 이하이다(연평균 –0.2%). 경제위기가 두드러졌던 2008~2010

년 동안에 초점을 두면, 고등교육 학력자집단만 증가하였고(연평균 +2.9%), 중등교육 학력 이하는 감소하였다(각각 연평균 -1.1%, -4.5%).

그림 4-3 EU27 교육수준별 취업 증가, 2000-2010

(단위: %)

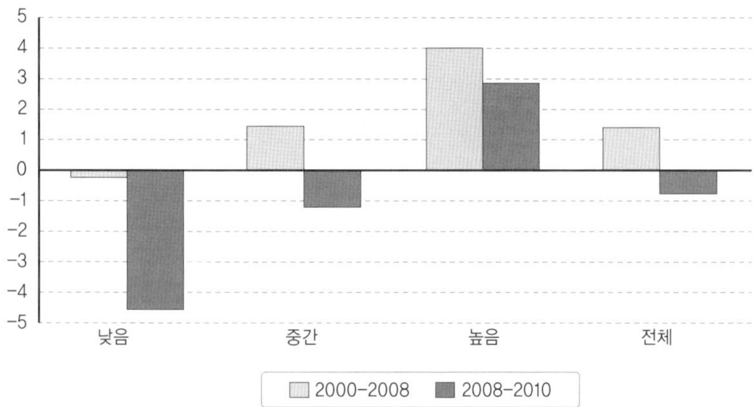

출처: Coomans(2012), p. 203, Figure 8.6.

2. 국가별 · 연령대별 고등교육 학력자 구성 비율

고등교육성과(higher education output)의 중요한 지표는 고등교육 학위를 취득한 인구의 비율이라고 할 수 있다(EACEA, 2012). 다음 [그림 4-4]는 EHEA 내의 고등교육 학력을 보유한 사람들의 비율을 보여준다.

일반적으로 성취수준은 보다 젊은 연령대에서 더욱 높다. 25-34세 연령대의 중위수(中位数)는 33.2%인데 비하여, 35-44세 연령대는 26.5%이고 45-64세 연령대는 21.5%이다. 해당 연령대의 비율이 높을수록 더 많은 인구가 고등교육 학위를 취득하고 있음을 가리킨다. 하지만 이 수치에도 예외는 있다. 독일, 핀란드, 아이슬란드, 세르비아에서는 보다 젊은 연령대인 25-34세 연령대보다 35-44세 연령대에서 고등교육 학력을 보유한 사람들이 더 많다. 이는 고등교육 평균 입학 연령이나 졸업 연령에서의 차이와 관련이 있다. 25-34세 연령대 가운데 고등교육

그림 4-4 국가별 · 연령대별 고등교육 학력자 구성비율, 2010

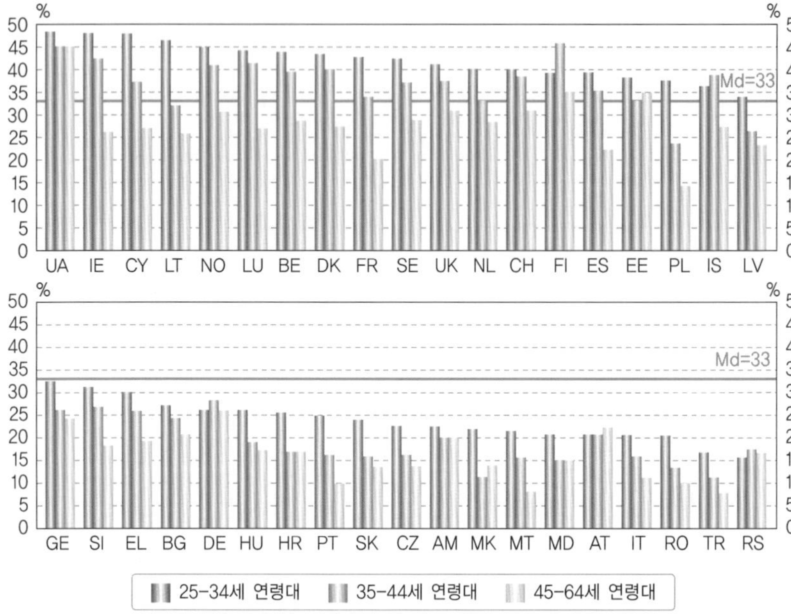

표 4-1 국 가별 · 연령대별 고등교육 학력자 구성비율 (2010)

국 가	UA 우크라이나	IE 아일랜드	CY 키프로스	LT 리투아니아	NO 노르웨이	LU 룩셈부르크	BE 벨기에	DK 덴마크	FR 프랑스	SE 스웨덴
25-34세 연령대	48.4	48.2	47.9	46.4	45.0	44.2	43.8	43.4	42.9	42.3
35-44세 연령대	44.9	42.3	37.2	31.8	40.8	41.4	39.4	40.1	33.8	37.1
45-64세 연령대	45.0	26.1	26.6	25.7	30.6	26.8	28.5	27.1	20.1	28.7

국 가	UK 영국	NL 네덜란드	CH 스위스	FI 핀란드	ES 스페인	EE 에스토니아	PL 폴란드	IS 아이슬란드	LV 라트비아	GE 조지아
25-34세 연령대	41.2	40.3	40.1	39.2	39.2	38.0	37.4	36.2	33.9	32.5
35-44세 연령대	37.5	32.7	38.5	45.8	35.3	33.1	23.4	38.8	26.2	26.1
45-64세 연령대	30.5	28.0	31.1	34.4	22.2	34.9	14.0	27.0	23.3	24.3

국 가	SI 슬로베니아	EL 그리스	BG 불가리아	DE 독일	HU 헝가리	HR 크로아티아	PT 포르투갈	SK 슬로바키아	CZ 체코	AM 아르메니아
25-34세 연령대	31.3	30.4	27.1	26.1	26.0	25.6	24.8	24.0	22.6	22.5
35-44세 연령대	26.7	25.9	24.4	28.1	19.1	16.8	16.2	15.9	16.3	19.6
45-64세 연령대	18.3	19.2	20.8	26.0	17.4	16.7	9.7	13.7	13.6	19.4

국 가	MK 마케도니아	MT 몰타	MD 몰도바	AT 오스트리아	IT 이탈리아	RO 루마니아	TR 터키	RS 세르비아
25-34세 연령대	21.8	21.5	20.9	20.8	20.7	20.6	16.8	15.7
35-44세 연령대	11.5	15.7	15.1	20.8	15.8	13.4	11.4	17.5
45-64세 연령대	14.2	8.1	15.1	17.7	11.4	9.7	7.9	16.7

비고: 우크라이나는 2009년 자료임. 몰타와 크로아티아 자료는 표본크기가 작아서 신뢰성이 부족함. 자료는 25-34세 연령대에서의 고등교육 성취 수준을 기준으로 분류하였으며, 중위수(Md)는 25-34세 연령대 고등교육 성취수준에서의 값을 의미함.
출처: EACEA(2012), p. 104, Figure 5.1.

성취수준은 우크라이나(48.4%), 아일랜드(48.2%), 키프로스(47.9%)에서 가장 높고, 터키(11.4%)와 세르비아(115.7%)에서 가장 낮았다. 35-44세 연령대의 경우, 고등교육 학력 비중이 핀란드(45.6%), 우크라이나, 아일랜드에서 가장 높고, 마케도니아(11.5%)와 터키(11.4%)에서 가장 낮았다. 마지막으로 가장 높은 45-64세 연령대에서는 고등교육 성취수준이 가장 높은 국가는 우크라이나, 에스토니아, 핀란드이고, 가장 낮은 성취수준을 보인 국가는 몰타와 터키이다.

고등교육성과의 의미는 다음과 같이 정리할 수 있다(OECD/UNESCO Institute for Statistics, 2005). 교육은 개인이나 사회 모두에 광범위한 혜택을 가져다준다. 그 이유는 바로 교육이 경제성장과 사회적 응집력에 도움이 되고 인간의 권리로서 인식되기 때문이다. 교육시스템의 꾸준한 팽창은 고등교육 차원에서의 교육기회에 대한 수요 증가를 반영한다. 고등교육과 기술수준은 개인과 사회 모두의 성과 향상을 위한 노력을 보다 심화시킨다. 교육성과를 측정하는 것은 해당 인구집단의 지식과 기술, 인적자본의 수준을 반영한다. 인적자본은 개인과 사회의 사회적 · 경제적 성과에 있어서 점점 더 중요한 역할을 담당하고 있다.

Teichler & Büger(2008)도 고등교육 졸업생 규모는 얼마나 많은 사람들이 고등교육 차원에서 어떤 방식으로 온전하게 자격을 갖추었는지, 그리고 사회에 진출하는지 보여준다고 한다. 전 세계를 통하여 고등교육성과의 확대는 지난 몇 십년동안 고등교육의 두드러진 특징이다. 이런 추세는 일반적으로 경제성장이나 노동시장의 보상(높은 임금), 기회불평등 감소, 문화적 풍요에 기여하는 것으로 간주된다. 하지만 교육 팽창과 관련하여 긴장과 이행되지 않는 약속을 지적하는 목소리도 항상 존재한다. '교육과다(over-education)'에 대한 우려도 있지만 기우에 그칠 것이라는 기대도 있다. OECD는 21세기에는 거의 모든 사람들이 고등교육의 혜택을 받을 수 있을 것이라고 예측한다(Teichler & Büger, 2008; OECD, 1998).

이처럼 고등교육의 성취수준은 개인이나 사회 모두에게 긍정적인 영향을 미치고 있다는 점을 확인할 수 있다. 개인과 사회 모든 측면에서 사회적 · 경제적 성장을 의미하기 때문에 앞에서 살펴 본 국가별 · 연령대별 고등교육 학력자의 비율을 높이는 것은 의미가 있다고 할 수 있다.

Ⅲ. 고등교육 졸업률과 개선책

고등교육성과의 또 다른 지표는 고등교육 졸업(completion), 즉 고등교육기관에 입학한 학생이 실제로 교육과정을 이수하고 졸업을 하였는지 여부이다(EACEA, 2012). 지난 수십 년간 졸업자 비율에 대한 우려가 EHEA 회원국 사이에서 증가하였다. 졸업자 비율은 책무성(accountability)에 관한 관심의 증가뿐만 아니라 재원의 할당, 보다 효율적인 소비 등과 연계되어 있다. 또한 중도이탈(non-completion)은 여러 사회취약계층 출신 학생들에게 영향을 미치기 때문에, 고등교육에의 공정한 접근 문제와도 밀접하게 연관되어 있다. 고등교육에서의 중도이탈은 고등교육기관 및 개별 학생과 연관된 수많은 요인들로 인하여 영향을 받을 수 있다. 종종 다양한 요인들의 상호작용에 의해 졸업을 못하게 되는데, 여기에서는 EHEA 회원국들의 상황을 정리해보고 고등교육시스템 성과의 효과적인 향상을 위한 국가 차원의 접근방법들을 살펴보고자 한다. 실질적인 졸업률에 대한 자료는 소수의 고등교육시스템에 대해서만 활용이

가능하기 때문에, 입학률과 졸업률간 격차는 보조적 자료로 활용하고자 한다.

1. 졸업률

졸업률(completion rate)은 'ISCED기준에 의한 고등교육의 A형 프로그램'(tertiary type A programmes)[2]에서 입학과 졸업을 한 학생들의 비율을 의미한다(EACEA, 2012). 일부 회원국에서는 고등교육의 A형 프로그램에 입학했지만 고등교육의 B형 프로그램(tertiary type B programmes)[3]에서 졸업한 학생들도 포함시킨다. 이 지표는 고등교육시스템이 입학생을 성공적인 졸업생으로 만드는데 얼마나 효과적인지를 측정한다. 졸업률은 두 가지 방법을 통해 계산한다. 첫째, 횡단면법(cross-section method)은 이전년도, 즉 프로그램에 입학한 해(calendar year)에 있는 졸업생 인원이다. 둘째, 코호트 접근법(cohort method)은 입학부터 졸업까지 개별 학생을 따라가는 패널자료(서베이 혹은 등록)에 근거를 둔다. 비교 가능한 자료 제공을 위하여 졸업률에 대한 국제지표 측정방법을 개발하는 과제는 여전히 진행 중이다. 2008년도 자료는 당시 EHEA의 22개 회원국만 대상으로 하고 있어서, 비교 가능한 자료를 수집하고 보다 적절한 지표를 만들기 위한 보다 많은 노력이 이루어져야 할 것이다.

[그림 4-5]에서 보는 바와 같이, 졸업률 중위수(Md)는 72%이고, 아르메니아의 졸업률이 가장 높다(95%). 헝가리(43%)와 스웨덴(49%)을 제외하고, 일반적으로 고등교육 입학자들의 60% 이상은 졸업한다고 볼 수

2) 국제교육기준분류(International Standard Classification of Education; ISCED)에 의하면 고등교육의 A형 프로그램(Tertiary-type A programmes)은 주로 이론중심이고 의학, 치과, 혹은 건축과 같이 숙련(high skill)기술을 필요로 하는 고등연구 프로그램과 직업분야로의 충분한 진출 자격을 제공하기 위하여 설계된다. 고등교육의 A형 프로그램은 전형적으로 4년 이상이 지속되기는 하지만, 전업기준의 최소한 3년의 누적적인 이론연구 기간이 필요하다.

3) 국제교육기준분류(ISCED)에 의하면 고등교육의 B형 프로그램(Tertiary-type B programmes)은 A형보다는 전형적으로 단기적이다. 그리고 일부 이론적 기반이 각 프로그램에서 다루어지기는 하지만, 노동시장으로 곧 바로 들어가기 위한 실질적, 기술적, 혹은 직업적 기술에 집중한다. 기간은 전업기준으로 최소 2년이 소요된다.

그림 4-5 고등교육 A형 프로그램 졸업률, 2008년

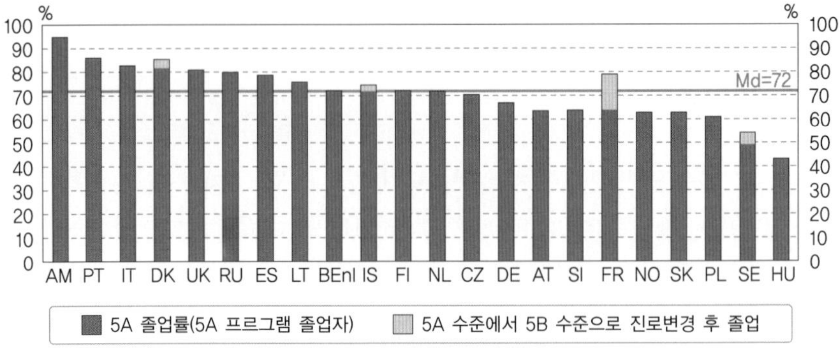

표 4-2 고등교육 A형 프로그램 졸업률, 2008년

국가	AM 아르메니아	PT 포르투갈	IT 이탈리아	DK 덴마크	UK 영국	RU 러시아	ES 스페인	LT 리투아니아	BE 벨기에	IS 아이슬란드	FI 핀란드
■	95	86	83	82	81	80	79	76	72	72	72
□	:	:	:	3	:	:	:	:	:	2	:

국가	NL 네덜란드	CZ 체코	DE 독일	AT 오스트리아	SI 슬로베니아	FR 프랑스	NO 노르웨이	SK 슬로바키아	PL 폴란드	SE 스웨덴	HU 헝가리
■	72	70	67	64	64	64	63	63	61	49	43
□	:	:	:	:	:	15	:	:	:	5	:

비고: 횡단면 코호트(Cross-section cohort): 오스트리아, 벨기에(네덜란드 어 권), 헝가리, 리투아니아, 폴란드, 포르투갈, 슬로바키아, 영국과 러시아. 실제코호트(True cohort): 체코, 덴마크, 독일, 스페인, 핀란드, 프랑스, 아이슬란드, 이탈리아, 네덜란드, 노르웨이와 스웨덴. 방법론 미상: 아르메니아.

중위수(Md)는 오직 ISCED 5A 졸업률만 계산함.

출처: EACEA(2012), p. 106, Figure 5.2.

있다. 하지만 스웨덴에서는 입학생의 5%는 고등교육의 B형 프로그램으로 진로를 바꾸고 나서 성공적으로 졸업한다. 진로변경(reorientation)은 프랑스에서도 상당하다. 64% 이상의 졸업률을 보인 프랑스에서는 고등교육의 A형 프로그램 입학자들의 15%가 B형 프로그램으로 진로를 바꾼다.

2. 입학률과 졸업률

고등교육 졸업의 실상을 파악하기 위한 또 다른 방법은 입학률과 졸업률을 비교하는 것이다. 하지만 이러한 비교는 교육과정에 대한 엄격한 측정이 아니기 때문에(예컨대, 국가 내 또는 국가 간 학사학위과정의 기간 차이로 인해), 오직 교육성과를 평가하기 위한 보조적 정보로 활용하여야 한다. 직관적으로 볼 때, 높은 교육적 성취를 이루기 위해서는 높은 입학률이 높은 졸업률로 해석될 필요가 있다. 안정적인 입학과 졸업률을 가진 시스템에서 이들 두 지표(입학률과 졸업률)간의 차이는 중도이탈의 범위를 보여준다. 보다 많은 국가들에서 순입학률(net entry rates)과 순졸업률(net graduation rates)을 활용할 수 있다. 이들 비율들은 모든 연령대를 통하여 단일 연령대별 입학률과 졸업률의 합으로 계산한다. 특별한 연령대, 혹은 하나의 연령대에 대한 입학률과 졸업률은 동일한 연령대의 인구와 그 연령대에서의 새로운 입학과 졸업(고등교육에서의 첫 번째 학위) 인원 간의 비율이다. [그림 4-6]과 [그림 4-7]은 2008/09학년도 ISCED 기준에 의한 고등교육의 5A형[4]과 5B형[5] 프로그램에서 이들 2개 지표 간에 차이와 순입학률과 순졸업률을 보여준다. 순입학률은 ISCED 기준에 의한 5A형 프로그램 수준에서 EHEA 회원국 절반에서 60% 이상이다. 반면, 순졸업률 중위수는 36.2%로, 두 지표 간의 격차는 회원국 절반에서 20.8% 이상이다. ISCED 기준에 의한 고등교육의 5B형에서의 중위수 수준은 18.5%(순입학률), 8.5%(순졸업률)이고, 그 격차는 8%이다. 2008/09학년도에 고등교육의 5A형 수준에서 가장 높은 순입학률을 보인 회원국은 80% 이상의 순입학률을 보인 루마니아, 라트비아, 폴란드, 포르투갈이다. 이들 국가 역시 순입학률과 순졸업률의

4) Level 5A: 고등교육의 첫 번째 단계임. 주로 숙련급 기술을 요하는(higher skills requirements) 직업과 보다 심화연구프로그램으로의 진학을 위한 자격을 제공하기 위하여 의도된 이론 중심의 프로그램.

5) Level 5B: 고등교육의 첫 번째 단계임. 직업적인 자격을 부여하기 위한 것으로, 전형적으로 보다 단기적이고, 실제적이고/기술적이고/직업적으로 특화된 프로그램.

그림 4-6 순입학률과 순졸업률: 고등교육 A형 프로그램, 2008/09

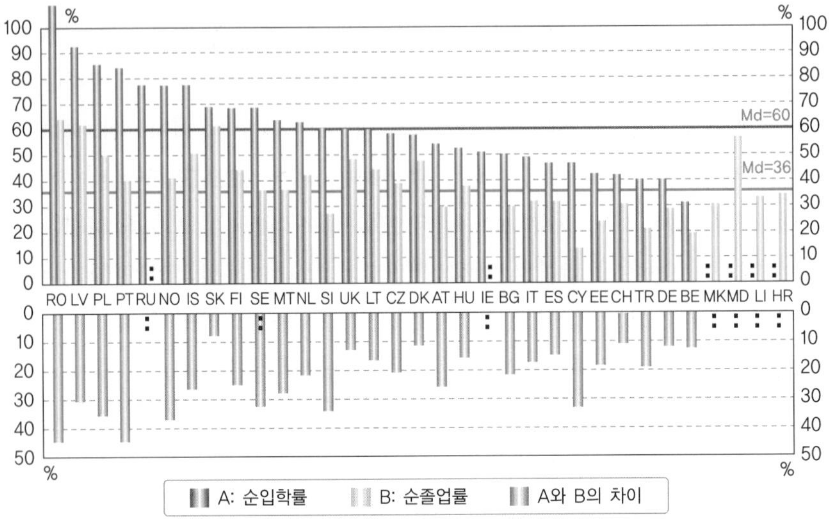

표 4-3 순입학률과 순졸업률: 고등교육 A형 프로그램, 2008/09

국가	RO 루마니아	LV 라트비아	PL 폴란드	PT 포르투갈	RU 러시아	NO 노르웨이	IS 아이슬란드	SK 슬로바키아	FI 핀란드	SE 스웨덴	MT 몰타
A	108.1	92.6	85.4	84.3	77.4	77.0	77.0	68.8	68.6	68.2	63.2
B	63.8	61.9	50.2	40.0	:	40.7	51.0	61.4	44.0	36.2	36.1
A-B	44.4	30.6	35.2	44.3	:	36.3	26.0	7.4	24.6	32.0	27.1

국가	NL 네덜란드	SI 슬로베니아	UK 영국	LT 리투아니아	CZ 체코	DK 덴마크	AT 오스트리아	HU 헝가리	IE 아일랜드	BG 불가리아	IT 이탈리아
A	62.8	60.6	60.5	59.9	58.3	57.9	54.4	52.5	51.2	50.6	48.4
B	41.8	26.8	47.8	44.0	38.4	47.3	29.3	37.4	:	29.9	31.4
A-B	21.0	33.7	12.7	15.9	19.9	10.6	25.1	15.2	:	20.8	17.0

국가	ES 스페인	CY 키프로스	EE 에스토니아	CH 스위스	TR 터키	DE 독일	BE 벨기에	MK 마케도니아	MD 몰도바	LI 리히텐슈타인	HR 크로아티아
A	46.1	46.0	42.0	41.3	39.9	39.7	31.0	:	:	:	:
B	31.7	13.4	23.8	30.5	21.0	28.5	19.1	30.4	56.7	33.0	34.1
A-B	14.4	32.6	18.2	10.7	18.9	11.3	11.9	:	:	:	:

비고: 몰도바의 졸업생 자료는 2008년도 자료임. 자료는 모두 활용 가능한 순입학률로 분류된 자료임.

출처: EACEA(2012), p. 107, Figure 5.3.

그림 4-7 순입학률과 순졸업률: 고등교육의 B형 프로그램, 2008/09

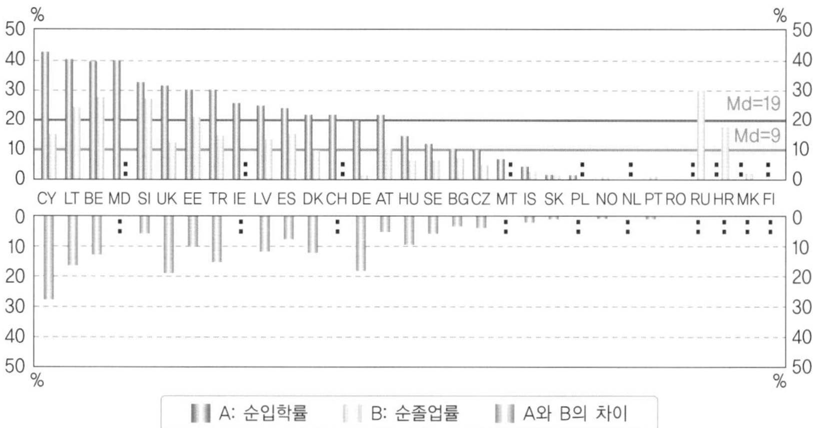

표 4-4 순입학률과 순졸업률: 고등교육 B형 프로그램, 2008/09

국가	CY 키프로스	LT 리투아니아	BE 벨기에	MD 몰도바	SI 슬로베니아	UK 영국	EE 에스토니아	TR 터키	IE 아일랜드	LV 라트비아	ES 스페인
A	42.1	39.6	39.1	38.9	31.6	30.5	29.9	29.8	25.2	24.6	23.4
B	14.7	23.6	26.7	:	26.5	11.8	20.5	15.1	:	13.5	15.3
A-B	27.4	16.0	12.4	:	5.1	18.7	9.5	14.7	:	11.2	8.1

국가	DK 덴마크	CH 스위스	DE 독일	AT 오스트리아	HU 헝가리	SE 스웨덴	BG 불가리아	CZ 체코	MT 몰타	IS 아이슬란드	SK 슬로바키아
A	20.8	20.8	18.6	15.3	13.9	11.2	9.4	8.1	5.9	3.5	1.0
B	8.5	:	0.8	10.1	5.1	6.0	6.3	4.1	:	1.9	0.7
A-B	12.3	:	17.9	5.1	8.8	5.2	3.2	4.0	:	1.6	0.2

국가	PL 폴란드	NO 노르웨이	NL 네덜란드	PT 포르투갈	RO 루마니아	RU 러시아	HR 크로아티아	MK 마케도니아	FI 핀란드
A	0.6	0.2	0.2	0.1	0.1	:	:	:	:
B	:	0.5	:	0.6	0.1	29.5	16.6	1.1	0.1
A-B	:	-0.3	:	-0.5	0.0	:	:	:	:

비고: 몰도바의 졸업생 자료는 2008년도 자료임. 자료는 모두 활용 가능한 순입학률로 분류된 자료임.

출처: EACEA(2012), p. 108, Figure 5.4.

격차가 가장 큰 국가이다. 루마니아와 포르투갈 모두 입학률과 졸업률 간 45%의 격차가 있다. 하지만 이 큰 격차가 반드시 큰 중도이탈률을 나타내는 것은 아니다. 실제 포르투갈의 졸업률은 이들 회원국 가운데 두 번째로 높은 수준이다.

고등교육에의 입학과 졸업 간에는 시간 간격이 있다. 루마니아와 포르투갈에서 순입학률은 일관성있게 증가하였다(루마니아에서는 2002년 44%에서 2009년 108%로, 포르투갈에서는 2006년 53%에서 2009년 84%로). 이런 입학률 증가가 졸업률에 반영되기까지는 몇 년이 걸린다. 즉, 고등교육시스템의 큰 변화가 있는 경우에는 입학률과 졸업률 사이의 큰 격차는 고등교육시스템이 어떤 방식으로 변하는지, 얼마나 빨리 변하는지를 반영한다. 예컨대 볼로냐 체계의 단계적 도입으로 입학률과 졸업률은 고등교육체계가 안정될 때까지 매 번 영향을 받는다. ISCED 기준에 의한 고등교육의 5A형 수준에서 순입학률과 순졸업률 간의 가장 낮은 차이를 보이는 국가는 슬로바키아이다. 중위수를 약간 상회하는 입학률을 가진 슬로바키아는 가장 높은 졸업률을 보인 회원국 가운데 하나이다. ISCED 기준에 의한 고등교육의 5B형 수준에서 순입학률과 순졸업

그림 4-8 순입학률과 순졸업률의 중위수: 고등교육의 A형 프로그램, 연도별

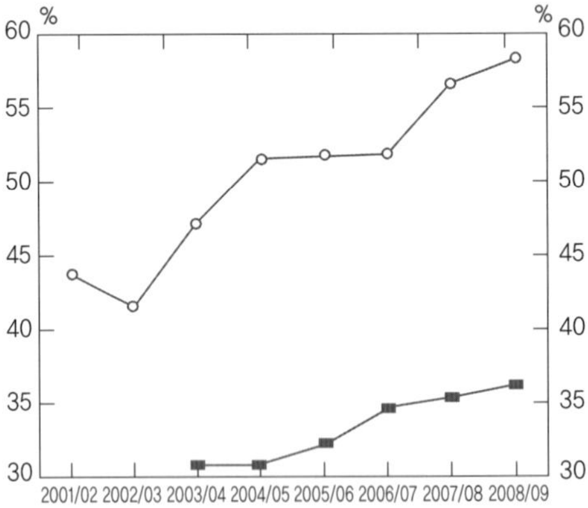

	순입학률 중위수	순졸업률 중위수
	○	■
2001/02	43.6	:
2002/03	41.4	:
2003/04	47.1	30.7
2004/05	51.6	30.8
2005/06	51.7	32.2
2006/07	51.8	34.5
2007/08	56.6	35.3
2008/09	58.3	36.1

출처: EACEA(2012), p. 109, Figure 5.5.

률 간의 격차가 가장 큰 국가는 독일, 키프러스, 영국이다.

[그림 4-8]은 2001/02학년도에서 2008/09학년도까지 ISCED기준에 의한 고등교육의 5A형 수준에서 순입학률 중위수와 순졸업률 중위수를 보여준다. 고등교육의 5A형 수준에서 순입학률 중위수는 44%에서 58%로 대부분 기간동안 유의미하게 증가하였다. 순졸업률 중위수 역시 30%에서 36%로 점진적으로 증가하였다. 결과적으로 ISCED 기준에 의한 고등교육의 5A형 수준에서 입학률 중위수와 졸업률 중위수 간의 차이 또한 16%에서 22%로 증가하였다.

3. 졸업률 개선책

대다수 EHEA 회원국들이 졸업률 증가를 위한 정책을 쓰고자 하지만 법규화된 수단의 범위와 내용은 매우 상이하다. 가장 일반적으로 졸업률 증가를 직접적 목표로 삼지는 않았지만, 광범위한 여러 수단들이 졸업률 개선에 기여할 것으로 기대한다고 회원국들은 밝히고 있다. 유연한 학습 진로를 촉진하려는 수단들은 학생 지원 증진, 해외 및 타 고등교육기관에서의 수학기간의 인정과 교육의 질 제고, 그리고 졸업률 증가에 긍정적인 영향을 미칠 수 있다.

일부 국가(덴마크, 핀란드, 노르웨이, 그리고 영국(스코틀랜드))는 중도이탈에 대한 다양한 요인들을 포괄하는 국가전략을 채택하였다. 이 전략들은 국가와 고등교육기관 차원 모두의 계획들을 통합하고 기관과 학생에 대한 인센티브를 포함한다. 더욱이 이들 수단들은 잘 개발된 모니터링을 통해 보완된다. 이는 또한 고등교육기관과 연구기관에 대한 재정지원에 초점을 둔다. 학생들이 규정된 학업 기간 내에 학사 또는 석사과정을 마쳤는지 여부를 고려하는 기금조성 공식을 포함시킬 수 있다. 또한 고등교육기관들은 중도 탈락 위험에 처한 학생들에게 후속조치를 취하도록, 그리고 학업지도, 학생상담, 그리고 유연한 학습진로 강화를 요구받을 수 있다. 더 나아가, 졸업률 자료는 연간 보고서에 포함되고 다음 해 정부지원금 교부 평가를 위하여 활용된다. 학생지원시스템 역시 적시적이고 성공적인 학업 종료를 지원하고 촉진하는 계획을 가질 수 있다. 일부 국가들은 이러한 유형의 정책수단을 몇 가지 집행하고 있다고 한다. 다른 국가들(아르메니아, 조지아, 몰도바, 몬테네그로, 포르투갈, 터키)은 프로그램 간의 이전을 촉진하고, 과정을 반복하고, 재입학 · 복학 등 고등교육을 다시 시작하는 것과 같은 단일 수단에 초점을 맞춘다.

1) 고등교육기관에 대한 인센티브

고등교육기관이 졸업률 향상을 위하여 노력하도록 독려하기 위하여 정부는 다양한 유도장치(steering mechanisms)를 활용하고 있다. 졸업률 향상을 위한 인센티브는 통상 재정적인 것이다. 일부국가(오스트리아, 벨기에(네덜란드어 권역), 체코, 덴마크, 핀란드, 독일, 아이슬란드, 이탈리아, 네덜란드, 노르웨이, 스웨덴, 영국(스코틀랜드))에서는 정부예산 배정이 부분적으로 졸업률에 의해 결정된다. 수료 학점 수, 시험에서의 학생 참여률, 수여된 학위 통계가 교육재원 편성공식(funding formula)이나 보조금에 적용된다. 졸업률 향상을 위한 재정적 인센티브는 고등교육기관과 개별 학생 모두를 대상으로 할 수 있다. 고등교육기관들은 학점당, 학생당 기금을 수령할 수 있다. 그러므로 학생들을 지원하고자 고등교육기관들이 관심을 가진다. 학생 교부금과 대여금 제도 역시 매년 학생들이 취득하는 학점 수와 연계될 수 있다.

2) 질 보장 수단들

일부 국가들은 졸업률 역시 외부 질 보장 과정(알바니아, 키프로스, 덴마크, 이탈리아, 리히텐슈타인, 라트비아, 룩셈부르크, 폴란드, 슬로베니아, 그리고 영국(스코틀랜드))에서, 그리고 교육프로그램 인증과정(몰도바, 슬로베니아, 그리고 영국(스코틀랜드))에서 기준의 하나로 인식되고 있다.

3) 학생들에 대한 지원

교육과정 또는 교과목에 대한 잘못된 선택, 준비부족, 몰입의 결여 등과 같은 요인들은 일반적으로 중도이탈의 이유로 여겨진다. 하지만 많은 국가들이 학업안내 서비스, 진로안내 서비스, 멘토링, 심리상담을 제공한다. 첫 해 동안의 고등교육 경험이 학생 졸업률에 큰 영향을 미친다고 인식하기 때문에 일부 국가들은 예비입학생과 신입생 카운슬링 및 이들에 대한 지원에 초점을 두는 수단들을 준비하였다. 일부에서는 이들 수단들이 특히 사회적으로 소수 집단이나 특수 학문분야 학생들을 대상으로 하고 있다.

프랑스에서는 '학사과정 성공' 계획으로 2012년에 학사과정 졸업률을 50%로 증가시킬 것을 목표로 한다. 적극적인 안내는 일부 학생들이 관련 정보에 접근함에 있어서 가질 수 있는 어려움을 해소할 것을 목표로 한다. 영국(잉글랜드)에서는 고등교육기관들이 명확하고, 비교 가능한 교육과정에 대한 정보를 제공하고, 이를 통해 학생들이 보다 적절한 선택을 하도록 유도한다. 또한 잘못된 교육과정의 선택 혹은 고등교육이 무엇을 필요로 하는지 인식하지 못해 중도 탈락하는 인원을 감소시키고자 한다. 아일랜드의 국가고등교육전략은 2030년까지 입학 첫 해 커리큘럼에서 학업지도, 학습준비프로그램, 학제 간 학습기회 제공 등 보다 광범위한 기반의 교육과정을 포함시키도록 권고한다. 더 나아가, ICT/기술 훈련의 이행수준을 향상시키기 위한 여러 가지 수단들이 집행되고 있다.

4) 졸업률 모니터링

졸업률 제고를 위한 정책을 효과적으로 설계하고 집행하기 위해서는 국가와 고등교육기관 차원 모두에 있어서 잘 개발된 모니터링과 실적보고가 이루어져야 한다. 조지아, 아일랜드, 터키를 제외한 모든 회원국들은 국가 및 교육기관 차원에서 졸업률을 점검하고 있다. 이 자료는 연간 통계보고서, 효율성 분석, 입시계획, 이해관계자들과의 논의 등의 준비를 위하여 활용된다. 졸업률은 개별 고등교육기관의 명성에 중요한 것으로 인식되곤 한다. 그리고 교육기관 차원에서 자료의 출간은 졸업률 향상을 위한 인센티브 제공에도 활용할 수 있다. 이는 프랑스, 스위스, 영국(잉글랜드)에서 시행하고 있다. 일부 국가에서는 졸업률이 책무성 지표 가운데 하나로 활용된다. 덴마크에서는 각 고등교육기관이 학생 졸업률 자료에 근거하여 감독기관인 교육부와의 계약을 통해 졸업률 목표를 설정한다. 영국(스코틀랜드)에서는 최근 모든 고등교육기관들이 재학생에 대한 자료를 모니터하고, 수집하고, 분석할 수 있도록 정보관리시스템을 개발하였다. 또한 우수한 보고체계를 구축하고, 학생 유지에 대한 보고서를 졸업학년 관리와 교육의 질 보장에도 활용할 수 있도록 하였다.

회원국들은 또한 졸업률 정보를 정책과 기금조성 우선순위 결정에 활용한다. 하지만 실적 보고와 분석이 정책형성에 영향을 미치는 방식에 대한 구체적인 사례들은 찾아보기 어렵다. 아일랜드에서는 2010년 고등교육에 관한 연구가 추진되어, 고등교육 문제에 대한 경험적 증거를 제공하고 있다. 이 연구결과는 졸업률 향상을 위한 방안 모색과 정책정보 제공에 기여할 것이다. 영국(스코틀랜드)에서는 교육재원 마련을 위한 새로운 정책이 고등교육 실적에 대한 분석을 통하여 개발되었다. 모든 고등교육기관들은 학생들의 중도이탈률 축소를 위한 재정지원을 계속 받게 되지만, 사회취약계층의 학생들이 입학하는 교육기관들은 추가 지원을 받을 뿐만 아니라 또한 성과계약 달성을 요구받는다. 이런 계약을 통하여 교육기관들은 재원을 어떻게 활용할 것인지, 목표수준은 어느 정도인지를 보여주게 된다.

요약하면, EHEA에서는 졸업률 제고를 위한 정책의 범위와 핵심사항에 대한 일반적인 이해는 이미 이루어진 것처럼 보인다. 회원국들의 정책 접근방식은 문제해결을 위한 체계적이고 일관된 노력에서부터 단절된 소규모 프로젝트 또는 목표달성 수단의 부재에 이르기까지 광범위하다. 접근방식의 차이가 나타나는 중요한 이유는 문제와 실상에 대한 정부와 국민의 관심 수준이 다르기 때문이라고 볼 수 있다.

Ⅳ. 졸업생과 노동시장

1. 실업률과 취업가능성

Andrews & Higson(2008)은 유럽에서 지식기반경제 조성을 위한 고등교육의 중요성 증가와 관련하여 졸업생들의 취업가능성(employability) 개념은 명확하게 설명하거나 정의하기 어려운 매우 복잡하고 모호한 개념이라고 한다. Pavlin & Svetlicic(2012)은 유럽 19개 국가를 대상으로 졸업 후 5년차인 45,000명의 대학 졸업생들을 조사하면서 취업가능성의 5개 지표인 구직기간(job search duration), 교육프로그램의 실용지향성(practical orientation of study programmes), 학업량(workload in hours), 교육프로그램의 요구수준(programme requirements), 교육프로그램의 직업지향성(vocational orientation of study programmes) 등을 파악하였다. 이를 바탕으로, 다가오는 경제침체기에도 취업가능성 문제가 계속 이어질 것이라고 주장하였다.

이 절에서는 EHEA의 노동시장 상황을 살펴보도록 한다. 취업가능성 연구팀(Employability Working Group)의 개념화에 따르면, 취업가능성의 한 가지 측면은 고등교육 졸업생들의 초기 취업 능력이다. 이 정의에 의하면 고등교육 졸업생들의 실업률을 살펴보는 것은 적절한 출발점이 될 수 있다. 그 이유는 이 비율이 교육받은 젊은이들의 노동시장 전망에 대한 지표를 제공하기 때문이다. 하지만 취업가능성을 측정하는 이 접근법이 한계가 없는 것은 아니다. 취업과 실업은 비단 청년들이 받은 교육의 질에만 의존하는 것이 아니다. 한편으로는 일반적인 경제상황과 노동시장의 변화가 취업기회의 보다 중요한 결정요인들이다. 다른 한편으로는 개인의 취업전망에 영향을 미치는 많은 요인들이 존재하고, 이는 동일한 교육을 받은 모든 졸업생들이 유사한 노동시장 기회를 갖는 것이 아니라는 것을 의미한다. 이런 요인에는 학업방식(전업 혹은 시간제), 학생의 거주지와 이동성, 이전 근무 경험뿐 아니라 연령, 성별, 민족성, 사회계층 등이 포함된다. 졸업생의 개인적 특성과 관련하여 이들이 노동시장에서 직면하는 실제 차별은 취업가능성 담론에서 종종 간과되고 있다. 이 문제 역시 졸업생들의 취업 전망 제고에 대한 고등교육기관의 기여 정도 측정을 곤란하게 만든다.

의미 있는 취업을 한다는 것은 여러 가지 독립적 요인들에 의해 결정되기 때문에, 고등교육기관의 졸업생 취업가능성 향상 능력에 대한 지표로서 졸업생 취업률과 실업률을 활용하는 것은 본질을 오도할 수 있다. 대안적인 방법으로는 졸업생들이 졸업 이후 자신들의 직무만족(job satisfaction)을 표현하는 졸업생 만족도조사 또는 학생들의 역량을 점검하는 취업가능성 검사 등을 들 수 있다. 취업가능성 검사는 취업가능성에 관한 다른 개념화에 기반을 두기 때문에 졸업생 만족도조사가 여기에서 정의한 취업가능성을 측정하는 유용한 도구가 될 수 있다. 유럽에서는 직무만족을 다루는 여러 가지 졸업생조사가 사용되고 있다. 취업가능성의 개념 문제와 함께 자료의 활용가능성 역시 졸업생들의 취업가능성 분석의 제약요인이라고 할 수 있다.

예컨대 학사학위자의 취업가능성은 일부 국가에서는 걱정꺼리이지만 활용가능한 자료가 없어서 학사학위자와 석사학위자의 취업가능성을 분리해서 분석하는 것은 불가능하다. 따라서 여기에서는 졸업생들의 취업전망에 대한 주요 지표로서 졸업생 실업률을 사용한다. 아울러 교육현장에서 업무현장으로의 평균적인 전환 기간에 대한 지표를 포함한다. 또한 지금 사용하는 취업가능성 정의가 후술하는 절에서 설명하는 '의미 있는 직업'(job)을 찾을 수 있는 졸업생들의 능력을 포함한다는 점을 이해하기 위하여 여기에서는 직업의 질 판단에 대한 대리변수(proxies)로서 졸업생의 수입과 자격 부조화에 대한 지표들을 활용한다. 졸업생조사에 따르면 이들 변수들 모두 졸업생들의 직무만족에 영향을 미친다. 실업률은 고등교육 학위의 상대적 가치에 소중한 정보를 제공한다. [그림 4-9]은 교육성취 수준에 따른 20-34세 연령대의 실업률을 보여준다. 연간 표본의 규모가 작아서 2006-2010년의 평균만 제시한다. 이것만으로는 최근 경제변화에 비추어 졸업생들의 취업전망을 분석하기는 어렵다. 평균적으로 교육수준이 보다 높을수록, 청년들의 실업률은 보다 낮아진다. EHEA 회원국의 절반에서 낮은 교육적 성취(ISCED 기준에 의한 0-2인, 대부분 중등교육(secondary education) 이하)를 갖는 청년들의 실업률은 19% 이상이다. 중간 수준 교육을 받은 청년들(ISCED 기준에 의한 3-4인, 주로 중등교육 이상, 고등교육 이하)의 중위수는 10.6%이고, 고등교

그림 4-9 교육성취 수준별 20-34세 연령대의 실업률, 2006-2010 평균

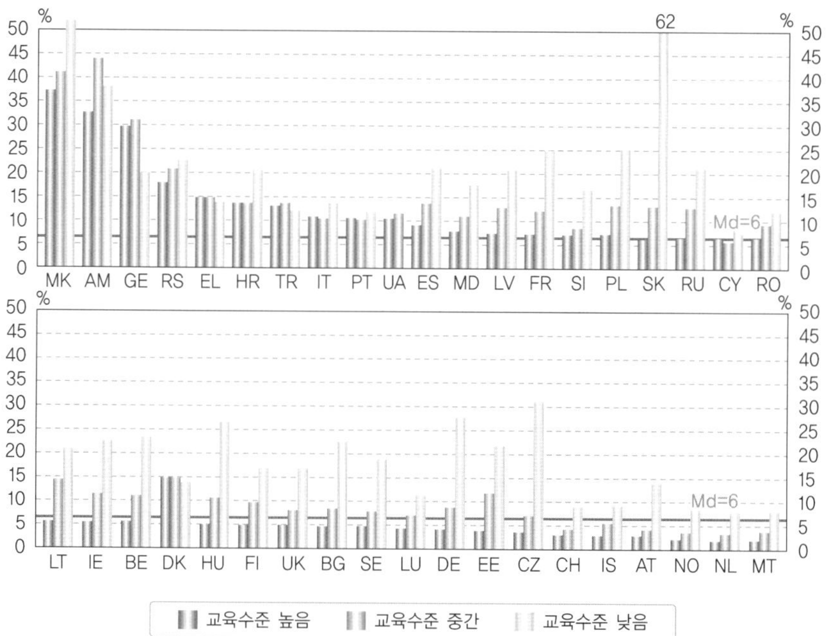

표 4-5 교육성취 수준별 20-34세 연령대의 실업률: 2006-2010 평균

국가	MK 마케도니아	AM 아르메니아	GE 조지아	RS 세르비아	EL 그리스	HR 크로아티아	TR 터키	IT 이탈리아	PT 포르투갈	UA 우크라이나
교육수준 높음	37.2	32.7	29.7	18.0	15.2	13.8	13.3	11.1	10.6	10.6
교육수준 중간	41.1	44.0	31.3	20.9	14.8	14.0	13.6	10.5	10.3	11.5
교육수준 낮음	51.9	38.1	19.9	23.0	13.8	20.5	12.1	13.8	12.1	

국가	ES 스페인	MD 몰도바	LV 라트비아	FR 프랑스	SI 슬로베니아	PL 폴란드	SK 슬로바키아	RU 러시아	CY 키프로스	RO 루마니아
교육수준 높음	9.3	7.9	7.5	7.2	7.2	7.2	6.9	6.8	6.8	6.4
교육수준 중간	13.9	11.0	13.0	12.4	8.5	13.4	13.4	12.9	6.0	9.4
교육수준 낮음	21.2	17.8	20.8	24.7	16.8	25.6	61.7	21.2	7.6	12.1

국가	LT 리투아니아	IE 아일랜드	BE 벨기에	DK 덴마크	HU 헝가리	FI 핀란드	UK 영국	BG 불가리아	SE 스웨덴	LU 룩셈부르크
교육수준 높음	5.8	5.7	5.7	5.4	5.2	5.1	5.1	4.5	4.5	4.4
교육수준 중간	14.5	11.6	11.0	5.4	10.6	9.6	8.2	8.5	7.7	7.0
교육수준 낮음	20.9	22.5	23.5	9.9	26.7	17.1	17.1	22.7	18.9	11.4

국가	DE 독일	EE 에스토니아	CZ 체코	CH 스위스	IS 아이슬란드	AT 오스트리아	NO 노르웨이	NL 네덜란드	MT 몰타
교육수준 높음	4.2	4.1	3.8	3.1	3.0	3.0	2.2	2.1	2.0
교육수준 중간	9.0	12.0	7.0	4.4	5.6	4.4	3.5	3.3	3.8
교육수준 낮음	27.6	21.8	31.1	9.1	9.0	14.1	8.3	7.8	8.1

비고: 조지아와 우크라이나의 자료는 2010년도 자료임. 이런 이유로 중위수(Md) 계산에는 이 2개국을 포함하지 않음. 대다수 중소 국가의 자료는 소규모 표본에 근거를 두고 있음. 또한 자료는 고학력자의 실업률을 기준으로 분류하였으며, 중위수는 고학력자의 실업률을 의미함.

출처: EACEA(2012), p. 113, Figure 5.6.

육 학력을 가진 청년들(ISCED 기준에 의한 5-6인)의 중위수는 6.4%이다.

교육수준(낮음 대비 높음 수준)에 따른 실업률 격차가 가장 큰 회원국은 체코(31% 대 4%)와 슬로바키아(62% 대 7%), 그리고 독일(28% 대 4%)이다. 이들 국가들은 고등교육 학위 취득이 청년들의 노동시장 전망을 최고로 향상시킨다. 대조적으로 교육수준의 낮고 높음에 따른 실업률의 실제 차이가 없는 국가들은 키프로스, 포르투갈, 그리스, 터키이다. 홍

미롭게도 그리스와 터키의 경우 고학력 청년의 실업률이 낮은 교육을 받은 청년들보다 더욱 높다. 조지아에서도 학력수준이 낮은 청년들의 실업률은 20%, 중간 수준인 청년들의 경우는 31%, 그리고 고학력 청년의 실업률은 30%이다.

그럼에도 불구하고 [그림 4-10]이 보여주는 바와 같이, 여성과 남성에 따른 차이가 날 수 있다. 예컨대 교육수준별 실업률이 큰 차이가 없는 그리스와 터키에서도 여성의 경우에는 차이가 난다. 양 국가에서 여성의 실업률은 남성의 실업률보다 높다. 하지만 그리스에서도 여성의 학력이 높을수록 실업 가능성은 감소한다(학력수준이 낮은 여성의 실업률은 24%이고, 학력수준이 높은 여성의 실업률은 18%이다). 터키에서는 취업 전망이 가장 낮은 경우는 학력수준이 중간인 여성들이다. 하지만 낮은 학력수준의 여성들이 실업률은 가장 낮다. 일반적으로 교육수준이 높을수록, 성별 차이는 보다 감소한다. 남녀 모두 중위수는 거의 동일하기 때문에, 평균적으로 고학력 취득은 여성의 취업 전망을 남성보다 더욱 향상시킨다. 이러한 경향이 적용되지 않는 국가들, 그리고 저학력층 가운데 여성 실업률보다 남성 실업률이 높으면서 성별 간 차이가 큰 국가들은 아일랜드, 몰도바, 조지아이다. 하지만 성별 차이 역시 이들 국가들에서도 고학력층에서는 감소한다. 하지만 조지아에서는 고학력층의 남녀 간 차이가 가장 적기 때문에 오히려 고학력층의 실업률은 저학력층의 실업률보다 높다.

교육적 성취와 관계없이 남녀 실업률 간 가장 큰 차이를 보이는 국가는 아르메니아이다. 또 다른 방식은 교육현장에서 업무현장으로의 평균적인 전환기간을 검토해보는 것이다([그림 4-11] 참조). 이 전환기간은 졸업한 날과 첫 직장(최소한 3개월은 근무한)에 출근한 날사이의 기간으로 정의할 수 있다. 모든 회원국에서 고학력자는 중등교육(secondary education) 학력자보다 첫 직장을 보다 빨리 구한다. 이것은 보다 높은 교육적 성취가 실업기회를 감소시킬 뿐만 아니라 보다 짧은 구직기간을

그림 4-10 교육수준별 · 성별 20-34세 연령대의 실업률, 2006-2010 평균

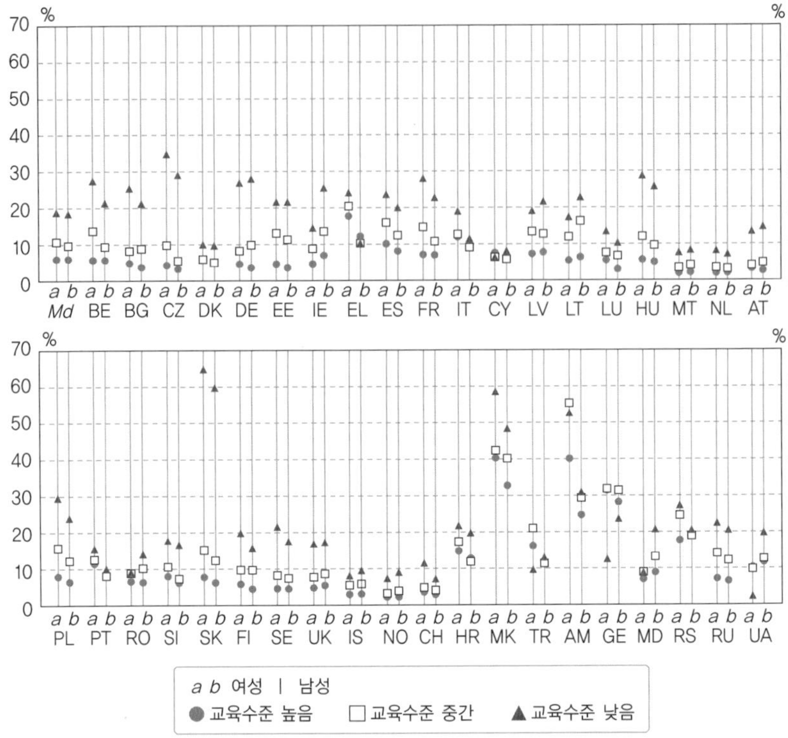

비고: 조지아와 우크라이나의 자료는 2010년도 자료임. 이런 이유로 중위수 계산에는 이 2개국을 포함하지 않음. 대다수 중소 국가의 자료는 소규모 표본에 근거를 두고 있음. 성별 구분은 아일랜드, 체코, 슬로바키아, 스위스, 마케도니아에서는 동일한 이유로 신뢰성이 결여됨. 자료는 고등학력층의 총실업률을 기준으로 분류됨.

출처: EACEA(2012), p. 115, Figure 5.7.

함의한다는 것을 보여준다. 학력수준간 평균적인 전환기간 차이가 가장 큰 나라는 슬로바키아, 불가리아, 폴란드이다. 고학력자들 가운데 교육현장에서 업무현장으로의 평균 전환기간이 가장 긴 국가는 2009년의 경우 그리스(12.2 개월)와 이탈리아(9.8 개월)이다. 가장 짧은 전환기간을 기록한 국가는 아이슬란드(2.1 개월), 몰타(2.6 개월), 에스토니아(2.8 개월)이다. 교육수준간 차이 비교와 함께 고학력층간 차이를 눈여겨 볼 필요가

그림 4-11 교육수준별 교육현장에서 업무현장으로의 평균 전환기간, 2009년

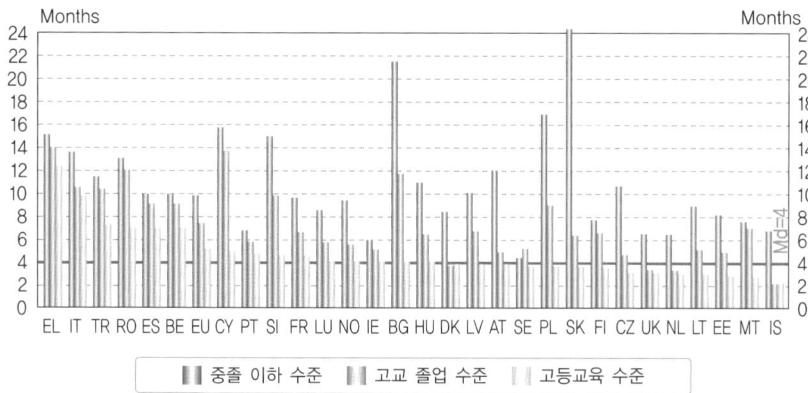

표 4-6 교육수준별 교육현장에서 업무현장으로의 평균 전환기간: 2009년

국 가	EL 그리스	CY 키프로스	RO 루마니아	BG 불가리아	IT 이탈리아	TR 터키	SI 슬로베니아	PL 폴란드	ES 스페인	MT 몰타
중졸이하 수준	15.1	15.7	12.5	21.5	13.6	11.3	14.9	17.0	10.2	7.5
고교졸업 수준	13.9	13.7	12.0	11.7	10.5	10.3	9.8	9.0	8.8	7.0
고등교육 수준	12.2	4.8	7.3	4.1	9.8	7.3	4.6	3.6	7.0	2.6
국 가	**LV 라트비아**	**FR 프랑스**	**FI 핀란드**	**HU 헝가리**	**SK 슬로바키아**	**PT 포르투갈**	**LU 룩셈부르크**	**NO 노르웨이**	**BE 벨기에**	**SE 스웨덴**
중졸이하 수준	10.1	9.6	7.6	10.9	24.3	6.7	8.5	9.4	7.6	4.3
고교졸업 수준	6.7	6.6	6.5	6.4	6.3	5.7	5.7	5.6	5.4	5.1
고등교육 수준	3.7	4.6	3.5	4.0	3.5	4.7	4.2	4.1	5.3	3.6
국 가	**LT 리투아니아**	**IE 아일랜드**	**EU EU**	**AT 오스트리아**	**EE 에스토니아**	**CZ 체코**	**DK 덴마크**	**UK 영국**	**NL 네덜란드**	**IS 아이슬란드**
중졸이하 수준	8.9	5.9	7.4	12.0	8.1	10.6	8.4	6.4	6.4	6.7
고교졸업 수준	5.1	5.1	5.1	4.9	4.8	4.6	3.6	3.3	3.3	2.1
고등교육 수준	3.0	4.1	9.8	3.7	2.8	3.1	3.8	3.0	3.0	2.1

비고: 전환기간은 졸업한 날과 첫 직장(최소한 3개월은 근무한)에 출근한 날사이의 기간을 의미함. 영국의 경우 첫 출근날에 대한 무응답 비율이 상당히 높음. 일부 국가들에서는 군 의무복무 또는 지역봉사의무가 보다 긴 전환기간의 원인이 됨. 불가리아(1.2 개월), 그리스(4.3 개월), 키프로스(2.6 개월), 오스트리아(1.5 개월)가 이에 해당함. 자료는 고학력층의 평균 전환기간을 기준으로 분류하며, 중위수는 고학력자의 평균 전환 기간을 의미함.

출처: EACEA(2012), p. 116, Figure 5.8.

있다.

[그림 4-12]는 20-34세 연령대 고등교육 졸업생들의 실업률을 나타내며, 그래프는 자료 수집 3년 이전에 졸업한 청년들과 3년 이상인 졸업생들을 구분한다. 이 지표는 보다 많은 경험이 있는 청년들의 취업 상

그림 4-12 졸업이후 연수별, 20-34세 연령대 고학력자 실업률, 2006-2010 평균

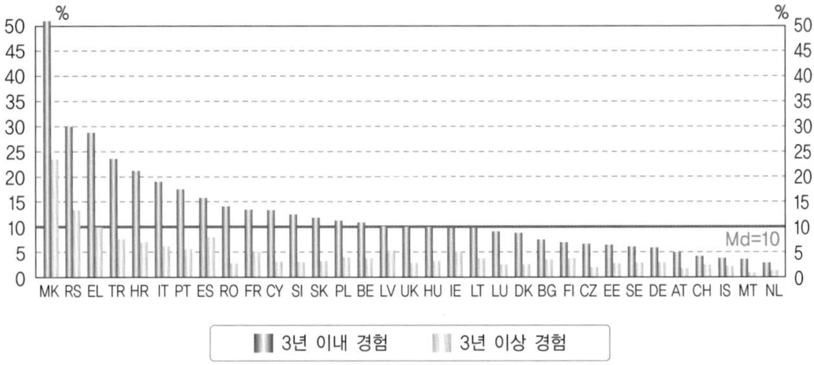

표 4-7 졸업이후 연수별, 20-34세 연령대 고학력자 실업률: 2006-2010 평균

국가	MK 마케도니아	RS 세르비아	EL 그리스	TR 터키	HR 크로아티아	IT 이탈리아	PT 포르투갈	ES 스페인	RO 루마니아	FR 프랑스	CY 키프로스
3년 이내	50.7	30.2	28.9	23.5	21.3	19.5	17.4	15.6	13.8	13.3	13.2
3년 이상	23.4	13.0	10.0	7.3	7.3	6.0	5.5	7.6	2.6	4.9	3.1

국가	SI 슬로베니아	SK 슬로바키아	PL 폴란드	BE 벨기에	LV 라트비아	UK 영국	HU 헝가리	IE 아일랜드	LT 리투아니아	LU 룩셈부르크	DK 덴마크
3년 이내	12.4	11.8	11.1	10.6	10.3	10.0	9.6	9.6	9.5	9.1	8.7
3년 이상	3.0	3.2	3.9	3.6	5.3	2.8	3.1	5.0	3.6	2.4	2.6

국가	BG 불가리아	FI 핀란드	CZ 체코	EE 에스토니아	SE 스웨덴	DE 독일	AT 오스트리아	CH 스위스	IS 아이슬란드	MT 몰타	NL 네덜란드
3년 이내	7.3	6.8	6.7	6.3	5.9	5.7	4.8	4.1	3.8	3.5	2.9
3년 이상	3.3	3.8	1.9	2.9	2.9	2.9	1.9	2.4	2.2	0.9	1.4

비고: 대다수 중소 국가의 자료는 소규모 표본에 근거를 두고 있음. "졸업 후 3년까지" 범주에서 졸업 1년차는 제외함. 자료는 최근 졸업생(자료 수집 이전 졸업 후 3년까지)의 실업률을 기준으로 분류함. 중위수는 최근 졸업생의 실업률을 의미함.

출처: EACEA(2012), p. 117, Figure 5.9.

황과 비교하여 최근 졸업생들의 노동시장 진입 전망을 보여준다. 전반적으로 최근 졸업생들의 실업률은 보다 많은 경험이 있는 청년들의 실업률보다 더 높다. EHEA 회원국의 절반에서 최근 졸업생들의 실업률은 10% 이상이고, 이는 졸업 후 3년 이상 된 청년들의 중위수(3.2%)보다 3배 이상 높다. 최근 졸업생들과 보다 많은 경험을 가진 졸업생간의 차이가 가장 큰 국가들은 키프로스(13.2% 대 3.1%), 루마니아(13.8% 대 2.6%), 슬로베니아(12.4% 대 3%)이다. 반면 가장 차이가 작은 국가들은 핀란드(6.8% 대 3.8%), 아이슬란드(3.8% 대 2.2%), 스위스(4.1% 대 2.4%)이

그림 4-13 졸업한 연수별·성별 20-34세 연령대 고학력층의 실업률, 2006-2010 평균

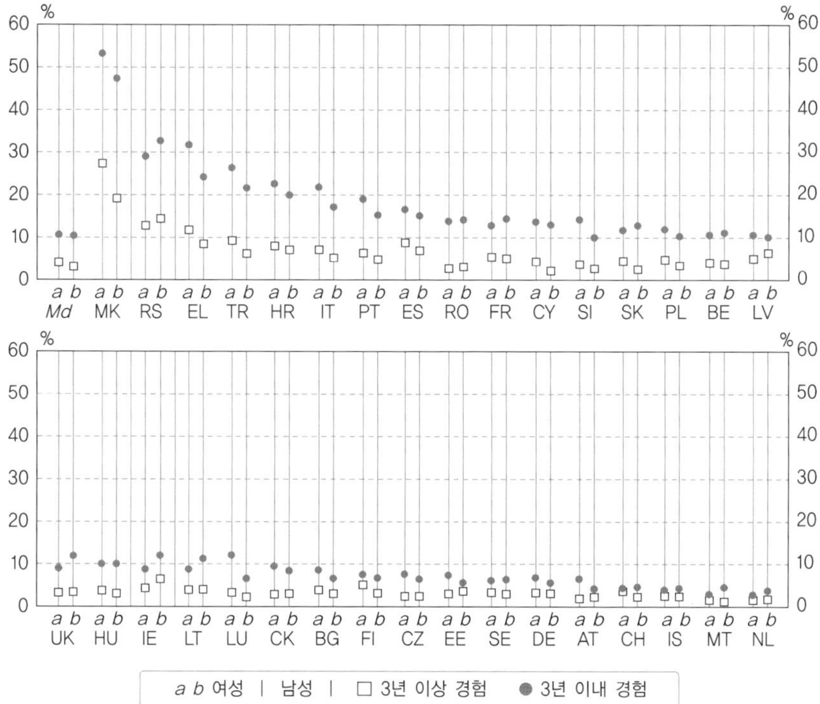

비고: 대다수 중소 국가의 자료는 소규모 표본에 근거를 두고 있음. "졸업 후 3년까지" 범주에서 졸업 1년차는 제외함. 자료는 최근 졸업생(자료 수집 이전 졸업 후 3년까지)의 실업률을 기준으로 분류함.

출처: EACEA(2012), p. 118, Figure 5.10.

다. 최근 졸업생들과 보다 경험이 많은 청년들 간의 차이는 남성과 여성 간에도 비교적 유사하다([그림 4-13] 참조). 자료가 입수된 국가들의 대략 2/3 정도에서 이러한 차이는 여성보다 남성에서 더욱 크게 나타난다. 이 자료는 고등교육 학력 취득이 대부분의 국가들에서는 청년들의 취업가능성을 향상시키지만 또한 최근 졸업생들은 노동시장에서 어려움에 직면해 있음을 보여준다. 이 결론은 실업 지표에 근거한 고등교육기관의 성과평가에 따른 문제들을 조명해준다. 이 자료를 해석하는 다른 방식은 고용주들이 고용 결심을 할 때 직무경험과 같은 요인들을 평가하는 것이다. 이러한 요인들은 고등교육기관의 통제 밖에 있는 것이지만, 고등교육 프로그램에서 취업알선을 포함시키는 것은 현행 실업 패턴을 바꾸는데 도움이 될 수 있을 것이다.

2. 고등교육과 노동시장 적합성

고등교육 졸업자들은 졸업 이후 좋은 직장을 찾아야만 할 뿐만 아니라 이상적으로는 교육을 통하여 얻은 지식·기술과 조화되는 '의미 있는' 직장을 찾아야 한다. 교육적 성취와 직업에 따른 교육적 필요조건 간의 불완전한 조화는 기술(혹은 자격) 부조화를 의미한다. 가장 일반적으로 인용되는 부조화는 수직적 부조화이고, 이런 사례에서는 교육 또는 기술에 대한 획득 수준과 필요 수준 간의 불일치가 존재한다. 졸업생조사에 의하면 수직적으로 부조화되는 것은 직무만족에 강한 부정적(-) 영향을 미친다. 개인 수준에서 수직적 부조화는 교육과다 또는 교육미달(over-education or under-education)의 형태를 취할 수 있다. 교육과다는 자격초과(over-qualification)라고 쉽게 이해할 수 있다. 즉, 졸업생은 직무가 요구하는 것보다 더욱 높은 자격을 갖는다면 자격이 넘치는 것이다. 반대로, 자격미달(under-qualification)은 주어진 직무가 요구하는 것보다 더욱 낮은 자격을 가진 것을 의미한다. 개인의 자격 수준과 어떤 직무들을 수행하기 위한 개인의 기술과 능력 사이에는 불일치가 있을 수 있다. 이것은 교육과다 역시 형식적일 수도 있음을 의미한다. 다른 말로 하면, 개인은 형식적으로는 너무 높은 자격을 갖추고 있지만 동시에 그 자신의 실질적인 역량은 직무 필수조건과 조화를 이룰 수 있다. 그럼에도 불구하고 자격초과 비율을 검토하는 것(즉, 직업분야에서 일하는 사람들에 대하여 자격이 너무 높은 졸업생들의 비율)은 취업가능성 기준에 근거하여 고등교육을 평가하고자 할 때 유용한 출발점이 될 수 있다.

고등교육 졸업생들이 보다 낮은 자격을 필요로 하는 직업을 선택하는 현상은 여러 이유로 인해 발생할 수 있다. 첫째, 그것은 고등교육기관이 졸업생들에게 교육하는 기술이 취업요구사항과 조화되지 않음을 가리킬 수 있다. 이런 경우에는 취업가능성 고취 수단들(employability-enhancing measures)이 자격초과 비율을 감소시키는 데 기여할 수 있다. 하지만 고등교육기관들이 통제할 수 없는 자격 부조화에 영향을 미치는 다른 많은 요인들이 존재한다. 예컨대 고등교육 졸업생들 모두에 대하여 보다 높은 자격을 요구하는 직무들이 충분하지 않을 수 있다. 이 현상은 기술 잉여(skills surplus)로 설명할 수 있고, 교육시스템과 노동시장 요구 사이의 관계에 대한 노동시장의 예측과 검토를 통하여 또는 기술혁신을 촉진시킴으로서 감소시킬 수 있다. 그렇지 않으면 졸업생들은 노동시장 결함 혹은 차별로 인해 조화되는 직무를 찾거나 얻을 수 없을 수 있다. 성별 혹은 태생(자국, 외국)에 따른 자격초과 비율, 특히 참여율과 비교하여 이런 문제들이 나타날 수 있다. 이런 경우에 적절한 정책대응은 주로 노동시장에 집중된다. 이 절에서는 '국제직업기준분류(ISCO)에 의한 직업수준 4-9[6]에 해당하는, 고등교육 학력을 필요로 하지 않는 직위를 차지하는 고등교육 학력의 청년 비율'이라고 정의되는 자격초과를 검토한다. 이 지표에 의존하는 것이 많은 한계를 갖고 있지만, 이 가운

6) 국제직업기준분류(International Standard Classification of Occupations: ISCO) 직업수준 4-9(occupation level 4 to 9): 학사학위(first stage of tertiary education) 미만의 학력을 요구하는 기술수준에 해당함.

데 무엇보다도 주어진 직업 범주별로 고정된 교육수준을 할당하는 것은 변화하는 직업세계에서는 적절하지 않다는 점이다. 또한 동일한 직업 범주 내에서도 나타날 수 있는 차이를 간과하고 있다. 이러한 이유로 인해 자기진단(self-assessment)이 직업적 기준에 근거를 둔 방법보다도 수직적 부조화에 대한 보다 정확한 측정이 된다고 확인되었다. 더욱이 직업적 분류에 근거를 둔 수직적 부조화를 측정하려고 시도한다고 할지라도, 보다 상세한 직업범주 목록이 필요하다.

그럼에도 불구하고, 이 지표는 심층분석을 위한 출발점이 될 수 있다. 2010년도 자료에 근거한 [그림 4-14]는 고등교육 자격을 필요로 하는 직업과 그렇지 않은 직업에 취업한 25-34세 연령대 청년들의 비율을 보여준다. 자료가 수집된 국가들의 경우, 대략 고등교육학력자의 1/5은 고등교육을 필요로 하지 않는 직업에 종사하고 있어서, 취업한 직업에 대비하여 자격이 초과된 것으로서 간주할 수 있다. 이 비율은 고등교육의 '대중화'와 증가하는 고등교육 참여율에도 불구하고, 2000년과 2010년 사이에 아주 안정적이다. 이는 자격초과 비율이 학생수 증가보다 기술혁신과 노동시장 구조에 의해 더욱 영향을 받고 있음을 시사한다. 자격초과율의 중위수는 18.1%이다. 조사된 국가 가운데 30% 이상의 자격초과율을 보인 국가들은 불가리아(30.0%), 그리스(30.1%), 이탈리아(30.4%), 아일랜드(37.0%), 키프로스(37.6%), 스페인(38.0%)이다. 또한 자격초과율이 15% 미만인 국가들은 슬로베니아(14.1%), 아이슬란드(13.9%), 루마니아(13.2%), 슬로바키아(11.6%), 크로아티아(11%), 체코(9.2%), 룩셈부르크(5.1%)이다. 자격초과율의 성별 차이는 그다지 나타나지 않고 있다([그림 4-15] 참조). 평균적으로 여성들이 자격수준 이하의 직업을 더 취할 것 같지만, 이 점도 국가마다 상이하다. 예컨대 몰도바와 러시아에서는 남성들이 여성보다 거의 두 배 이상 자격초과인 것으로 나타났다. 반면, 핀란드와 헝가리에서는 여성들이 자격초과인 경우가 남성보다 1.4배 정도 많다.

그림 4-14 25-34세 연령대 고등교육 학력자(ISCED 5-6)의 직업 분포, 2010년

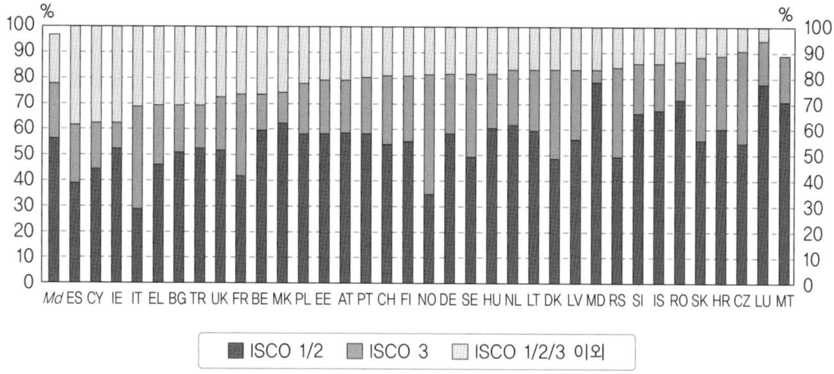

보기: ■ ISCO 1/2: 국회의원, 고위공무원, 관리자, 전문가 등
■ ISCO 3: 기술자, 전문가 등
□ ISCO 1/2/3 이외: ISCO 1, 2, 3에 속하지 않는 직업을 가진 경우

표 4-8 25-34 연령대 고등교육 학력자(ISCED 5-6)의 직업 분포: 2010년

국가	ES 스페인	CY 키프로스	IE 아일랜드	IT 이탈리아	EL 그리스	BG 불가리아	TR 터키	UK 영국	FR 프랑스	BE 벨기에	MK 마케도니아	PL 폴란드
ISCO 1/2	38.7	43.7	53.0	28.5	45.7	51.2	53.2	51.9	41.3	60.1	63.0	58.3
ISCO 3	23.3	18.8	10.0	41.0	24.3	18.8	17.2	21.6	32.4	13.7	11.5	19.8
ISCO 1/2/3이외	38.0	37.6	37.0	30.4	30.1	30.0	29.6	26.5	26.2	26.2	25.5	21.9

국가	EE 에스토니아	AT 오스트리아	PT 포르투갈	CH 스위스	FI 핀란드	NO 노르웨이	DE 독일	SE 스웨덴	HU 헝가리	NL 네덜란드	LT 리투아니아	DK 덴마크
ISCO 1/2	58.6	58.8	58.7	54.4	55.5	34.4	58.6	49.3	60.8	61.9	60.5	48.0
ISCO 3	20.8	20.9	21.9	26.8	26.2	47.8	23.6	33.0	21.7	21.7	23.2	35.9
ISCO 1/2/3이외	20.6	20.4	19.4	18.7	18.4	17.8	17.8	17.7	17.5	16.5	16.3	16.1

국가	LV 라트비아	MD 몰도바	RS 세르비아	SI 슬로베니아	IS 아이슬란드	RO 루마니아	SK 슬로바키아	HR 크로아티아	CZ 체코	LU 룩셈부르크	MT 몰타
ISCO 1/2	56.7	78.8	50.3	67.0	68.3	71.9	56.1	60.8	55.0	78.0	71.4
ISCO 3	27.4	5.5	34.4	18.9	17.9	14.9	32.3	28.3	35.8	16.9	17.9
ISCO 1/2/3이외	15.8	15.8	15.3	14.1	13.9	13.2	11.6	11.0	9.2	5.1	:

비고: 룩셈부르크, 몰타, 슬로베니아, 크로아티아, 마케도니아의 자료는 작은 표본 규모로 인해 신뢰성이 결여됨. 룩셈부르크, 몰타, 아이슬란드 자료는 표본 규모가 매우 작아서 수록하지 않음. 자료는 ISCO 1/2/3에 속하지 않는 직업을 가진 사람들의 비율을 기준으로 분류함.

출처: EACEA(2012), p. 122, Figure 5.13.

그림 4-15 25-34세 연령대 고등교육 학력자 직업의 성별 분포(2010)

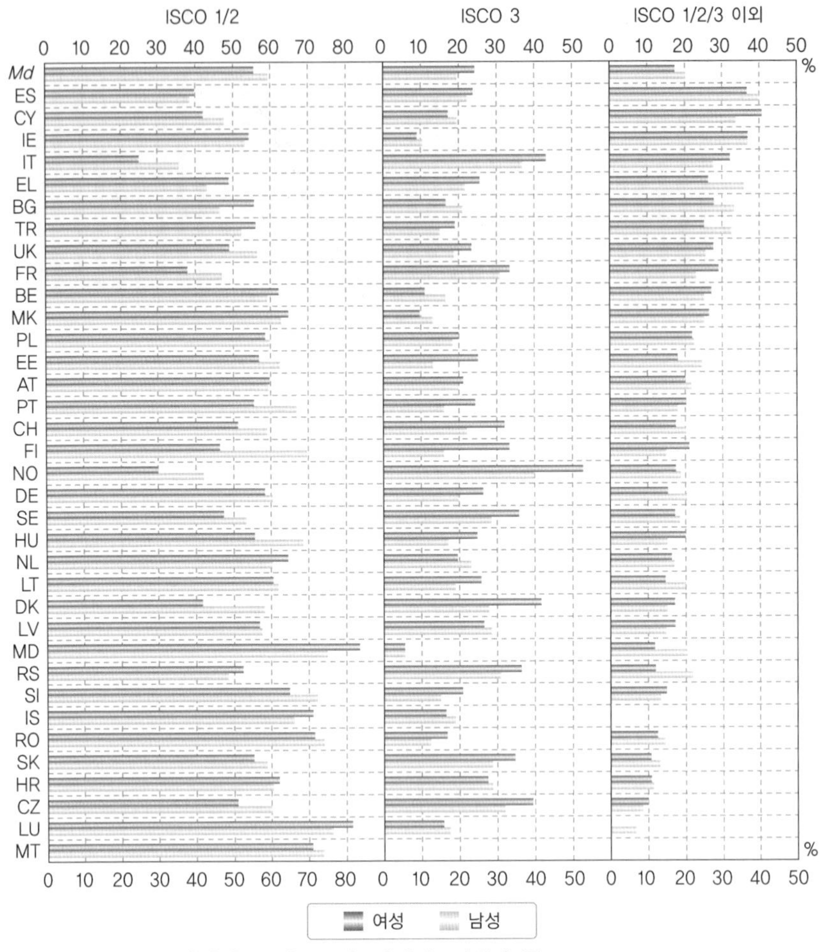

보기: ISCO 1/2: 국회의원, 고위공무원, 관리자, 전문가 등
ISCO 3: 기술자, 전문가 등
Not ISCO 1/2/3 이외: ISCO 1, 2, 3에 속하지 않는 직업을 가진 경우

비고: 룩셈부르크, 몰타, 슬로베니아, 크로아티아, 마케도니아의 자료는 작은 표본 규모로 인해 신뢰성이 결여됨. 룩셈부르크, 몰타, 아이슬란드 자료는 표본 규모가 매우 작아서 수록하지 않음.
자료는 ISCO 1/2/3에 속하지 않는 직업을 가진 사람들의 비율을 기준으로 분류함.

출처: EACEA(2012), p. 123, Figure 5.14.

[그림 4-16]은 고등교육 졸업생들의 학문분야별 수직적 부조화 수준을 보여준다. 자료를 보면, '서비스' 직종의 청년들이 자신의 학력수준 이하의 직무를 가장 많이 택하고 있음을 보여준다. 조사된 국가들의 절반에서 청년들의 44% 이상이 서비스 직종에서 자격초과인 것을 알 수 있다. 그리스와 키프로스는 자격수준 이하의 직업을 가진 청년들이 3/4 이상으로 서비스 직종에서 가장 높은 자격초과율을 보이고 있다(그리스 76.2%, 키프로스 81.5%). 서비스 직종의 자격초과율이 가장 낮은 국가는 체코이지만, 그곳 역시 29.8%이다. 가장 낮은 자격초과율을 보인 학문분야는 보건과 복지(중위수: 10.5%), 그리고 교육학(12.7%) 분야이다. 이들 분야의 자격초과율은 국가마다 다양한데, 보건과 복지 분야에서는 체코(5.5%)와 스페인(25.1%)이 큰 차이를 보이고 있고, 교육학 분야에서는 터키(5.7%)와 스페인(26.6%)이 두드러진 특징을 보인다. 하지만 이 자료

그림 4-16 25-34세 연령대 고등교육 학력자의 학문분야별 수직적 부조화, 2006-2010 평균

	중위수	최소값	최대값
1. 교사교육 및 교육학	12.7	5.7	26.6
2. 인문학, 외국어 및 예술	28.1	11.1	38.6
3. 사회과학, 경영 및 법학	24.0	10.5	46.7
4. 과학, 수학 및 전산학	17.1	3.7	27.4
5. 공학, 생산 및 건설	21.0	6.9	52.0
6. 농학 및 수의학	36.8	25.0	42.0
7. 보건 및 사회복지학	10.5	3.5	25.1
8. 서비스 분야	43.9	29.8	81.5

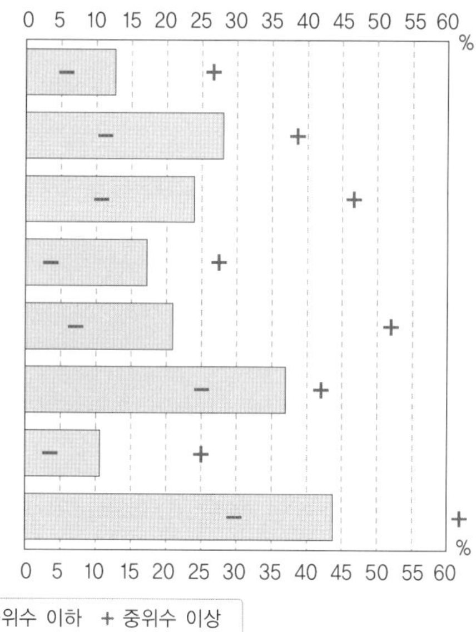

출처: EACEA(2012), p. 124, Figure 5.15.

는 모든 회원국에서 모든 학문분야를 대상으로 수집되지 않았음을 염두에 두어야 한다. 졸업생들이 자신의 자격수준과 조화되는 직업을 찾을 수 있는 능력에 대해서는 국가와 학문 분야 간에 큰 차이가 있다. 하지만 국제직업분류기준(ISCO)에 근거하여, 자격과 기술수준 간 잠재적 불일치가 있을 수 있다는 자료의 한계도 고려해야 한다. 수직적 부조화의 정도와 국가별 · 학문분야별 차이 이외의 원인들을 고찰하기 위한 보다 심층적 분석이 필요하다.

3. 교육수준에 따른 소득

교육수준에 따라 개인 소득은 차이가 나는 것으로 알려져 있다. 즉, 교육수준이 높으면 개인 소득도 증가한다는 것이다. Jacobs & van der Ploeg(2006)은 교육 투자로 인한 개인 소득 증가는 기술 프리미엄(growing skill premium) 때문이라고 한다. 숙련 근로자와 미숙련 근로자 사이의 임금불평등이 산업화 국가들에서 증가됨에 따라 교육수준에 따른 개인 소득 격차도 발생했다고 한다. 기술 프리미엄 증가에 대한 설명을 '기술 변화에 기반한 기술'(skill biased technological change)이라고 한다. 이는 상대적으로 숙련 근로자(skilled workers)들에 대한 수요를 증가시킨다는 것이다. 결과적으로 기술 축적을 자극하는 것은 숙련 근로자들의 상대적 공급을 증가시킬 뿐만 아니라 숙련 근로자에 대한 상대적 수요도 증가시킨다는 것이다.

OECD(2011)에 따르면, 소득은 사람들의 교육 수준과 일치하여 증가하는 경향이 있다고 한다. 특히 고등교육의 소득 프리미엄은 상당하며, 조사된 국가들의 절반 이상에서 고등교육 미만의 학력자들에 비하여 50% 이상 소득이 높다고 한다. 다음 [그림 4-17]은 25-64세 연령대에서 교육수준에 따른 소득을 비교하고 있다.

그림 4-17 교육수준별 상대적 소득: 2009년도 또는 가장 최근 연도

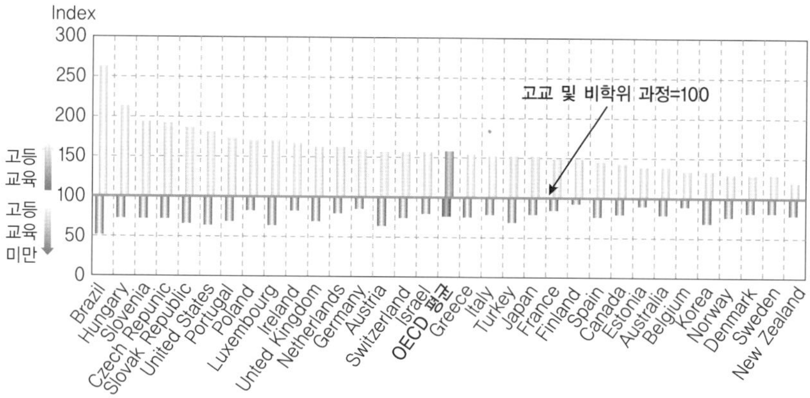

출처: OECD(2011), p. 39, Figure 2.1.

또한, EACEA(2012)에 따르면 고등교육 학력자의 예상 소득은 졸업자들의 노동시장 전망에 대한 담론의 일부를 형성한다. 그 전제는 고등교육 성취와 그로 인한 교육에의 보다 높은 투자 수준은 졸업 이후에 보다 좋은 급여를 받는 직업으로 보상되어야 한다는 것이다. 취업가능성 개념에서 보면, '의미 있는' 직업에 대한 정의는 그로 인해서 취득되는 소득(경제적 보상으로서 보이는)을 포함할 수 있다. 졸업생조사는 임금과 직무만족 간의 긍정적(+) 관계를 보여준다. 그럼에도 불구하고 취업가능성을 측정하기 위하여 소득기반 지표를 활용하는 것은 취업과 실업에 관한 지표들과 유사한 한계점을 갖고 있다. 비록 교육에 따른 소득수준이 국가마다 상이하지만, 교육 성취와 소득 간 관계에 대한 전제는 EHEA에도 해당한다.

[그림 4-18]은 고등교육 학력을 취득함에 따른 부가가치를 확증하면서 교육적 성취에 의한 EHEA에서의 취업자들의 20, 50, 75% 수준을 보여준다. 자료를 보면, 고등교육을 이수한 자들의 총소득(gross income)에 유의미한 영향을 미친다. 2010년도에 고등교육 학위자인 취업자들의 중위수는 낮은 교육수준인 취업자들의 중위수보다 두 배가 되었고, 중간

수준인 취업자들의 중위수보다 60% 이상 더욱 높다. 고등교육 학력을 가진 취업자들의 경우 하위 25% 수준만이 구매력 기준(Purchasing Power Standard: PPS) 15,000유로 미만의 연간 총소득을 보이지만, 중간 수준(50%)은 최소 26,000유로(중위수), 그리고 상위 25%는 40,000유로 이상의 소득을 올렸다. 물론 고등교육이 보다 높은 소득에 대한 보증은 아니다. 낮은 교육수준의 취업자가운데 상위 25%는 구매력 기준 20,000유로 이상의 소득을 올렸다. 소득에서의 이러한 차이는 모든 고등교육 졸업자들이 고등교육 학력을 요구하는 업무를 수행하는 것은 아니라는 사실과 연관지어 생각할 수 있다.

그림 4-18 구매력 기준 교육수준별 취업자의 연간 총소득(구매력 기준): 2010년

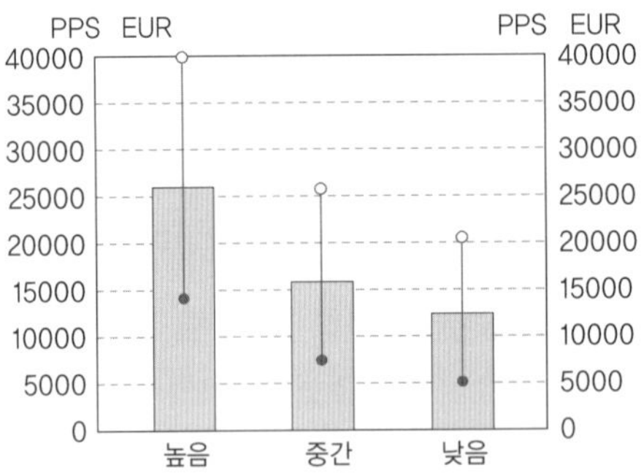

	P25	P50	P75
	●	▭	○
교육수준 높음 (고등교육 졸업)	14.349	25.760	39.724
교육수준 중간 (고교 졸업)	7.385	15.733	25.847
교육수준 낮음 (중졸 이하)	5.237	12.419	20.756

P25/P50/P75-퍼센타일 25/50/75

비고: 오른쪽 표는 각 교육수준별 집단의 25%, 50%, 75% 수준의 연소득을 의미함. 연소득은 취업자 개인 소득의 '취업자 현금 혹은 현금화 수입'과 '취업자 비현금화 수입' 변수를 근거로 계산함. 연령대는 16세 이상.

출처: EACEA(2012), p. 120, Figure 5.11.

[그림 4-19]는 국가별 고등교육 학력인 취업자들의 연소득 중위수와 보다 낮은 교육 수준인 취업자들의 연소득 중위수 간의 비율 차이를 보여준다. 2010년 자료는 모든 국가에서 고등교육을 마친 취업자들의 연소득 중위수는 중등교육 정도의 교육수준을 마친 취업자보다 높다. 연소득에서 고등교육을 마친 효과는 스웨덴과 덴마크에서 20% 정도에서부터 포르투갈, 리투아니아, 라트비아에서는 100%에 이르기까지 범위

그림 4-19 **고등교육 학력자와 고등교육 미만 학력자의 연소득 중위수 격차 비율, 2010년**

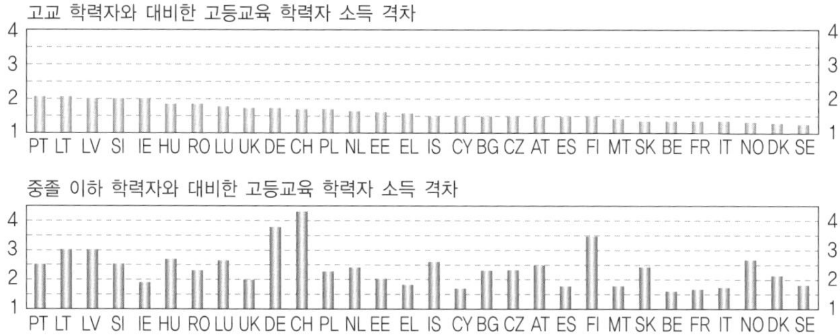

비고: 키프로스와 아일랜드는 2009년도 자료임. 연령대는 16세 이상.
자료는 고등교육 학력자(tertiary education)와 고교 학력자(upper secondary education)들의 연소득 중위수 비율 차이를 기준으로 분류하였음.
출처: EACEA(2012), p. 120, Figure 5.12.

가 다양하다. 고등교육 학력 취업자들의 연소득과 중졸 이하 학력인 취업자들의 연소득 간의 차이는 더욱 다양하다. 가장 격차가 적은 국가(60% 정도)들은 벨기에와 프랑스이며, 스위스에서는 고등교육 학력 취업자들의 연소득이 중졸 이하 학력인 취업자들보다 4배나 많았다. 이런 높은 비율은 고등교육 학위 취득에 대한 높은 프리미엄을 의미한다.

4. 졸업생의 취업가능성 향상을 위한 정책

여기에서는 졸업생들의 취업가능성 향상과 관련하여 *Bologna Process Stocktaking Report*(2009)를 중심으로 정리하고자 한다. 이 보고서는 볼로냐 협약 이행사항 점검과 관련하여 각 회원국의 국가보고서의 내용들을 분석한 것이라고 할 수 있다.

1) 졸업생 취업가능성

취업가능성에 관한 볼로냐 연구팀(Bologna Working Group on Employability)은 취업가능성을 초기의 의미 있는 취업을 하거나, 또는 창업하거나, 취업을 유지하고, 노동시장 주위를 움직일 수 있는 능력이라고 정의한다. 각 회원국의 국가보고서는 졸업생들의 취업가능성, 특히 학사 졸업생들의 취업가능성뿐만 아니라 교육과정 개발에의 고용주 참여, 고등교육기관의 질 보장과 거버넌스를 다루고 있다. 회원국들은 졸업생의 취업 통계에 대한 충분한 정보를 제공하지는 않는다. 국가보고서 작성시 모든 학위체계(학사-석사-박사) 졸업생들의 취업상태에 관한 최신 통계자료를 포함하도록 요구하기 때문에, 대부분 국가들은 전반적인 실업 자료를 제공하고 있다. 일부 국가들은 모든 필요한 졸업생 취업 통계를 제공하기도 하지만, 또한 일부 국가는 볼로냐 3단계 학위(박사)체제가 최근에서야 도입되고 아직 박사학위 졸업자가 배출되지 않았기 때문에 졸업생 자료를 제공할 수 없다고 한다. 하지만 취업가능성에 대한 나머지 정보를 통하여 몇 가지 질적 분석이 가능하다.

2) 고용주 참여

회원국의 국가보고서는 또한 졸업생 취업가능성이 고등교육의 가장 중요한 초점가운데 하나이며, 정부와 고등교육기관이 여기에 관심을 기울이고 있다는 것을 보여준다. 여러 국가들이 2007년 런던 회의 이후 모든 고등교육 이해관계자들과 담론의 장을 마련하고 있다. 일부 국가들은 교육과정 개발, 고등교육의 질 보장, 고등교육기관의 거버넌스에 있어서 고용주 및 다른 이해관계자들이 고등교육기관에 참여하도록 의무화하는 법률을 제정하였다.

[그림 4-20]는 회원국에서의 고용주들의 고등교육에의 참여 수준을 보여주고 있다. 먼저 고용주들의 참여는 교육과정 설계에서 가장 많이 나타나고 있다. 그리고 여러 국가에서 고용주들이 교육과정위원회에 참여하고, 교육과정의 승인 및 교육과정에 대한 논의에 참여하고 있다고 한다. 하지만 고등교육기관의 거버넌스와 교육의 질 보장과정에는 고용주들의 참여가 보다 저조하다. 전반적으로 우세한 답변인 '다소'(some)

참여는 노동시장 요구에 대한 모든 학위의 적절성에 대한 보증이 아니기 때문에 개선의 여지가 있다. 취업가능성연구팀은 고용주와 고등교육기관이 여전히 졸업생의 취업가능성 향상을 위하여 서로 협력하는 방법을 배워야만 한다고 지적한다. 졸업생의 직업분야에 대한 준비에 대하여 일부 고용주들의 불만은 오랫동안 알려져 왔다. 그리고 취업가능성 연구 팀 역시 일부 대학들이 글로벌 경제 상황에서 대학의 경쟁력을 위태롭게 할 수도 있는 현상인 취업가능성이 대학의 사명이자 목적의 일부분이 되어야 하는지에 대하여 의문을 갖고 있다고 지적한다. 졸업생의 취업가능성은 런던 회의에서 선언된 바와 같이 고등교육의 핵심 목적가운데 하나라는 점이 강조되어야 한다.

그림 4-20 고용주들의 고등교육에의 참여

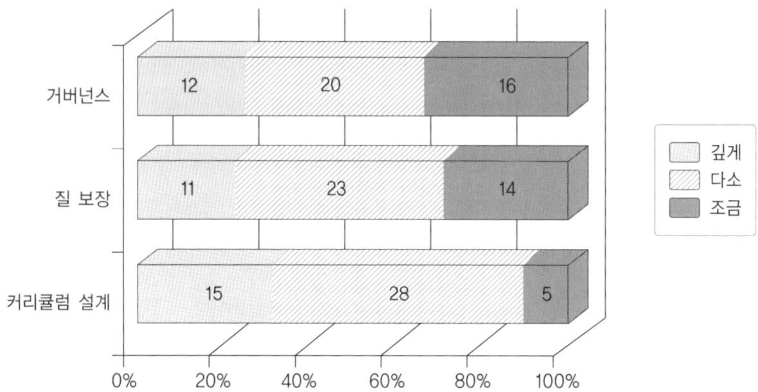

비고: 수치는 해당되는 회원국의 수를 의미.
출처: *Bologna Process Stocktaking Report*(2009), p. 44, Figure 9.

3) 학사 졸업생의 취업과 진학

유럽고등교육권역(EHEA) 회원국들의 학사 학위소지자들의 취업과 진학에 대한 전반적인 통계자료는 아직 마련되어 있지 않다. 그 이유는 아직 여러 국가들은 학사 · 석사 졸업생들을 분리한 통계자료를 제공할 수 없으며, 일부 국가에서는 박사과정 졸업생도 아직 배출하지 못하였기 때문이다. 더욱이 일부 국가는 전반적인 실업 수치(national unemployment figure)에서 고등교육 졸업생의 비율이 제대로 파악되지 않고 있다. 2007년과 마찬가지로 2009년도 국가보고서에서도 여러 국가들은 여전히 볼로냐 체제 또는 "구(舊)" 체제에서 졸업했는지 여부와 관계없이, 고등교육 졸업생들의 취업전망에 대하여 낙관적이다. 이것은 경제와 노동시장의 전반적 상황과 긴밀히 연계된 것으로 보인다. 또한 경제 파동이 취업가능성을 향상시키기 위한 고등교육기관의 노력보다도 졸업생의 취업에 더욱 큰 영향을 미칠 수 있다는 점을 여러 국가가 반복적으로 언급하고 있다.

경제상황의 변화와 더불어 최근 수십 년 동안 고등교육을 이수한 인구가 점점 누적되면서 새로운 졸업생들은 이전보다 더욱 경쟁적인 노동시장에 진입하고 있음을 확인하였다. 지난 2년 내에 학업을 마친 젊은 졸업생들은 보다 경험이 많은 졸업생들보다도 실업에 의해 더욱 영향을 받는다. 학사 학위를 가진 졸업생들의 취업에 대한 관찰 결과는 2007년과 동일하다. 반대 상황도 순수학문 분야 학사 학위소지자들에게서 관찰되지만, 대부분의 전문직 학사 졸업생들은 취업 중이었고 소수만이 진학을 선택했다. 일부 국가에서는 2007년 이래 순수학문 분야 학사 졸업생들의 취업비율이 증가했지만, 이것은 노동시장에서 학사 졸업생들을 보다 많이 수용한 결과라기보다는 최근의 전반적인 경제와 노동시장 상황에 의해 더욱 설명될 수 있을 것이라고 한다.

볼로냐 3단계 학위구조의 도입이후 학사 학위 졸업생들의 취업가능성은 일부 국가에서 중요한 이슈가 되어왔다. 하지만 학사-석사 체제가 오랜 기간 존속해 왔던 국가들의 경우 학사 졸업생들이 성공적으로 노동시장에 진입한다는 사실은 학사 졸업생들의 취업가능성 문제가 고용주들의 인식에 의해 야기된 과도기적 문제일 수도 있고 아니면 학사 학위가 노동시장과 더욱 연관성을 갖도록 하려는 충분한 노력 없이 개혁을 몰아 부친 일부 국가들의 문제일 수도 있음을 시사한다. 아울러 일부 국가들은 순수학문 분야 학사 학위자들이 석사과정에 진학하도록 독려하고자 이들의 노동시장 진입을 독려하지 않았다고 분명하게 밝히고 있다는 점도 주목할 필요가 있다.

이와 같이 이원체계를 가진 국가에서는 대부분의 전문직 학사 졸업생들이 바로 노동시장에 진입한다. 이들 중 일부는 일정 기간 직무경험을 쌓은 후 석사학위과정에 진학할 수 있다. 2009년 국가보고서에서는 졸업생의 취업가능성을 향상시키기 위하여 다양한 방식의 고용주 참여, 즉 교육과정 설계와 개발과정에의 참여, 교육의 질 보장 및 고등교육기관 거버넌스에의 참여, 전문직 준비에의 참여 등을 활용하고 있다. 또한 교육과정과 인턴십 · 취업알선 확대, 국가자격기준의 온전한 이행 등에 핵심역량을 포함시키는 것을 강조하고 있다. 취업가능성연구팀은 졸업생의 취업가능성 향상을 위하여 정부, 고등교육기관, 고용주가 취할 수 있는 방안들을 제시하고 있다. 예컨대 볼로냐 협약과 학사학위의 가치에 대한 인식 제고, 국가자격기준 구축, 고등교육기관과 고용주 간 대화 증진 등을 제시한다.

4) 학사학위와 공직

국가보고서에서는 또한 학사 졸업생들이 다른 졸업생들과 동등한 기반에서 공직을 수행할 수 있는지 여부와, 공직에서의 채용절차와 경력구조가 볼로냐 협약에 따른 변화를 고려하도록 구축되었는지 여부에 대하여 설명하고 있다.

그 결과는 [그림 4-21]에서 알 수 있다. 일부 국가들은 '동등한 기반'(equal footing)이라는 의미를 분명하게 이해하지 못할 수도 있다는 점에 유의해서 결과를 해석해야 한다. 여러 국가들은 학사 졸업생들이 다른 졸업생들과 동등한 기반에서 공직을 수행할 수 있다고 설명하였다. 하지만 일부 국가들은 일부 공직의 직무기술이 보다 높은 학위에 상응하기 때문에 학부 졸업생에게는 개방할 수 없다고 하였다. 여러 나라들은 국가보고서에서 공직 채용절차 또는 관련 법률을 볼로냐 개혁에 맞추어 변경하였다고 설명하였다. [그림 4-21]에서와 같이 회원국의 약 2/3에서 학사학위 소지자들은 공직에 진출하고자 할 때 차별받지 않는다.

그림 4-21 학사학위 소지자의 공직 진출을 위한 방안

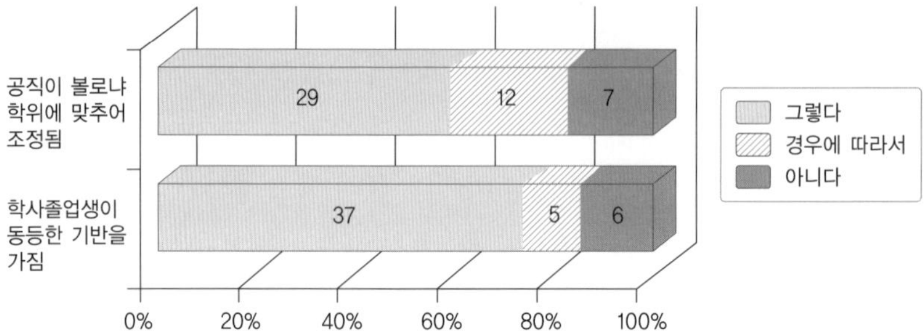

비고: 수치는 해당되는 회원국의 수를 의미.
출처: *Bologna Process Stocktaking Report*(2009), p. 46, Figure 10.

회원국들의 졸업생의 취업가능성 향상을 위한 정책을 요약하면 다음과 같다. 회원국들이 취업가능성이 중요하다고 말하지만, 이 주장을 뒷받침할 수 있는 충분한 자료를 제시하지는 않았다. 학사 졸업생의 증가, 이들이 급변하는 경제적 환경과 노동시장에 미치는 영향, 그리고 졸업생들의 취업 상황을 추적할 수 있는 시스템을 구축하는 것이 회원국의 시급한 현안이라고 볼 수 있다. 노동시장에서 학사 학위의 수용가능성은 볼로냐 개혁에 대한 효과적인 집행, 그리고 각기 상이한 국가들의 전통과 상황에 따라 달라질 수 있다. 회원국들의 국가보고서에서 지적된 취업가능성 문제는 졸업생의 취업가능성을 증진하기 위한 주요 과제들을 제시한 취업가능성연구팀의 연구결과와 일치하는 것으로 볼 수 있다.

V. 종합 논의

EACEA(2012)에 의하면 졸업률을 높이고 졸업생 취업가능성을 개선하는 것은 앞으로도 EHEA의 과제가 될 것이라고 한다. 하지만 취업가능성 측정의 한계와 자료 활용가능성의 차이는 현재 상황을 평가하는 데 있어서 제약요인으로 작용한다. 고등교육 졸업 현황을 파악하는 적합한 지표를 개발하려고 여전히 노력하고 있다. 2008년도 졸업률은 22개 회원국에서 조사되었는데, 졸업률 중위수는 72%이다. 회원국의 다양한 상황은 순입학률과 순졸업률에 대한 통계를 통해 확인할 수 있다. EHEA 회원국 대다수는 졸업률 향상을 위한 적절한 정책을 시행하고 있으나, 실제 입법화된 정책수단의 범위와 내용은 매우 다양하다. 오직 일부 국가만이 졸업하지 못하는 중도이탈에 대한 광범한 원인들을 다루는 포괄적인 국가전략을 채택하였다.

이런 전략들은 국가와 고등교육기관 두 차원에서의 계획들을 연결시키고 고등교육기관과 학생에 대한 인센티브 제공을 포함하고 있다. 더욱이 이런 수단들은 잘 개발된 모니터링 메커니즘을 통해 보완되고 있다. 그 외의 국가들은 비록 졸업률 증가를 직접적인 목표로 설정하지는 않았지만, 광범위한 정책계획들이 졸업률 개선에 기여할 수 있을 것으로 예상하고 있다고 한다. 다른 나라에서는 이 문제를 다루기 위한 수단들이 없거나 혹은 단절된 소규모 프로젝트만 시행하고 있다. 취업가능성 개념이 비록 정책 담론에서는 광범하게 활용되지만, 상황의 개선 또는 개악 여부를 신뢰할 수 있도록 보여주는 지표를 정의하는 데에는 문제가 있다. 대신에 통상 사용하는 자료는 교육수준에 따른 노동시장 상황을 반영하고 있다.

실업률에 대한 통계정보는 고등교육 학력을 취득하는 것이 대부분의 국가에서 청년들의 취업전망을 개선한다는 것을 보여주고 있다. 이와 유사하게, 학력이 높은 사람들은 낮은 학력의 청년집단보다 빨리 취업하고 평균적으로 보다 많은 소득을 얻는다. 하지만 고등교육 졸업생 간에도 차이가 있으며, 최근의 졸업생들은 노동시장에 진입하면서 더욱 어려움에 직면하게 된다. EHEA 회원국의 절반에서는 최근 졸업생들의 실업률이 10%더 높고, 졸업 이후 3년 이상된 청년들의 실업률에 비하여 3배 이상 높은 편이다. 더 나아가, 졸업생의 20% 정도는 취업한 업무에 비하여 자격초과라고 할 수 있고, 특히 서비스업의 경우 고등교육 졸업생의 자격초과 가능성은 더욱 높을 것으로 간주된다. 자격초과 비율은 졸업생 증가보다 노동시장 구조와 기술 혁신에 의해 더욱 영향을 받는다고 볼 수 있다. 하지만 2000년부터 2010년까지 이 비율은 그다지 변화가 없었다. 이것 역시 일반적인 경제상황 변화가 취업기회의 질과 가능성에 영향을 미치는 중요한 요인이며, 이 때문에 취업가능성 정책의 영향력을 평가하기도 어렵다는 점을 인식해야 한다.

참고문헌

Andrews, J. and Higson, H. (2008). Graduate Employability, 'Soft Skills' Versus 'Hard' Business Knowledge: A European Study. *Higher Education in Europe*, 33(4): 411-422.

Bologna Process Stocktaking Report. (2009). Report from working groups appointed by the Bologna Follow-up Group to the Ministerial Conference in Leuven/Louvain-la-Neuve 28-29 April 2009.

Coomans, G. (2012). *The EU workforce and future international migration, in OECD, Free Movement of Workers and Labour Market Adjustment: Recent Experiences from OECD Countries and the European Union*, OECD Publishing. http://dx.doi.org/10.1787/9789264177185-11-en.

EACEA. (2012). *The European Higher Education Area in 2012: Bologna Process Implementation Report.*

Eurostat & Eurostudent. (2009). *The Bologna Process in Higher Education in Europe. Key indicators on the social dimension and mobility.* Luxembourg: Office for Official Publications of the European Communities.

Jacobs, B. and van der Ploeg, F. (2006). Guide to reform of higher education: a European perspective. *Economic Policy*: 535-592.

OECD. (1998). *Redefining Tertiary Education*, OECD Publishing, Paris.

OECD. (2011). How much more do tertiary graduates earn?, in *Education at a Glance 2011: Highlights*, OECD Publishing. http://dx.doi.org/10.1787/eag_highlights-2011-15-en.

OECD/UNESCO Institute for Statistics. (2005). Trend in Eduction Participation and Outputs, in *World Education Indicators 2005: Education Trends in Perspective*, OECD Publishing.

http://dx.doi.org/10.1787/wei-2005-2-en.

Pavlin, S. and Svetlicic, M. (2012). Higher Education, Employability and Competitiveness. *Hacettepe Üniversitesi Egitim Fakültesi Dergisi (H. U. Joumal of Education),* 43: 386-397.

Teichler, U. and Büger, S. (2008). Student Enrolments and Graduation Trends in the OECD Area: What Can we Learn from International Statistics?, in *OECD, Higher Education to 2030,* Volume 1, Demography, OECD Publishing. http://dx.doi.org/10.1787/9789264040663-6-en.

Working Group on Employability, (2009). *Report to Ministers, Bologna Conference,* Leuven/Louvain-la Neuve 28-29 April 2009.

제5장
평생교육

Ⅰ. 서　론

평생교육(또는 평생학습)이라는 용어는 고등교육 분야에 있어 아직까지 공통적으로 합의된 개념에 이르지 못하고 있다.[1] 국가별로 평생교육을 둘러싸고 개념적 이해와 실행에 차이가 있다. 볼로냐 개혁 시작 후 10여 년 동안 평생교육은 고등교육 기관의 공인된 활동이었음에도 불구하고 많은 국가들의 주요 관심에서는 벗어나 있었다. 평생교육에 관하여 볼로냐 개혁에 참여한 국가들의 절반 정도만 고등교육 기관과 일반 기업 및 산업 분야 간의 협력을 촉진하려는 조치를 취하기도 하였다.

유럽 고등교육 사회에서 평생교육의 중요도를 가늠하기 위한 목적으로 관련 기금에 관한 자료를 확보하려는 노력 역시 실효를 거두기 어려웠다. 이는 명확한 개념적 정의의 부재로 평생교육의 범위를 설정하기 어렵다는 점에도 기인하지만, 다른 한편으로는 기금을 제공받는 경로가 통일되지 못한 채 다양하기 때문이기도 하였다(EACEA, 2010). 따라서 유럽사회의 평생교육은 얼마나 많은 국가들이 평생교육을 국가적 과제로 보고 있는가, 어떤 재원을 어떻게 활용하고 있는가를 살펴봄으로써 보다 폭넓게 이해할 수 있다.

평생학습이 볼로냐 프로세스의 핵심 주제 중 한 가지임에도 불구하고 정책 문서 역시 많지 않다. 고등교육을 다룬 조정문서를 만든 국가 중 일부만이 평생학습의 정의를 포함하고 있다. 이러한 문서가 존재하

1) 평생교육(Life-long education)과 평생학습(Life long learning)이라는 용어는 분명한 구분이 없이 사용되고 있으므로, 이 장에서도 뚜렷하게 구분하지 않고 사용한다.

더라도 어떤 활동이 평생학습의 개념에 해당하는지 확정하기가 어렵다. 유럽대학협회(European University Association, EUA)에서 개발하고 루벤 선언에서 장관이 언급한 평생학습에 관한 유럽대학헌장(European Universities Charter on Lifelong Learning)은 이러한 개념을 더 상세히 정의하도록 요구받고 있다(EACEA, 2012).

개념에 대한 철저한 이해나 합의가 없는 상태로, 평생학습은 고등 교육기관의 정규 학위 프로그램과 함께 제공하는 비정규 과정이나 학위 프로그램과 긴밀한 관계를 가지고 있다. 그러나 일부 국가에서 비전통적인 학습자들에게 더 관심을 가져야 할 필요성을 제시한다. 예를 들어 여러 국가들은 비전통적인 학습자들을 위해 유연한 학습 선택 조건을 운영하고 있지만 많은 국가에서 이러한 유연한 학습 경로를 이용하려면 기존의 정규 학습 프로그램에 비해 더 높은 개인의 금전 투자가 필요하다(EACEA, 2012).

이러한 평생교육은 볼로냐 개혁 의제(Bologna process agenda)에서 최우선 과제로 다시 대두되었다. 2009년 장관들은 평생교육을 전체 교육제도의 일부로 규정함으로써 광범위한 참여를 이끌어 낼 수 있다고 강조하였다. 고등교육 분야가 제공할 수 있는 서비스를 확대하고 평생교육의 참여를 증진시키기 위하여, 정부나 관련기관에서는 평생교육을 보다 수준 높은 고등 교육에 포함시키기 위한 노력을 진행하기도 하였다. 각 국가들은 평생학습에 관한 유럽 대학연합헌장(European University Association's Charter) 지침서에 따라서 평생교육을 위한 국가적인 주요 관점과 이슈들을 보고하도록 요청받았다. 각 국가들은 우호적인 법제적 틀을 구상하거나 고등교육기관에 대한 재정적 지원과 장려책의 제공은 물론, 평생교육에의 참여를 확대하고 기업들과의 협력을 촉진할 수 있는 방책 등을 검토한 것으로 보고하고 있다(EACEA, 2010).

Ⅱ. 유럽의 평생교육에 대한 이해

평생교육에 관한 관심과 논의는 지속적으로 증가하고 중요성을 더하고 있으나, 이 의제에 관한 각국의 반응은 아직도 고등교육의 울타리 안에는 광범위하게 인정되는 유럽적 정의, 혹은 국제적인 정의가 없음을 시사하고 있다(EACEA, 2010). 유럽 대학 평생학습헌장은 평생학습이라는 말은 여러 개념을 포용하고 중요한 지역, 지방, 국가적 해석에 따른다고 명시하고 있다. 이는 여러 EHEA 국가들의 각 고등교육 체계에서 이루어지는 평생학습 개념의 이해와 해석 방식이 다양할 수 있도록 공인되었음을 의미하기도 한다(EACEA, 2012). 실제로 '평생교육'이라는 단어의 의미가 광범위하고 국가마다 다르게 해석되고 있으며, 평생교육이라는 개념은 상황과 맥락적 요소에 따라 달라진다.

볼로냐지원그룹(BFUG)의 보고 결과는 고등교육에 관련된 EHEA 국가 조정 문서 다수가 평생학습을 설명하지만 이 용어에 대한 정의는 충분히 제시하지 않음을 지적한다. 정의는 존재하나 너무 광범위하여 '요람에서 무덤까지' 학습이나 개인이 평생동안 하는 모든 공식적, 비공식적인 학습 활동으로 설명한다(EACEA, 2012).

국가적인 배경에 따라서 평생교육은 성인 교육(몰타), 또는 공식적이건 비공식적이건 간에 더 포괄적으로 '비전통적인' 학생들을 지칭(네덜란드와 영국-스코틀랜드)하기도 한다. 또한 '비학위 교육 프로그램'(체코와 슬로바키아)에 국한되기도 한다. 일부 국가에서는, 이 개념이 광범위한 활동과 서비스를 포함하기도 한다. 예를 들면, 시간제, 거리, 혼합 모드, 성인, 이러닝(e-learning), 열린 교육, 야간이나 주말 교육, 지역사회나 봉사활동 교육 등의 용어를 사용하고 있다. 또 다른 국가들에서는 평생교육의 선택 범위를 더욱 제한하여 일반적으로 야간이나 원격교육을 지칭하기도 한다. '시간제' 학생이라는 용어 또한 나라마다 다양하게 정의하여 잠재적인 학생 인구에 관하여 아주 다른 분석결과를 가져온다(EACEA, 2010).

고등교육 기관에서 평생학습을 제공하는 가장 일반적인 방식은 정규 학위 프로그램과 함께 개인에게 제공하는 비정규 과정이었다. 거의 모든 EHEA 국가들이 단기 심화 교육 과정(핀란드), 학위 제도/학습 프로그램 외 과정(교황청 및 세르비아), 개인 개발 과정(영국 – 잉글랜드, 웨일즈, 북아일랜드) 등 다양한 표현으로 비슷한 내용의 제공 방식을 설명하고 있다(EACEA, 2012). 하지만 학습자들에게 정규 학생 지위가 아닌 다른 형태의 공식 지위로 등록할 수 있는 방법을 제공해주면서도 이러한 제공 방식을 설명하지 않는 국가들도 있었다. 이러한 국가로는 아르메니아, 교황청, 라트비아, 몰도바, 루마니아, 슬로바키아 등이 있으며 이러한 국가들은 고등교육 평생학습을 유연한 학습 방식으로 규정하고 정규 고등교육 프로그램에 포함하지 않기도 하였다(EACEA, 2012). 즉 비공식적 개인 과정과 학위 프로그램에 대하여 이들 간의 규정과 정의, 경계가 불분명하다고 할 수 있다.

고등교육에서 자주 볼 수 있는 다른 평생학습 유형으로는 이미 취득한 고등교육 자격을 한 단계 높이기 위한 지속적이고 전문성 지향적인 영역이 있다(EACEA, 2012). 이러한 제공 방식과 관련하여 여러 국가에서는 교사나 의사와 같이 국가적 규제를 받는 전문 분야에 대하여 지속적인 전문성 개발이 필요함을 직접적으로 언급하였다(EACEA, 2012). 직업세계에서의 전문성을 지향하는 평생교육 유형은 EHEA 국가 절반 이상이 언급한 것으로 가장 흔한 평생학습 구성요소로 간주될 수 있다. 예를 들어 이전 학습을 인정하는 주제에 따른 정책적 중요성에도 불구하고 일부 국가만이(벨기에, 에스토니아, 프랑스, 아이슬란드, 이탈리아, 룩셈부르크, 몬테네그로, 네덜란드, 포르투갈, 스위스) 이러한 활동 유형을 언급하였다. 그러나 한편으로 국가에 따라 이러한 유형의 평생학습을 덜 중요하게 언급하는 경우가 나타나기도 한다(EACEA, 2012).

제한된 수의 국가에서 언급한 다른 활동으로는 산업/기업 및 기타 외부 파트너 맞춤형 교육 제공(독일, 헝가리, 이탈리아, 몰타, 몰도바, 네덜란드, 슬로바키아, 영국(스코틀랜드)), 공공 강의, 세미나, 컨퍼런스, 회담, 워크샵(오스트리아, 리히텐슈타인, 몰도바, 슬로베니아, 영국), 목표 지도 및 카운셀링 서비스 (프랑스, 우크라이나, 영국(스코틀랜드)), 비전통적인 학습자를 유치하기 위한 교육 제공 (포르투갈, 영국), 일반 대중의 도서관을 포함한 다양한 고등교육 자원 이용 제공(에스토니아, 우크라이나) 등이 있다. 이러한 활동들은 국가에 따라 고등교육의 평생학습 요소로 포함되지 않기도 하는 것으로 나타났다(EACEA, 2012).

Ⅲ. 평생교육정책과 집행성과

1. 유럽연합 차원의 평생교육 정책

평생교육을 둘러싸고 개념과 제공방식, 유형 면에서 다양성이 혼재하고 있긴 하지만, 유럽연합은 평생교육을 중요한 의제로 고려하고 이에 대한 정책적 방향을 지속적으로 모색해왔다. 2000년도에 들어서 유럽연합 지역의 안정된 경제성장을 위하여 EU 집행위원회(European Council)는 리스본 프로세스(Lisbon Process/Lisbon Agenda)를 수립하였으며 EU 집행위원회는 리스본 전략(Lisbon Strategy)을 통하여 고등교육기관의 문제점을 개선하고자 하였다. 리스본 전략은 유럽연합의 교육적, 경제적 경쟁력을 제고하고 유럽지역 내부의 경쟁구조를 구축하기 위하여 본격적인 지식사회로 전환을 가능하게 하기 위한 방안들이 포함되어 있다(평생교육진흥원, 2008).

이외에도 리스본 전략은 인적자원에 대한 투자와 사회적 계층화 배제를 통한 유럽식 사회 혁신을 추구하고 있다. 이는 사회적 변화에 부합하는 거시적 경제정책을 통하여 건강한 유럽연합의 성장을 도모하기 위한 전략을 지향한다는 것을 의미한다(평생교육진흥원, 2008).

유럽연합에서 평생학습 프로그램에 대한 관심은 사회경제적 환경에 기반을 두고 있다. 2006년 11월 유럽연합 의회 법령에 의해 추진된 평생학습 프로그램(Lifelong Learning Programme: LLP)은 학교교육, 고등교육, 성인교육, 직업교육을 통합하는 교육체제 개혁 시스템 구축의 결과물이다. 이는 유럽연합에서 볼로냐 선언(1999), 리스본 전략(2000)을 통하여 유럽연합 내 과학기술 혁신, 고용 창출, 경제적 성장, 사회적 통합, 교류 활성화를 위하여 종합적이고 일관된 교육시스템 구축이 요구된다는 점에 폭넓은 합의가 이루어졌음을 의미한다. 유럽연합은 통합적 교육시스템을 통하여 글로벌경제체제로 인한 소득 격차와 실업 문제를 해소하고 유럽 연합 국가들 간의 통합적이고 지속가능한 경제발전을 모색하게 되었다(평생교육진흥원, 2008).

평생학습은 초기부터 볼로냐 프로세스의 의제였으며 평생학습을 유럽 고등교육 지역의 필수 요소로 언급한 2001년 프라하 선언에서 특히 두드러지게 부각되었다. 지식기반 사회 및 경제 위에 세워질 미래 유럽에서 평생학습 전략은 경쟁력 과제의 대처, 새로운 기술의 이용, 사회 응집력의 개선, 평등한 기회와 삶의 질의 개선에 필요하다(EACEA, 2012). 이어진 선언들에서 고등교육부 장관들은 평생학습이라는 주제를 다시 논의하여 EHEA의 평생학습 문화를 구축하기 위한 다양한 부분을 강조하였다. 이들은 유연한 학습 경로 개발을 촉진할 필요성과 기존 학

표 5-1 평생학습과 교육적 조치들

2001 프라하 선언	2003 베를린 선언	2005 베르겐 선언	2007 런던 선언	2009 루밴 선언
평생학습(LLL)	국가 LLL 접근 정책 기존 학습의 인정(RPL)	고등교육의 유연한 학습 경로	LLL 파트너쉽에서 취업가능성을 개선하는 고등교육의 역할	강력한 파트너쉽 요구로 취업가능성을 해결할 것을 필요로 하는 공공 책임으로서의 LLL

습의 인정 기회를 창출할 필요성, 국가 자격 체계를 확립할 필요성, 고등교육기관과 고용주를 비롯한 다양한 외부 협력자들과의 긴밀한 협력 관계를 구축할 필요성을 강조하였다(EACEA, 2012).

이러한 평생학습 프로그램의 등장은 사회경제적 성장을 위한 전문성 교육의 지속성을 확보하고 고령화 사회의 노동인력구조 변화에 적합한 직업훈련교육 체제의 필요성에 따라 성인교육의 중요성도 더욱 강조되었다. 유럽연합 국가들 내에서 학생과 교사, 교수, 노동인력을 포함한 각종 인적 교류를 위하여 언어, 기술, 문화이해 교육이 성인을 대상으로 요구되기도 하였다. 또한 BRICs로 대표되는 제 3세계 국가들의 경제적 성장에 따라 인적 교류를 위하여 문화적 이해에 대한 교육과 대응이 필요하게 되었다(평생교육진흥원, 2008). 이러한 사회적 배경은 보다 통합적인 유럽지역 교육 프로그램의 필요성을 강조하는 계기가 되었다.

그림 5-1 EU의 평생학습 프로그램(LLP) 영역

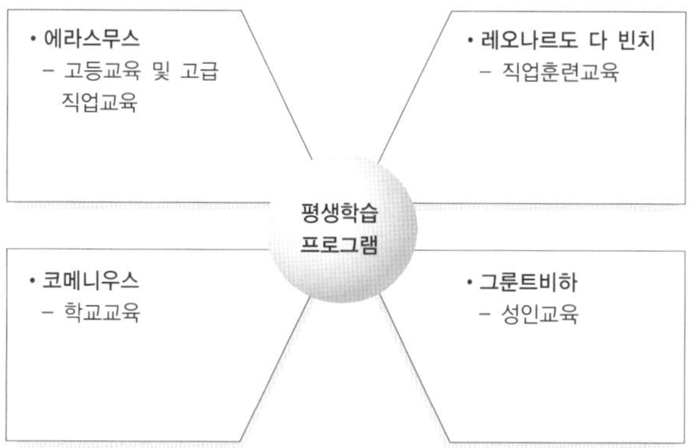

출처: 평생교육진흥원(2008), p. 25, Figure 3.

유럽연합에서 제시한 평생학습 프로그램 중 하나인 코메니우스 프로그램은 유럽지역내의 학교교육을 대상으로 하는 프로그램으로 교육기관 간의 프로젝트기반 파트너십을 활성화할 수 있도록 재정을 지원하는 것을 주요 내용으로 하고 있다. 이 프로그램에는 모든 교육기관의 재학생과 교직원이 대상으로 간주되어 유럽지역 내 국가의 학생들에 대한 장학금 수여를 포함한다. 이 프로그램은 특히 평생교육에 있어 혁신적인 ICT기반의 교육 내용과 교육 서비스, 학습방법을 향상시키는 것을 목표로 하고 있다(평생교육진흥원, 2008).

에라스무스 프로그램은 유럽지역 학생, 교수 및 직원, 대학조직의 교류를 위한 대표적 프로그램이며 유럽지역 내 연구와 교육협력을 촉진하기 위한 내용으로 구성되어 있다. 현재 유럽지역 고등교육기관의 90%가 에라스무스 프로그램에 참여하고 있으며 고등교육기관 개혁 추진의 기반으로써 교류를 활성화시킨다는 점에서 기여하고 있다(평생교육진흥원, 2008).

다음으로 다빈치 프로그램은 기업체 고용활동에 필요한 기술훈련 교육을 지원하는 프로그램으로, 훈련생과 현직근로자의 고용을 지원하기 위한 목적으로 진행되고 있다. 이 프로그램은 근로자가 자기 개발을 위하여 지식, 기술을 습득하고 규정된 자격을 획득하는데 필요한 훈련에 참여할 수 있도록 지원한다. 또한 유럽 전역에서 학습의 기회와 더불어 기업과 조직체들의 사회적 파트너십을 강화하기 위한 다양한 기제를 제공하면서 조직과 기관 간 협력 수준을 향상시키고 있다(평생교육진흥원, 2008).

그룬트비히 프로그램은 성인교육기관과 강사 및 성인학습자를 포괄하여 파트너십과 훈련기회를 제공하기 위한 내용으로 구성되어 있다. 성인교육에 종사하는 이들은 이 프로그램을 통하여 교육과정, 학술대회, 직업교육시뮬레이션에 참여할 수 있고 성인교육기관은 성인학습 모범사례를 발굴하여 제시하고 있다(평생교육진흥원, 2008; 2009).

2. 국가수준의 평생교육 정책

유럽연합 국가들은 1996년을 유럽연합 평생학습의 해로 선포하고 사회적 통합을 촉진하기 위한 목적으로 다양한 정책들을 수립하였다. 2000년대에 들어오면서 유럽연합국가들은 정규교육과 직업훈련체제를 평생교육에 대한 정책에 포함시키기 시작하였다. 이때 평생교육정책은 유럽사회가 지식의 지속적 성장과 확장을 기반으로 하는 경쟁력을 갖출 수 있도록 기여하고 다양한 일자리를 창출하며 지식기반경제 성장을 촉진하는 데에 바탕을 두었다. 이후 유럽연합국가들은 평생교육과 직업훈련을 시민의식 함양을 비롯하여 개인의 직업적 성취, 사회적 적응력을 고취시키기 위한 필수적 수단으로 고려하게 되었다(이성균, 2012).

평생교육을 정책적으로 촉진하기 위하여 유럽연합국가들은 다양한 기관들과 활동가들이 제공하는 평생교육의 기회에 관해서 대중에게 정보를 제공하고 있다. 일부 국가는 이 일을 고등교육 기관이나 노사의 지부에 일임하고 있으며, 다른 국가에서는 중앙에서 정보 캠페인을 조직하고 있다. 볼로냐 개혁에 참여한 대부분의 국가들은 전용 웹 사이트를 통해서 관심이 있는 단체들에게 정보를 제공하고 있다. 볼로냐 개혁에 참여한 국가들의 반 정도는 민간 부문(일반 기업과 산업)과 고등교육 기관의 협력을 강화하기 위한 실질적 조치들을 구체화하고 있다. 이 협력의 범주에는 평생교육 프로그램 개발(예: 헝가리), 고용주 대표와 교육기관 간의 정례적인 토론(예: 체코), 또는 정부와 고등교육 기관, 그리고 기업체 고용주 간의 긴밀한 협력(영국의 웨일즈와 북아일랜드)이 포함되어 있다(EACEA, 2010).

유럽연합국가들은 평생교육을 촉진하기 위하여 학습자의 요구에 새롭게 초점을 맞추고 있다. 물론 학습자에 새로운 초점을 맞춘다는 것은 학습자가 자신의 학습 요구를 파악할 능력이 있으며 자신의 학습 발전 과정을 추적할 수 있고 기관으로부터 얻어야 할 지원이 무엇인지를 파악할 능력이 있음을 전제로 한다. 이러한 방향에서 나타난 흥미로운 조치 중 두 가지만 언급하자면 프랑스의 VAP 계획('validation des acquis professionels', 기존 경험과 업적, 학습의 인정, APEAL, APL이라고도 함), 영국의 Open University 협의 커리큘럼이 있다. 볼로냐 프로세스를 위해 평생학습(Lifelong Learning: LLL)의 차원에서 학습자와 학습자의 다양한 요구에 초점을 맞추는 것은 학습과정에 대한 관심과 학생을 중심으로 한 커리큘럼 개발 접근 방식에 대한 관심이 커진 추세를 반영한다(Sybille & Christian, 2003).

특히 일부 국가의 커리큘럼 개혁의 중심 주제가 된 기술과 역량에 대한 새로운 집중(아일랜드, 영국, 덴마크의 '튜닝(Tuning)' 프로젝트)은 대학의 평생학습 개발 및 통합에 있어 도움을 주고 받을 수 있는 새로운 체제를 수립하였다. 이른바 학습방법의 학습(learning-to-learn) 기술은 평생학습 전략의 핵심일 뿐만 아니라 국가 및 유럽 차원에서 개발되는 다양한 주제의 벤치마크로 활용되는 학습 성과의 주요 내용이기도 하다. 2003년 프라하에서는 평생학습 환경에서의 학업 인정 및 학점 체계에 관하여 논의하고 평생학습 전략을 자격 체계, 수준 인정 방법, 학습 성과, 기술 및 역량의 인정 방법과 연결할 필요가 있음을 강조하였다(Sybille & Christian, 2003).

유럽국가는 평생교육의 성공적 수행을 위하여 광범위한 정책 개발에 많은 노력을 기울이고 있다. 평생학습은 프라하 선언을 통해 볼로냐 조치의 목록에 추가되었기 때문에 이전의 동향 보고와 종적 비교를 할 수가 없다. 하지만 최근 유럽 교육에 관한 다른 정책 이벤트가 평생학습의 문제를 특히 가시적으로 만들었다(Sybille & Christian, 2003). 이러한 동향을 지켜본 많은 관찰자들이 정책 개발 측면의 높은 활동 수준과는 반대로 고등교육기관의 낮은 발전 수준의 차이를 강조하였다. 하지만 기관의 발전과 국가적 장려는 밀접한 관련이 있다. 고등교육기관의 평생학습에 대한 참여는 정부의 전반적인 고등교육 보조금 감소, 유럽 전역의 고등교육 참여율 증가에 따른 정규 교육 제공 확대 압력, 고등교육기관의 연구 성과에 대한 압박과 같은 조건으로 인하여 큰 어려움을 겪고 있다(Sybille & Christian, 2003).

국가 평생학습 정책의 필요성은 의문을 제기할 수 없으며 2000년 11월 유럽연합 집행위원회 평생교육 각서에 대한 논의의 차원에서 강력하게 추진되었다. 2003년 동향 조사 결과 2003년 다수의 국가가 평생교육 전략 개발 의향이 있거나 실제 개발 중인 것으로 나타났다([그림 5-2] 참조). 이러한 정책은 이미 벨기에, 덴마크, 핀란드, 프랑스, 아이슬란드, 아일랜드, 네덜란드, 노르웨이, 폴란드, 슬로바키아, 스웨덴, 영국 등 볼로냐 가입국 중 1/3이 마련한 상태다. 이러한 정책이 고등교육에 초점을 두는 정도 또는 평생교육 육성을 위한 다양한 부문의 정확한 역할을 지정하는 정도는 앞으로 지켜봐야 할 것이다(Sybille & Christian, 2003).

정책 개발 의도가 유럽연합 집행위원회의 평생학습에 관한 각서가 만들어낸 직접적인 성과인지, 발표 후 이루어진 광범위한 국가적 논의

그림 5-2 **국가 차원에서 개발된 평생학습(LLL) 전략**

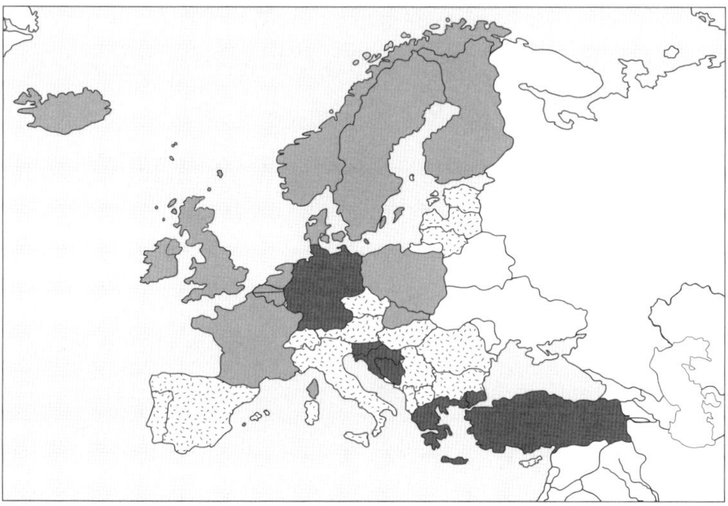

- 한 번 이상 (13)
- 초기 단계에서 한 번 이상 (16)
- 계획 단계 한 번 이상 (7)

출처: Reichert & Tauch(2003), p. 92, Figure 15.

결과인지는 확언하기가 어렵다. 물론 여러 국가에서 그러한 정책 개발은 이미 유럽연합 집행위원회가 추진하기 전에 정해졌으며 이러한 국가들은 제시된 그림과 같이 평생교육 전략이 이미 개발 중임을 보고하였다. 또한 유럽연합 집행위원회의 각서는 유럽연합 집행위원회가 국가 정책입안자들의 반응을 요구하는데 아마도 가장 효과적이었음을 고려하여 국제 기관이 평생교육에 대한 관심을 유도하기 위한 일련의 시도 차원에서 봐야 한다.

평생교육의 개념은 모든 개인에게 평생 교육 훈련 기회를 제공하는 일관된 전략을 개발하는 것을 중심 개념으로 하여 이미 1960년대 후반 유럽 의회와 UNESCO, OECD에 '회귀 교육'(recurrent education), '성인 교육'(adult education), 'education permanente'이라는 이름으로 거의 동시에 등장하였다. 한 세대가 지난 후 21세기 교육에 관한 UNESCO 보고서는(Delors 주도) 고등교육 기관의 역할을 강조하여 신흥 지식 사회의 학습 구심점을 제시하였다. 저자들은 이 보고서를 "교육계의 점점 줄어드는 에너지를 동원하는, 또는 의사결정권자들에게 충분하지 않은 자원을 교육에 더 많이 투입하도록 확신을 주는 '필요한 천국'으로 보았다. 이후 세계 고등교육회의(World Conference on Higher Education)에서 UNESCO가 이끄는 고등교육 토론과 평생학습(LLL)이 원칙이 현재 역사 단계에서 고등교육기관에게 부여된 중요한 과제이자 임무로 정책이나 제안에 통합되었다.

한편 OECD는 개념적인 접근방식에서 보다 실증적인 분석으로 전환하여 평생교육이라는 용어로 다양한 환경의 공식적, 비공식적 학습을 강조하였다. OECD는 또한 학습 체계의 조직, 관리, 재무에서 책임의 공유(shared responsibility)를 강조하였다(Sybille & Christian, 2003).

2008년 프랑스 당국의 요청에 따라 유럽대학협회(EUA)는 대학에서 제공한 의견과 정부에서 제공한 의견을 포함하여 유럽대학 평생학습 헌장을 작성하였다. 이 문서는 EUA 회원 대학과 총장 회의, 광범위한 유럽 고등교육 관련 기관들의 논의에 기초하여 작성되었다. 이들의 노력은 학생 인구의 다각화와 모든 형태의 이전 학습을 인정하기 위한 체계의 구축을 목표로 평생학습의 다양한 측면, 특히 유연하고 합리적이며 혁신적인 프로그램 제공을 확보해야할 필요성을 다룬다. 이 헌장은 또한 고등교육기관과 다양한 관련자들이 여러 측면에서 구조화된 논의를 강화할 필요성을 언급한다(EACEA, 2012).

볼로냐지원그룹(BFUCT) 보고의 목표 중 한 가지는 각 EHEA 국가가 유연한 고등교육 프로그램 제공을 촉진하는지, 한다면 어느 정도로 촉진하는지를 파악하는 것이었다. 중앙 기관이 제공한 정보에 따르면 실질적으로 모든 EHEA 체계에 유연한 고등교육 제공을 촉진하는 정책이 마련되었다. 하지만 국가마다 정책 지원을 매우 다른 관점에서 바라보고 여러 가지 정책 조치를 언급하기도 하였다(EACEA, 2012).

여러 국가와 지역(아르메니아, 아제르바이잔, 벨기에 프랑스어 공동체, 보스니아 헤르체고비나, 불가리아, 크로아티아, 체코, 조지아, 그리스, 포르투갈, 루마니아, 세르비아, 슬로베니아)에서 정책지원과 법률 체계를 연결하여 유연한 고등교육 연구를 이행하기 위한 전제 조건을 마련하였다. 이는 일반적으로 고등교육기관이 유연한 학습 계획을 통해 프로그램을 제공하도록 명시한 법률을 마련하거나 학생들이 기존의 정규 학습 기간보다 오랜 과정을 이수할 수 있도록 하는 것을 의미한다(EACEA, 2012).

일부 국가(안도라, 오스트리아, 키프로스, 핀란드, 네덜란드, 포르투갈)는 자신들의 정책 지원을 이러한 유연한 학습을 제공하는 고등교육기관과 밀접하게 관련시킨다. 핀란드의 경우 직업 고등교육 기관인 Polytechnics에서 이러닝프로그램과 함께 야간이나 주말 강좌가 가능하도록 조치하고 있다. 노르웨이 역시 부분적으로 이 그룹에 속한다. 국가가 유연한 학습 제공에 초점을 둔 기관을 직접 언급하지 않았더라도 고등교육기관의 유연한 학습 과정과 프로그램을 촉진하기 위해 노르웨이에서는 열린 대학(Opening Universities)과 같은 기관을 설치하기도 하였다(EACEA, 2012).

교육의 유연성을 촉진하는 여러 정책 계획 중에 기존 학습 인정(덴마크, 벨기에 네덜란드어 공동체, 룩셈부르크)이나 고등교육 프로그램의 모듈화(독일, 아일랜드, 리히텐슈타인, 룩셈부르크)를 언급한 국가나 지역들도 있었다. 또한 일부 중앙 기관은 유연한 고등교육 프로그램에 관련된 재무 계획, 특히 정규 학생과 유연 학습 학생을 수업료 또는 학자금 지원의 측면에서 동등하게 대우한다는 사실을 언급하였다(EACEA, 2012).

마지막으로 일부 국가는 유연한 고등교육 제공과 학생의 학습 참여 강화를 분명한 정책 목표로 포함한 전략적 정책 문서를 언급하였다. 이러한 문서로는 에스토니아(고등교육 전략(Higher Education Strategy 2006–2015)), 아일랜드(2030 고등교육 국가 전략(The National Strategy for Higher Education to 2030)), 슬로베니아(고등교육 마스터플랜 (Master Plan for Higher Education 2011–2020)), 영국–스코틀랜드(스코틀랜드 정부가 스코틀랜드 기금위원회에 보내는 안내서 (Letter of Guidance of the Scottish Government to the Scottish Funding Council) 등에서 발간한 정책문서들이 있다(EACEA, 2012).

3. 고등교육기관의 평생교육 기능

의심할 수 없는 사실은 국가 정책의 심의에서 지식 사회를 위한 효과적이고 지속적인 인력의 공급이 초점으로 부상하면서, 최근 경제적 현실이 평생 교육에 관한 관심을 뒷받침하는 추진력으로 작용한다는 것이다. 이런 예로는 아르메니아를 들 수 있는데, 이 나라에서는 평생교육이 직업적인 기술력 향상을 목표로 하고 있다. 이 평생교육의 의제는 국가와 제도권에서 개인들이 다양한 범위에서 잠재력을 충족할 수 있도록 새로운 방향을 마련할 것을 촉구하고 있다. 고등 교육에서 평생교육에 대한 일반적인 정의가 결여되어 있기 때문에, 이 문제에 결부된 정책의 확인도 어렵게 되고 있다(EACEA, 2010).

평생교육의 전망에 관해 정부와 당사자들의 긍정적 관심이 증가하면서 볼로냐 개혁에 참여한 대부분의 국가에서 구체적인 발전이 이루어지게 되었다. [그림 5-3]은 2009년부터 2010년 사이에 많은 국가들이 평생교육을 일부 또는 전체 고등교육 기관의 용인된 목표로 설정하고 있다는 것을 보여준다.

평생교육이 목표가 된 국가들에서도 일부 기관은 평생교육의 목표에 초점을 맞추기로 결정을 하고 또 다른 기관은 이것을 기피하고 있다는 것은 기관의 자율권 문제와 연관되어 있다. 결과적으로는, 평생교육 수혜자에게 주어지는 교육프로그램과 과정의 설정 범위는 매우 다르더라도 평생학습을 촉진시킨다는 고등교육기관의 목표는 거의 모든 곳에서 인정되고 있다([그림 5-3] 참조).

그림 5-3 2009/10년 고등교육기관 역할로서의 평생교육

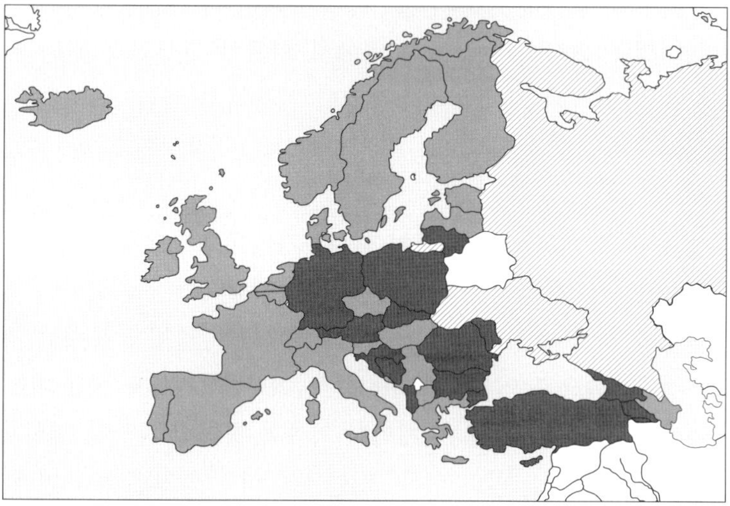

모든 고등교육기관의 역할로 평생교육을 인식함
일부 고등교육기관의 역할로 평생교육을 인식함
평생교육을 고등교육기관의 역할로 인식하지 않음

출처: EACEA(2010), p. 36, Figure 9.

더욱이, 24개국에서는 일부 혹은 전체 고등교육기관이 법적으로 평생 교육을 제공하도록 되어 있다. 이런 법적 조치는 최초로 프랑스가 1968년에 채택하였으며 2002년에는 법령을 현대화해서 현재의 기존교육 인정(Recognition of Prior Learning)의 포괄적인 제도로 정착시켰다. 1990년까지는 오직 몰타(1988)와 이탈리아(1990)만이 유사한 법령을 제도화해서 고등교육에서 평생교육을 개발하는데 기여를 했다.

최근 십 년간 상당수의 국가가 평생교육에 관해서 고등교육의 책임이 관련된 법령을 채택을 했다. 이들 법령은 일반적으로 평생교육을 고등교육 기관의 목표로 정의를 하거나, 아니면 정해진 프로그램을 제공하던지 또는 일반인과 직업인들을 겨냥한 활동에 참여하던지 하는 방법으로 제도권에 특정한 과정을 제공하도록 강제하는 방안이었다.

스페인의 평생교육은 유럽사회에서 개별 국가가 정책적으로 평생교육을 활성화한 좋은 사례로 볼 수 있다. 2006년 스페인 교육법에서는 평생교육 활성화 방안을 주요과제로 강조하고 있다. 특히 개정된 스페인 교육법은 정규 교육기관이 아닌 곳에서 획득한 평생교육 관련 학위와 이수 시간을 인정해주는 법적인 통로를 제공하고 있다. 이러한 제도적 장치는 평생교육을 현실적으로 활성화시키는 것으로 평가받고 있다(김준한, 2010).

이에 비하여 체코와 같은 국가에서는 평생교육기관에서 취득한 학점을 정규 학위과정에서 인정하지 않는다. 고등교육기관을 통하여 평생교육을 받을 기회가 활성화되었다고 해도 평생교육체제를 통하여 취득한 학점은 정규교육으로 인정받지 못하는 셈이다. 그럼에도 불구하고 전문성을 높이기 위한 평생교육은 개인적 역량과 직업적 자질을 향상시키는데 기여했다는 평가를 받고 있다. 또한 노인대학의 경우 2003년에 19개 공립대학에서 교육과정을 개설하였다. 대학은 평생교육과정을 제공함으로써 수강생들로부터 수업료를 받고 정부로부터도 예산을 지원받을 수 있게 조치되었다(김신규, 2007).

2010년 추세조사 결과에 따르면 평생학습의 개념을 "평생의 관점에서 모든 교육을 제공하는 것으로 규정하고, 공식 및 비공식의 모든 학습을 포함하는 것으로 보는 견해"에 따른 고등교육기관의 포괄적 평생학습 전략의 개발은 매우 천천히 진전되고 있음을 알 수 있다([그림 5-4] 참조). 2003년 추세조사에서는 고등교육기관의 35%가 포괄적 평생학습 전략(overall lifelong learning strategy)을 개발하였다고 응답하였다. 6년 후에 이 수치는 39%로 미미하게 증가하였다(Sursock & Smidt, 2010: 66).

2010년 평생교육 추세 조사에서는 어떤 평생학습 활동이 일반적으로, 또한 이미 전략을 마련한 고등교육기관에서 가장 우세했는지를 조사하였다. 그 결과 볼로냐 프로세스의 여러 가닥을 국가 문화적 맥락 및 평생학습에 대한 이해에 따라 하나의 포괄적인 개념으로 이해하거나 일련의 활동으로 이해하여 다양하게 해석 및 이행하였으며 이러한 다양성은 고등교육기관의 평생학습 방식에 반영되어 있었다(Sursock & Smidt, 2010).

평생학습의 측면에서 두각을 보이는 나라는 스웨덴으로, 1970년대부터 평생학습이 국가 문화의 일부를 형성하여 복합적인 전략으로 구성되

그림 5-4 귀 기관은 전반적인 평생학습(LLL) 계획 관련 전략을 개발하였습니까?

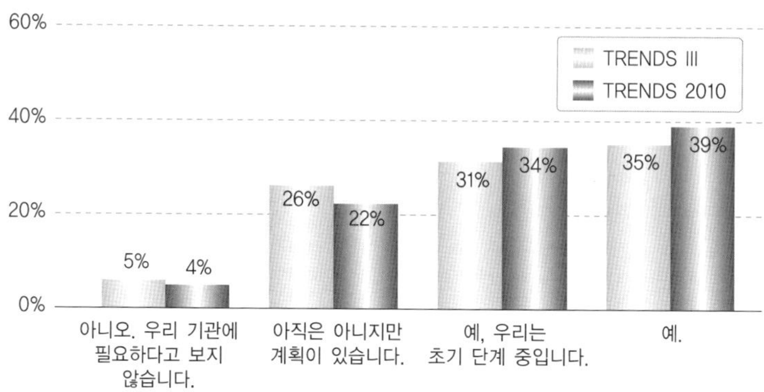

출처: Sursock & Smidt(2010), p. 67, Table 22.

어 있으며 전통적인 학습자와 비전통적인 학습자가 구분되어 있지 않아 평생교육체제의 유연성과 공공성을 모두 갖추고 있다. 핀란드는 현재 평생학습을 정규 교육 구조에 포함시켜 스웨덴처럼 평생학습 활동에 학점을 부여하는 방법을 고려 중이다(Sursock & Smidt, 2010).

기관 활동으로서의 평생학습은 실질적으로 모든 유럽 고등교육기관에서 찾아볼 수 있다. 국가 평생학습 전략을 갖춘 국가들에서 고등교육기관은 일반적으로 대상과 구조를 갖춘 평생학습 제공 방식을 개발하였다. 이러한 방식으로는 전문능력 업그레이드, 직접 대면 방식이나 원거리 교육 방식으로 제공되는 여러 가지 형태의 교육을 의미한다. 이러한 방식은 덴마크, 핀란드, 헝가리, 포르투갈에서 두드러지게 나타난다(Sursock & Smidt, 2010).

최근 유럽대학협회(EUA)의 연구결과와 관련된 평생학습 제공 방식의 국가적 차이가 있기 때문에 고등교육기관의 자치 및 관리 특성이 평생학습의 잠재적 학습자들을 위한 과정과 프로그램, 학위를 제공하는 능력에 상당한 영향을 미치는 것으로 나타났다. 제한 조건은 금전적인 것일 수도 있고 새로운 유형의 프로그램에 대한 품질 보증 조건일 수도 있다. 그럼에도 불구하고 대부분의 고등교육 기관은 포괄적인 전략을 갖추거나 갖추지 않은 상태로 평생학습 활동에 참여하는 것으로 나타났다(Sursock & Smidt, 2010).

포괄적인 평생학습전략을 개발한 기관은 물론이고 그렇지 않은 고등교육기관의 대다수도 여러 가지 평생학습 활동을 제공하고 있다([그림 5-5] 참조). 2010년 추세조사 결과에 따르면 고등교육기관의 세 가지 가장 중요한 평생학습활동은 '취업자를 위한 전문능력 개발과정', '지속적인 성인교육과정', 그리고 '원거리 학습과정'이다.

유럽고등교육기관 가운데 포괄적인 전략을 가지고 있는 기관은 그렇지 않은 기관에 비하여 보다 다양한 활동의 포트폴리오를 가지고 있으며, 특히 특수한 범주의 학습자들을 대상으로 하는 학생 서비스 개발의

그림 5-5 다음 중 귀 기관에서 제공하는 것이 있습니까?

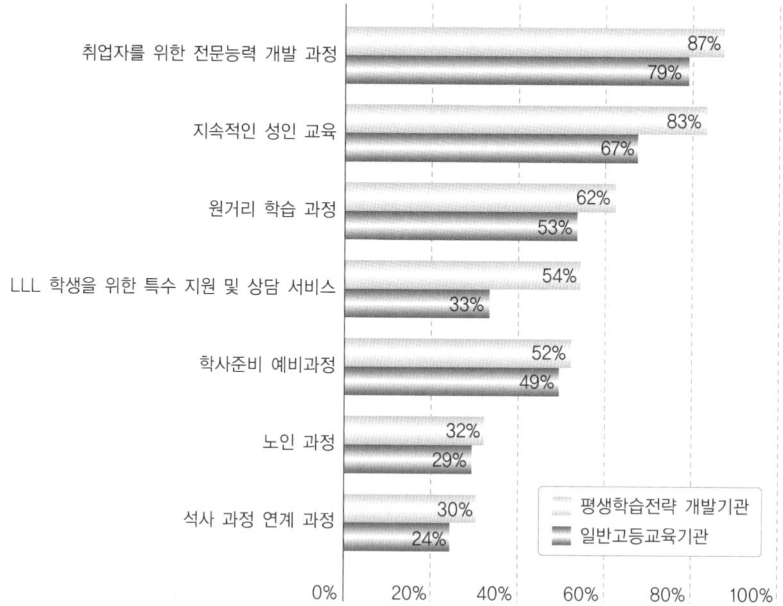

출처: Sursock & Smidt(2010), p. 68, Table 23.

중요성을 인식하고 있었다(Sursock & Smidt, 2010: 68). 2010년 추세조사 결과에 따르면, 학생수가 15,000명에서 30,000명 이상이고 국제교류가 활발한 대학이 포괄적인 평생학습전략을 개발할 가능성이 높았다. 이러한 특성을 가진 대학의 50%가 평생학습전략을 개발한 것으로 응답한 반면, 일반 고등교육기관의 경우 그 비율은 39%에 불과하였다. 또한 연구중심대학이 평생학습전략을 개발할 가능성이 높았다.

두 번째 유형은 포괄적 전략은 개발하지는 않았지만 여러 가지 평생학습 활동을 제공하는 고등교육기관이다(Sursock & Smidt, 2010: 69). 이들 기관들은 비교적 규모가 작고, 스스로를 지역중심(regional) 대학(39%) 또는 국내(national) 대학(40%)의 사명을 가진 것으로 인식하였다. 현장방문 결과에 따르면 지역중심대학들이 전일제 또는 파트타임 학생들에게 다양한 유형의 평생교육서비스를 제공하는 것으로 확인되었다.

4. 평생교육에 대한 재정적 지원

정책적 관점에서 봤을 때 평생학습에 관련된 재무 계획은 보통 특수한 관심 사안으로 여겨진다. 하지만 이 분야에 관한 거의 모든 비교 분석이 이 주제를 다루기 어렵다는 것을 지적하고 있다 즉, 평생학습에 관련된 개념이 불분명한 상황에 따라 개념이 더 넓은 범위의 평생 교육을 의미할 수도, 좁은 범위의 평생 교육을 의미할 수도 있다. 두 번째 어려움은 고등교육의 평생학습이 주로 다양한 재원을 가지고 있으며 각 재정 출처의 공헌도를 파악하기가 어렵다는 점이다(EACEA, 2012).

평생교육에 지원된 자금에 대한 정보는 통일되지 못한 채 산재해 있으며 일반적으로 국가적인 차원에서의 정보는 더욱 획득하기 어렵다. 대부분 고등교육의 공공예산에는 평생교육에 관한 특별한 항목이 없다. 고등교육기관들의 자율성을 강화하면서, 대부분의 기관들은 자체적으로 기금을 받아 법에 지정된 범위 내에서 기금 할당 정도를 결정하고 있다. 이런 결과로 유럽사회 정책가들은 평생교육에 대한 지출 경비 자료는 일부 국가들로부터만 획득할 수 있었다. 안도라, 아르메니아, 벨기에(프랑스어 공동체), 크로아티아, 키프로스, 프랑스, 몰도바, 루마니아 그리고 세르비아는 전체 고등교육 예산의 0.1에서 2.5퍼센트를 특정한 평생교육 활동에 사용한다고 보고하였으며, 영국(스코틀랜드)은 이보다 더 높은 2.6퍼센트에서 5퍼센트를 지출하는 것으로 알려져 있다(EACEA, 2010).

고등교육기관의 평생교육 관련 예산 지출 자료가 부족한 또 다른 이유는 평생교육에 관련된 기금의 출처가 매우 다양하다는 데에 있다. 평생교육의 재정은 지자체, 지역, 국가 공공 기금은 물론 민간 기금에서도 지원된다. 이들은 기업체나 산업체 지원금 또는 수업료나 각종 명목의 개인 사례금을 통해서 기부된다. 체코, 네덜란드, 폴란드, 그리고 스페인에서는 평생교육 비용을 재량껏 결정할 수 있다. 덴마크에서는 고등교육 기관에서 제공하는 평생교육 참가비용을 고용주가 지출하도록 하고 있어서, 그 분야에 있어서 프로그램의 관련성을 확인할 수 있다. 마지막으로 네덜란드에서처럼 평생교육 프로그램에 참가해서 발생된 경비는 세금 공제가 되거나 간접적으로 국가에서 지원을 해주는 국가도 있다(EACEA, 2010).

잠재적인 평생교육 수강자들 입장에서 본다면, 평생교육 확대에 있어 실제적 장애요인은 나이에 따라 다른 수강자 지원 정책과 사회 복지제도에 있을 수 있다. 이 문제는 특별히 체코에서 지적되었는데, 여기서는 26세 이하의 학생에게만 제공하던 사회 복지의 제한 연령을 없앨 예정이다. 정치적인 관점에서 보면, 평생교육 지출의 금액과 용도에 관한 포괄적이고 신빙성 있는 자료의 필요성을 간과할 수 없다. 이러한 자료는 고등교육기관에서의 평생교육 활동을 점검하고 개선할 수 있도록 도와준다. 더 나아가 평생교육이 고등교육 기관에서 수행되는 방법과 그 정도를 파악하는 것은 교육관련 장관들이 설정한 목표 달성 정도에 대해서 더욱 부합하는 관점을 제공하고 다음 단계의 정책 개발에 도움을 줄 수 있다. 아직까지는 유럽에서도 평생교육의 통합이 기관들의 공통된 목표가 되지 못하고 있으며, 고등교육의 핵심적 책무로 인정하지는 않고 있다(EACEA, 2010).

평생학습의 자금 지원 방식을 설명할 때 국가들은 주로 여러 가지 고등교육 제공 방식을 언급하고 각 유형에 따른 재정 계획을 지정한다. 가장 흔한 것은 여러 가지 유연한 교육 계획을 통해 제공되는 고등교육 학위 프로그램과 비학위 고등교육을 구분하는 것이다. 첫 번째 방식은 부분적으로, 또는 전적으로 공공 예산이 지원되지만 두 번째 경우는 공공 예산의 비중이 낮다. 그럼에도 불구하고 특정 비학위 프로그램은 (예: 규제 직업 분야의 계속 전문능력 개발, 일자리 과정, 은퇴자 대상 프로그램 등) 주로 공공 자원의 지원을 받는다(EACEA, 2012).

EHEA 국가의 2/3 가량은 고등교육 기관이 평생학습으로 지정된 공공예산을 별도로 두지 않는다. 따라서 고등교육 기관 일반예산에서 평생학습 자원이 제공되며 다른 자금 지원과 자주 결합된다. 평생교육 자료에 나타나 있는 47개 체계 중 15개 고등교육 체계에는 평생학습으로 지정된 예산이 있었으나 이러한 자원은 특정 평생학습을 대상으로 하는 경우가 대부분이다. 체코의 경우처럼 평생학습 예산이 제3기 대학 지원을 대상으로 하거나, 조지아 및 슬로베니아의 경우와 같이 평생학습 예산이 주로 교사 및 교관의 훈련을 위해 이용된다(EACEA, 2012).

고등교육의 일반 예산이나 특수 예산과 별개로 다른 공공 자원이 고등교육의 평생 학습을 지원한다. 여기에는 EU 구조 기금, 고등교육 담당이 아닌 부처의 자원, 국가, 지방, 지역의 다양한 프로젝트/프로그램 체계에서 할당된 예산이 포함된다. 공공 자금 지원은 또한 평생학습 활동에 참여하는 개인을 대상으로 한 세금 혜택의 간접적인 형식을 취할 수도 있다(EACEA, 2012).

소수의 국가들에서는 공자금을 통해 지원되는 고등교육기관이 제공하는 평생학습의 규모를 파악할 수 있다. 공공 자금 이용도에 대한 정보는 국가마다 상당히 다르며 부분적으로는 고등교육의 평생학습 개념에 대한 이해가 다르다는 점과 관련이 있다. 루마니아와 보스니아 헤르체코비나는 각각 고등교육 평생학습 공공지원이 전혀 없거나 아주 적은 반면, 네덜란드는 평생학습의 16% 가량을 공공 예산에서 투자하고 프랑스와 헝가리는 공공 예산의 비중이 약 30%에 이르고 있다. 오스트리아와 노르웨이는 이보다 높은 공공 자금지원 수준을 보고하였다. 오스트리아는 공공 자금 비중을 85%, 노르웨이는 대부분의 평생 학습 자금 지원이 공공예산을 통해 지원되는 것으로 나타냈다. 아이슬란드와 몰타만이 고등교육 평생 학습을 전액 공공 예산으로 지원하는 것으로 보고하였다(EACEA, 2012).

고등교육 평생 학습의 민간 투자 수준은 공공 자금 지원의 정도에 따라 결정된다. 민간 투자가 요청되면 대부분은 참여자가 직접 투자에 참여한다. 하지만 고용주가 직원에게 프로그램 참여를 요청하였거나 고용주와 직원 사이에 계속 교육 훈련에 관한 계획을 마련하여 프로그램에 참여하는 경우 고용주가 자금을 지원하기도 한다. 또한 평생학습은 고용주가 가입한 집합 기금을 통해서도 자금 지원 또는 공동 지원을 한다. 법률로 기업들에게 기업의 유형과 종업원 수에 따라 계속 교육훈련 비용을 제공하도록 한 벨기에 네덜란드어 공동체, 프랑스, 스페인이 이러한 경우에 해당한다(EACEA, 2012).

획득한 재정 자원은 다양한 교육 훈련 계획의 자금 지원에 이용되며 고등교육 과정에 참여하는 개인에게 제공할 수 있다. 고등교육 평생학습 자금지원에 이용되는 여러 가지 지원의 목록은 고등교육기관 자체적으로 획득한 수단을 통해 완성된다. 라트비아가 이러한 자원을 언급한 유일한 국가였지만 다른 국가들 역시 법적으로 고등교육기관이 다양한 서비스나 민간 후원으로 획득한 자원을 통해 평생학습을 지원 또는 공동지원할 수 있는 것으로 보인다(EACEA, 2012).

유럽사회의 다양한 재정적 지원 사례가 보여주는 바와 같이 평생학습 촉진을 위해서는 공공 및 민간 재원이 확충되어야 할 뿐 아니라 주어진 재원의 현명한 배분을 위한 새로운 방안을 강구해야 한다. 이러한 과제는 국가적 수준에서 효과성과 효율성 측면에서 고려되어야 하며 재원의 생애주기적 배분이 사회경제적으로 갖는 의미를 고찰함으로써 달성가능하다(최돈민, 2009).

Ⅲ. 평생학습 확장전략과 향후과제

유럽대학협회(EUA)는 2007년 12월 프랑스가 주재국이던 때 소르본느에서 개최된 세미나에 이어 2008년 유럽 대학 평생교육헌장(European Universities' Charter on Lifelong Learning)을 개발하여 평생학습 의제를 적극적으로 촉진하였다. 이 헌장은 유럽 대학들과 정부가 사회 파트너 및 기타 관계자들과 함께 적극적으로 평생학습 의제를 뒷받침하고 유럽 대학들의 구체적인 역할 개발을 지원하도록 주문한다. 이 헌장은 평생학습의 체계 안에서 정규, 비정규 등 여러 가지 고등 교육 방식을 제시한다. 학사와 석사, 박사는 평생에 걸쳐 오를 수 있는 수준으로 여겨질 수 있으며 지난 십년간 석사 학위에는 상당한 변화가 있었다. 다양한 석사 학위의 제공은 다양한 학습자들을 만들어내고 이들의 요구에 부응할 수 있는 가능성을 가지고 있다. 이와는 또 다른 맥락에서 평생학습은 매우 다양한 의미를 가지고 있으며 2010년 동향에 대응한 국가 총장 회의에 반영된 바와 같이 여러 가지 방식으로 이해될 수 있다. 고등교육기관이나 국가에 따라 이는 학습에 대한 전략과 문화적 태도, 또는 포괄적인 개념과 무관한 다른 활동들의 모음으로 시작된다. 따라서 유럽에서는 평생학습의 개념을 주로 두 가지 방식으로 해석한다.

첫째, 모든 교육 제공을 평생학습의 관점으로 보고 모든 정규, 비정규 학습을 포함한다(오스트리아, 헝가리, 스코틀랜드, 슬로바키아, 스웨덴이 이 개념을 따른다).

둘째, 가장 우세하게 나타나는 시각으로 평생학습을 일련의 학습 활동을 제공하는 것으로 본다. 예를 들어 전문 능력의 업그레이드, 지속적인 교육, 원거리 교육, 미성년자와 성인, 노인 학습자를 위한 대학 과정, 학사예비과정, 다양한 학습자들을 위한 시간제 교육을 들 수 있다 (Sursock & Smidt, 2010).

유럽사회는 평생교육을 통하여 고등교육의 접근성 증가와 확대를 전략적으로 시도하고 있다. 접근성은 이동 능력이 부족한 학생을 위한 고등교육기관의 물리적 접근성과 지역주민의 고등교육 이용 가능성, 광범위한 접근을 촉진하는 초중등 교육, 마지막으로 다양한 배경을 가진 잠재적 학생들을 파악하는 학생 모집(선발) 체계 등 다양한 문제를 다룬다 (Sursock & Smidt, 2010).

평생학습과 접근성의 확대는 지난 10년간 유럽 정책에서 높은 우선권을 부여받았지만 국가적 차원에서는 비전통적인 학생 집단의 고등교육 참여와 관련하여 왜 의미있는 발전이 이루어지지 않았는지 의문이 남아있다(Sursock & Smidt, 2010).

많은 유럽 국가에서 평생학습은 학습 성과, 학점과 같은 볼로냐 도구가 제대로 정의되거나 부가되지 않은 주류 교육 외부에서 제공되는 활동으로 간주되었다. 따라서 평생의 관점에서 국가, 지역, 지방, 기관별로 모든 교육을 확보할 수 있도록 유럽 고등교육기관과 국가 당국은 함께 정책을 연결하여 접근하기 쉽고 유연하며 투명한 학생 지향적인 학습을 마련하고 이행과정을 지속적으로 감독 평가할 필요가 분명히 있다. 유럽대학협회(EUA)의 평생학습 헌장이 옹호하는 공동 접근방식은 국가 기관과 고등교육기관의 공동 노력을 요구하며 성공을 거두기 위해 필수적이다. 또한 지역 차원에서 함께 활동하여 지역 관계자들과 고등교육의 협력을 촉진하는 것이 중요할 것이다(Sursock & Smidt, 2010).

사회적 차원에서 EHEA가 발전을 촉진하고 성공을 거두기 위해 국가 당국과 고등교육기관이 함께 학생들의 사회적 배경 데이터를 수집하고 이들의 학업 수준을 파악해야 할 것이다.

고등교육기관의 관점에서 평생학습은 전략으로서 다음과 같은 다양한 활동을 연결하고 응집력을 제공한다.

- 3단계 주기 학위 구조로 제공되는 정규 교육으로 전통적인 1세대 학생들과 비전통적인 배경을 가진 학생들, 성인 학습자들을 위한 초기 교육, 석사 학위를 통한 계속 교육, 지속적인 전문능력 개발과 원거리 교육, 박사 교육 (정규 또는 시간제 방식).

다음과 같이 3단계 학위과정에 포함되지 않는 비정규 교육 학위 구조 전문능력 업그레이드를 제공할 수 있다.

- 비정규 교육: 잠재적 학생을 위한 봉사 프로그램, 아동 대학, 예비대학 과정, 은퇴후 문화 성장 기회.

고등교육기관의 미래 과제는 많은 경우에 재정적 영향을 고려한 다음과 같은 문제가 될 것이다.

- 새로운 학습자와 복귀한 학습자를 위한 다양한 교육 서비스 개방.
- 평생 학습의 체계 안에서 학생 중심 학습과 유연하고 투명한 학습 경로에 기초하여 일관된 기관 전략 생성과 이행.
- 주류 통합교육의 제공 및 평생학습의 인정, 교육 제공의 품질 확보.
- 학술 직원 및 행정 직원 모두에게 평생학습 가능성을 제공함으로써 평생학습 기관의 역할 모델 제공.
- 세계화, 기술개발, 인구통계 변화와 같은 변화 요인을 이용하여 포괄성과 감응성 개발, 다시 말해서 변화하는 학생 인구를 기회로 포착하여 기관의 임무를 풍성하게 하고 평생학습의 관점에서 연구, 교육, 혁신의 관계를 강화하는 기회로 이용.

정책적 관점에서 유럽 고등교육기관들은 더 광범위한 고등교육 참여 전략을 개발하여 제공하는데 필요한 기관 자치 권한을 확보하는 법적 체계를 다음과 같이 마련해야 한다.

- 광범위한 학생 집단을 유치할 수 있는 전략과 가능성을 사회적, 법적, 경제적 인센티브로 뒷받침하거나 기술 개발 및 업그레이드를 통한 학생과 고용주의 이익 촉진 지원.
- 강화된 가능성과 선택기회 확대를 모든 관련자, 특히 잠재적 학생과 고용주들에게 널리 전파.
- 정책 체계를 통해 고등교육기관이 다양한 교육을 평생학습의 관점에서 잠재적 학생들에게 제공할 수 있도록 해야 하며 가능하면 정규 학점 모듈로 개발하도록 함.
- 새로운 교수법, 학습자와 고용주의 요구에 따라 맞춤형으로 만든 학습 자료와 같이 학생 중심의 평생학습 접근 방식을 충분히 제공함.

참고문헌

김신규 (2007). '볼로냐 프로세스'와 체코의 대학교육 개혁. **EU연구**, 21: 23-44.

김준한 (2010). '볼로냐 프로세스'와 스페인 교육제도의 개혁. **중남미연구**, 28(2): 223-244.

이성균 (2012). 유럽연합의 경제위기 속에서 평생교육정책의 패러다임 전환과 과제: 한국의 평생교육정책 발전 과제에 주는 시사점을 중심으로. **한국콘텐츠학회논문집**, 12(6): 518-529.

최돈민 (2009). 경쟁력 제고와 사회 통합을 위한 유럽연합의 평생학습 전략과 시사점. **평생교육학연구**, 15(4): 163-183.

평생교육진흥원 (2008). **국제기구 평생교육 정책동향: 유럽연합(EU), 유네스코(UNESCO)를 중심으로.**

평생교육진흥원 (2009). **독일 평생교육 정책동향: 독일 평생교육체제 구축 정책추진 형황을 중심으로.**

Bologna Follow-Up Group (2007). *Stocktaking Report 2007*: Bologna Process stocktaking.

Bologna Follow-Up Group (2009). *Stocktaking Report 2009*: Bologna Process stocktaking.

Education, Audiovisual and Culture Executive Agency (EACEA) (2010). *Focus on Higher Education in Europe 2010: The Impact of Bologna Process*. Brussels: EACEA.

Education, Audiovisual and Culture Executive Agency (EACEA) (2012). *The European Higher Education Area in 2012: Bologna Process Implementation Report*. Brussels: EACEA.

Reichert, S. & C. Tauch. (2003). *Trends 2003: progress towards the European Higher Education Area*. Available online at: http://www.eau.be/eua/jsp/en/upload/Trends2003final.065011

16489.pdf.

Sursock, Andree & Hanne Smidt (2010). *Trends 2010: A Decade of Change in European Higher Education*. European University Association

Sybille, R. & Christian, T. (2003). *Trends III: Progress towards the European Higher Education Area*. European University Association.

Sybille, R. & Christian, T. (2005). Trends IV: European universities implementing Bologna. European University Association.

제6장
국제교류

Ⅰ. 서　　론

국제교류(international mobility)는 볼로냐 프로세스의 핵심과제 가운데 하나이다. 국제교류는 그 자체가 볼로냐 협약 실행과제의 하나일 뿐 아니라 유럽고등교육권역(EHEA) 형성의 핵심적인 수단이라고 여겨져 왔다(EACEA, 2012; Voegtle & Fulge, 2013: 2-4; Teichler, 2012: 3-5). 볼로냐 프로세스의 관점에서 보면, 국제교류의 증가는 유럽고등권역을 형성하기 위한 궁극적 이유의 하나이자 동시에 그 기대된 결과이다(King & Raghuram, 2012; West & Barham, 2009). 국제교류라는 목표는 정당성과 대중적 평판의 측면에서 중요성이 높을 뿐 아니라 이론의 여지도 없다(Papatsiba, 2006). 볼로냐 선언 이후 여러 차례의 추세보고서에 따르면 "교류촉진은 구체적이고, 쉽게 이해될 수 있으며, 이론의 여지가 없는 가장 분명한 볼로냐 프로세스의 목표"(Reichert & Tauch, 2003: 29)라는 것이다.

국제교류의 촉진은 베를린 선언에서 시작하여 모든 장관 선언(ministerial communiqués)에서 재차 강조되었다. 2009년 벨기에 루밴 회의에서는 유럽고등교육권역(EHEA) 국가들이 국제교류 분야에서 도달하여야 할 새로운 목표를 설정하여 교류를 확대하고자 하였다. 즉, 2020년까지 유럽고등교육권역(EHEA) 국가의 대학 졸업생 가운데 최소 20%가 외국에서 학습 또는 훈련기회를 가지도록 해야 한다는 것이다.

국제교류의 가치로서 원래 다른 나라의 학문과 문화를 경험한다는 학술적 가치가 높게 평가되었다. 최근에는 국제교류의 가치를 다른 각도에서 평가하게 되었는데, 다양한 언어 및 문화집단에 대한 이해를 통하여 국제화된 노동시장에서의 고용가능성 증진에 기여하여 유럽 노동시장에 편익을 증가시킨다는 것이다. 따라서 국제교류는 교류학생의 지식과 기술을 확대할 뿐 아니라, 21세기에 이들의 취업준비에 도움이 되는 수단으로 인식되게 되었다.

국제교류는 국제화의 주요 수단이며, 고등교육기관의 매력(attractiveness)과 연계되어 있다. 볼로냐 프로세스에서 강조된 고등교육기관의 국제화는 지난 10년간 회원국가들 및 다수의 고등교육기관들이 실행전략을 수립하여 추진하여 왔다.

이 장에서는 유럽고등교육권역 국가들이 볼로냐 협약 이후 국제교류 분야에서 달성한 성과를 분석하고자 한다. 국제교류의 대상은 학생과 직원이다. 이 가운데 유럽고등교육권역의 형성과 관련하여 보다 의미가 큰 것은 학생교류이므로 여기에서는 학생교류만을 살펴보기로 하겠다.

제2절에서는 국제교류의 유형을 살펴보기로 한다. 학생교류는 교류의 목적에 따라 학위과정 전체를 외국에서 수학하여 학위 취득을 목적으로 하는 학위교류(degree mobility)와 한 학기 또는 1년 등과 같이 제한된 기간 동안 교류하는 학점교류(credit mobility)로 구분할 수 있다. 한편 모국의 입장에서는 타국으로 학생들이 나가는 전출교류와 외국 학생들이 들어오는 전입교류로 구분할 수 있다. 한편 유럽고등교육권역(EHEA) 내부의 국가 간에 이루어지는 교류와 그 밖의 국가들과 이루어지는 교류가 구분된다.

제3절에서는 유럽연합 또는 유럽고등교육권역에서 국제교류의 촉진을 위하여 채택하여 실행하여온 정책수단을 살펴보기로 한다. 볼로냐 선언 이전부터 유럽연합은 회원국가간 학생교류를 촉진하기 위하여 Erasmus 및 Erasmus Mundus 프로그램을 채택하여 추진하여 왔다. 여기에서는 Erasmus 및 Erasmus Mundus 프로그램을 포함한 교류촉진 수단을 살펴보기로 한다.

제4절에서는 학생국제교류의 집행성과를 이용 가능한 통계자료를 통하여 살펴보기로 한다. 여기에서 미국 등 다른 지역의 국제교류의 증가상황과 비교하고자 한다.

Ⅱ. 국제교류의 유형

1. 학위교류와 학점교류

정책결정뿐 아니라, 통계적인 관점에서도 가장 중요한 학생교류의 유형 구분은 학위교류(degree mobility)와 학점교류(credit mobility)의 구분이다. 학위교류는 장기적인 교류유형으로 학위취득을 희망하는 나라에서 학위 또는 졸업장을 취득하는 것을 목표로 하는 교류를 말한다. 반면, 학점교류는 최대 1년의 단기적인 교류유형으로 모교에서 학업을 계속한다는 전제에서 외국 대학에서 학점취득을 목표로 하는 교류이다(EACEA, 2012). 학생들은 보통 그들의 모교에서 학업 프로그램을 시작한 후, 교류 프로그램의 일환으로 다른 국가로 이동해서 그들이 목표로 하는 교류학점을 이수하고, 학업 프로그램을 마치기 위해 다시 모교로 돌아오는 방식을 취한다. 학위교류는 차상위 학위과정(중등과정에서 학사과정, 학사과정에서 석사과정, 석사과정에서 박사과정)으로 이동하는 교류유형이므로 수직적 교류(vertical mobility)라고 부르며, 학점교류는 동일한 학위과정 내에서 교류이므로 수평적 교류(horizontal mobility)라고 부른다.

학위교류에 관한 정보는 상당기간 동안 관련기관에서 수집하여 왔으나, 학점교류에 관한 자료는 Erasmus 프로그램과 같이 EU가 후원한 프로그램에 관한 자료 이외에는 체계적으로 수집되지 못한 상황이다.

2. 전입교류와 전출교류

교류 유형의 또 다른 분류는 교류 흐름과 관련한 분류인 전입교류

(incoming mobility)와 전출교류(outward mobility)이다. 전입교류는 학생이 학업을 위해 이동하여 오는 목적지인 국가의 입장에서 보는 교류를 말하며, 보통 그 국가에서 학업을 위해 공부하는 교류학생과 그 국가에서 공부하는 전체 학생 수의 비율로서 측정된다. 전입교류 학생비율은 외국학생이 공부하고자 하는 목적지로서 그 국가가 얼마나 매력적인지를 측정하는 지표라고 간주될 수 있다. 반면, 전출교류는 학생이 교류를 위해 이동하기 전 모국의 입장에서 본 교류를 말하며, 교류학생의 국적은 대부분의 경우 출발지 국가와 동일하다. 보다 정확하게는 교류이전 거주한 국가 또는 교육받은 국가를 의미한다. 이러한 전출교류, 특히 학점교류 목적의 전출교류는 국제경험을 쌓기 위하여 학생들이 얼마나 적극적인지를 측정하는 적극성(pro-active)의 지표라고 볼 수 있다. 한편 학위교류 목적의 전출교류는 모국의 교육체제가 부실함을 나타내는 지표라고 볼 수도 있다.

3. 유럽고등교육권역 내부 교류와 외부교류

유럽고등교육권역(European Higher Education Area, EHEA)을 기준으로 권역내부 국가간 학생교류와 외부국가와의 교류를 구분할 수 있다. 권역내부 국가 사이의 학생교류 실적으로 유럽고등교육권역이 실제 어느 정도 형성되고 있는지 파악할 수 있다. 한편 세계 각국에서 유럽고등교육권역으로 오는 교류학생의 비율을 살펴보면 유럽고등고등권역이 얼마나 매력적인 고등교육의 목적지인지 알 수 있다.

Ⅲ. 교류 촉진의 정책수단

유럽고등권역 국가들은 학생교류를 촉진하기 위하여 다양한 정책수단을 채택하고 있다. 여기에는 유럽 차원, 국가 차원 및 고등교육기관 차원의 각종 프로그램이 포함된다. 이와 더불어 다수 국가에서 학생에 대한 재정지원의 이동가능성(portability)을 포함하는 재정지원 조치가 중요한 과제가 되고 있다.

1. 유럽연합 차원: Erasmus 및 Erasmus Mundus 프로그램

에라스무스 프로그램은 네델란드 철학자로서 유럽의 많은 지역에 거주하면서 자신의 학문과 지식을 전파하였던 Desiderius Erasmus에서 유래한 것이다. 또한 ERASMUS는 대학생 교류 유럽실행계획(EuRopean Community Action Scheme for the Mobility of University Students)의 약어이기도 하다. 에라스무스 프로그램은 유럽 대학 간 학생교류 증진을 위해 1987년에 시작되었다. 이 프로그램은 1981~1986년까지 실시된 학생교류 시범프로그램(pilot program)에 기반을 두고 있다.

에라스무스 프로그램의 입안자들은 구체적 시행세칙으로 다음의 네 가지 사항을 상정했다(노명환, 2001: 132; 남궁 근 외, 2014). 첫째, 유럽대학 간 연결망 구축과 유지, 둘째, 학생들이 타 국가에서 일정기간 이상 수학할 수 있도록 장학금 지급, 셋째, 학위와 수학기간의 인정을 통해 유럽 내 국가 간 대학생 교류의 활성화, 넷째, 유럽 내 학생교류를 강화시키기 위해 에라스무스상 제정, 집중과정 프로그램 시행, 유럽 학생회의 개최, 출판활동 등과 같은 보조 조치들이다.

오늘날 에라스무스 프로그램에는 33개 국가의 4,000개가 넘은 고등교육기관이 참여하고 있다. 에라스무스 프로그램에 참여하려면 반드시 고등교육기관의 학위 또는 디플로마 과정을 이수 중이어야 하고, 1학년을 이수하여야 한다. 그런데 최근 이 프로그램이 고등학생에게도 개방되었다.

Erasmus 프로그램에 참여하는 학생은 최소 3개월에서 1년까지 외국에서 공부하거나 인턴십에 참여하여야 한다. 에라스무스 프로그램은 학생이 합의한 조건을 준수하고 자신이 소속한 대학으로 복귀했을 때 외국에서 보낸 기간이 인정되는 것을 보장한다. 재정지원과 관련하여 에라스무스 프로그램의 핵심내용은 원 소속 고등교육기관에 수업료를 지불하고, 외국의 방문대학에는 추가적으로 수업료를 지불하지는 않는다는 것이다. 학생들은 해외거주에 따르는 추가비용을 충당하기 위하여 Erasmus 보조금을 신청할 수 있다. 장애를 가진 학생들은 그 비용을 충당하기 위하여 추가 보조금을 신청할 수 있다.

에라스무스 프로그램이 활성화될 수 있도록 촉진한 조치가 외국대학 취득학점을 인정하기 위하여 1989년에 채택된 유럽학점교류시스템(ECTS)이다. 유럽학점교류시스템은 전체 유럽대학 간의 학생교류가 활발히 이루어질 수 있도록 다른 대학으로 이동하는데 기본 증서의 역할을 할 뿐만 아니라 전공과 관련된 학점이수를 보여주는 증명의 역할도 한다(조상식, 2010). 유럽 지역 내 프로그램도 학생교류를 지원한다(EACEA, 2012). 예를 들면, CEEPUS는 중부, 동부 및 남동부 유럽의 대학 간 학생교류와 협력을 지원한다. 또한 북유럽 및 발틱 지역의 고등교육기관 간 협력 및 네트워킹 프로그램인 NordPlus는 해당 지역 내 교류학생에게 보조금을 제공한다.

최근에 시행된 Erasmus Mundus(비유럽지역 대상 교류) 프로그램은 유럽교육의 국제화를 추진하는 또 다른 프로그램이다. Mundus 프로그램은 유럽대학 학생들이 유럽이외 지역에서 학점이수가 가능하도록 하는 한편, 제3국가와 유럽 사이에 학생과 학자들의 교류를 촉진시키고자 한다. EU 27개 회원국 이외의 국가, EEA 회원국(아이슬란드, 노르웨이, 리히텐슈타인), 그리고 크로아티아, 터키와 예전 마케도니아의 유고슬라비아공화국 출신 학생들은 Erasmus Mundus 장학금을 신청할 수 있다. Mundus 프로그램은 에라스무스 프로그램과는 달리, 교통비와 생활비, 그리고 유럽대학에 지불하는 수업료까지 제공한다.

2. 국가수준의 전략과 실행계획

2009년 벨기에 루밴 회의에서 2020년까지 유럽고등교육권역(EHEA)

국가의 대학 졸업생 가운데 최소 20%가 외국에서 학습 또는 훈련기회를 가지도록 해야 한다는 목표를 설정하였다.

그렇다면 회원국가들은 이 목표를 달성하기 위한 자국의 국가전략, 목표 및 실행계획을 수립하였는가? 2012년 집행보고서에 따르면 국가전략을 수립한 회원국가는 약 50%에 불과한 것으로 나타났다(EACEA, 2012: 164). 한편 구체적 목표를 설정한 국가는 50%에도 못 미치고 있었다(EACEA, 2012: 165). 학생교류에 관한 국가전략 또는 실행계획을 가진 국가들의 3/4 정도가 적어도 하나의 학생교류 유형에 관한 목표를 설정하고 있다. 이들 국가들은 "2020년까지 졸업생의 최소 20%가 해외 학습 또는 훈련경험을 쌓아야 한다는 목표"를 기준으로 하여 여러 가지 형태의 전출교류의 목표를 설정하면서 자주 언급하고 있다. 오스트리아, 독일, 그리고 네덜란드만이 더욱 야심찬 목표를 설정하였다. 독일은 모든 교류유형, 즉 학점교류와 학위교류에서 모두 목표를 설정하였다. 그 목표는 고등교육기관 졸업생의 50%가 해외경험을 가져야 하고, 적어도 20%는 외국 고등교육기관에서 한 학기 이상 수학해야 한다는 것이다. 오스트리아와 네덜란드는 학점교류의 목표를 설정했다. 오스트리아의 경우에 2020년까지 전체 졸업생의 50%가 학점교류의 대상이 되는 것이 목표이며, 네덜란드는 2013년까지 전체학생의 17~25%가 이러한 학점교류의 대상이 되는 것이 목표이다.

국가전략이나 실행계획을 가진 많은 국가들이 학생교류의 대상으로서 특정 지역에 우선순위를 부여한다(EACEA, 2012: 164). [그림 6-1]에 EU의 서베이에 응답한 821개 고등교육기관이 학생들을 보내고 싶어 하는 지역이 제시되었다. TRENDS III(2005), TRENDS IV(2007)에 이어 TRENDS 2010에도 그 순서는 유럽연합(EU) 86%, 동부유럽 65%, 아시아 60%, 미국/캐나다 53%, 라틴 아메리카 32%, 아프리카 25%, 아랍 22%, 호주 14%의 순서로 나타났다(EACEA, 2010: 74).

그림 6-1 고등교육기관의 국제교류 우선순위 지역, 2005, 2007, 2010년 조사결과

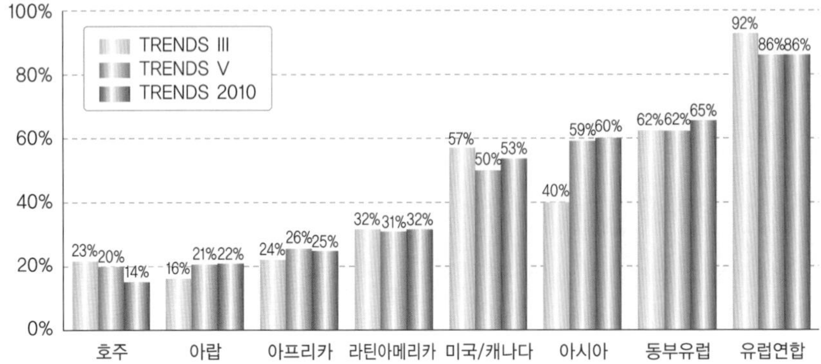

출처: EACEA(2010), p. 74, Table 25.

한편 일부 국가에서는 특정국가 또는 특정 지역을 학생교류에서 우선순위가 높은 곳으로 지정하고 있다(EACEA, 2012: 165). 예를 들면, 덴마크는 중국, 미국과의 학생교류에 초점을 맞추고, 오스트리아는 유럽고등권역 국가들 가운데 중부 및 동부유럽국가와의 학생교류를 강조하고 있다. 슬로베니아는 서부 발칸국가와 지중해 지역에 초점을 맞추고 있다.

학생교류에 관한 국가전략과 실행계획을 가진 대다수 국가들은 그러한 전략과 실행의 영향 또는 적어도 그들 전략의 일정 측면을 모니터링한다. 모니터링은 고등교육기관들의 보고를 기초로 하여 정부부처 및 산하기관에 의해 매년 이루어진다. 학생교류가 모니터링 될 경우에도, 학생교류 흐름에서의 변화가 특정 정책수단이나 재정위기와 같은 외부요인 때문인지 판단하기는 어렵다. 학생교류에 관한 국가전략을 가진 거의 모든 국가가 그들의 고등교육기관이 학생교류 전략을 가지고 있다고 보고한다. 그런데 고등교육기관의 전략은 국가수준의 전략과 관련될 수도 있고 관련되지 않을 수도 있다.

3. 국가수준의 재정지원

학생교류를 어렵게 하는 가장 큰 장애요인은 재원조달이다. 재원문제는 전출교류에서 가장 큰 장애요인이며, 전입교류에서도 두 번째로 중요한 장애요인으로 인식되고 있다(EACEA, 2012: 165). 국가수준의 재정지원 방법에는 대출(loans), 보조금(grants), 장학금(scholarship)이 있다. 학점 및 학위 전출교류 학생에게 대출 형태의 재정지원을 해 주는 국가는 50% 미만이다(EACEA, 2012: 169). 전입교류 학생에게 대출하는 국가는 훨씬 적다.

다수의 국가가 보조금 또는 장학금의 형태를 채택하여 학생교류를 촉진하고자 한다. 유럽국가의 2/3 정도가 학위 교류를 위한 전입, 전출 학생 모두에게 보조금과 장학금을 제공한다. 이와는 대조적으로, 학점교류에서는 전입학생에게는 21개 국가가, 전출학생에게는 30개 국가가 보조금과 장학금을 제공한다. 어떤 장학금은 특정 국가군 또는 학문분야의 프로그램에게만 제공된다. 소수의 국가에서는 일부 대학들이 해외의 교류 대학과 상호 협정을 체결하고 학생교류를 촉진하기 위하여 재정지원을 제공한다. 그러나 아직까지는 유럽 또는 국가수준에서 구체적으로 학생교류를 촉진시키려는 목적으로 유럽고등교육국가 전체를 대상으로 대출과 보조금을 제공하는 것과 같은 재정적 수단은 설계되어 있지 않다.

보조금 및 장학금과 연관된 중요한 이슈가 이들 재정지원의 이동가능성(portability)이다(EACEA, 2012: 169; 남궁 근 외, 2014: 124). 이는 학생교류 증진을 위하여 매우 중요한 수단이며 볼로냐 프로세스 전체에서 언급되고 있다. 이동가능성의 개념은 외국의 한 고등교육기관에서 수학하는 학생들이 모국의 기관에서와 동일한 조건 아래서 보조금이나 대출을 사용할 수 있는지에 관한 것이다. 대체로 50% 정도의 국가에서 재정지원의 이동을 허용하고 있으며, 다른 국가에서는 학점교류 또는 학위

교류 가운데 한 가지에만 허용하고 있다. 보스니아-헤르체고비나, 조지아, 헝가리, 그리고 리투아니아 등 4개국만이 두 가지 형태의 교류 모두에서 재정지원의 이동이 허용되지 않는다.

교류학생이 모국의 재정지원을 실제로 이용하고자 할 경우 제약조건이 부과되는 경우가 많다. 재정지원의 이동이 특정한 국가군과 그룹(예를 들면, EU, EEA, EHEA 등) 및 프로그램에 국한되기도 한다. 특정한 프로그램에 국한하여 보조금 및 장학금을 제공하는 국가들은 국가 간 교류 프로그램이 채택되었는지를 기준으로 하는 경우가 많다. 재정지원 이동에서 또 다른 제약으로는 그 프로그램이 인증 받는지, 그 학업 프로그램이 모국에서도 제공되는지, 또는 우선순위로 설정된 국가에서 제공되는지 등이 있다. 오직, 크로아티아, 키프로스, 핀란드, 리히텐슈타인, 룩셈부르크, 노르웨이, 스위스가 자국 학생들이 해외에서 보조금이나 장학금을 받는 데 제약을 부과하지 않는다고 보고하였다(EACEA, 2012: 169).

재정지원의 이동가능성에 관한 개별국가의 사례를 예를 들어 살펴보기로 하겠다(남궁 근 외, 2014: 125-126). 독일에서는 학위과정 2개 학기를 마친 학생들이 EU 회원국 고등교육기관 또는 해외에서 공부하는 기간 동안에도 독일에서 받던 보조금을 계속 받을 수 있다. 독일 학생이 외국에서 학위 취득을 목적으로 계속 공부할 경우에도 보조금은 유지된다. 더 나아가, 외국에서 학위과정 전체를 이수하거나 전 과정을 마친 학생들도 24개월 동안 교육학점 프로그램(Educational Credit Programme)으로부터 재정지원을 받을 수 있다.

스웨덴 학생들이 외국에서 공부하고자 하면 스웨덴에서 받을 수 있는 정부 보조금과 대부금을 수령할 수 있다. 스웨덴에서 공부하고자 하는 외국출신 응시자는 스웨덴 정부에 보조금이나 대부금 신청을 할 수 없다. 수업료가 없기 때문에 정부 지원은 완전히 생활비에 맞추어 설계되었고, 그로 인해 다른 유럽연합 국민들은 이를 신청할 수 없다.

프랑스의 경우, 2005/06년에 프랑스 학생의 30% 가량에게 제공되는 저소득학생 보조금(means-tested grants)은 프랑스나 프랑스 대학의 해외 학부에서 공부하는 프랑스 학생들만 이용 가능하다. 프랑스 학생이 다른 EU 국가에서 공부하고자 할 때 그 보조금을 이용할 수 없으며, 프랑스 시민이 아닌 학생은 수혜 자격이 없다.

영국 학생들이 유럽연합이나 그 이외의 국가로 유학 가는 경우 자신들의 보조금과 대부금을 가지고 갈 수 없다. 그러므로 영국 학생들이 외국에 유학할 경우 에라스무스 프로그램 보조금 또는 대부금에 의존하여야 한다.

학생교류를 제약하는 주요요인 가운데 하나가 언어능력이다. 언어능력은 성공적인 학생교류를 위하여 필수적인 선결조건이다. 그러므로 유럽국가의 대략 1/3 정도가 전입 및 전출 학생들을 위해 국가가 재정을 지원하는 언어 프로그램을 제공하고 있다. 예를 들면, 노르웨이는 자국 학생들이 해외에서 공부하기 이전에 그 국가의 언어와 문화를 배우기 위해 한 학기 동안 더 등록할 수 있도록 국가 대출의 형태로 재정지원을 제공함으로써 외국어를 배울 수 있도록 한다.

Ⅳ. 학생교류 성과의 평가

정책평가의 관점에서는, 정책수단의 실현을 통하여 의도하였던 목표가 어느 정도 달성되었는지에 관심을 가진다. 즉, 정책 프로그램에 투입된 자원과 활동들이 어떻게 그리고 어느 정도 의도된 방향으로 상황을 변화시켰는지 파악하고자 하는 것이다. 볼로냐 협약의 학생교류 촉진과 관련시킬 경우에, 볼로냐 협약 참여자들은 국제교류를 촉진하기 위하여 도입된 여러 가지 정책수단들, 즉 유럽연합 차원의 에라스무스 프로그램을 포함한 유럽학점교류시스템(ECTS), 3단계 학제개편, 프로그램의 모듈화 등의 정책수단, 국가수준의 전략과 실행계획 및 재정지원이 학생교류를 증가시켰을 것이라고 기대할 수 있다(Voegtle & Fulge, 2013). 더 나아가 이를 통하여 유럽 차원의 문화 및 지식을 확산시키고, 21세기 지식사회에서 고용가능성을 증진시키는데 기여한 것으로 기대할 수 있을 것이다(King & Raghuram, 2012; West & Barham, 2009).

일반적으로 특정의 '정책'이 성공한 것으로 판단하려면, 이를 뒷받침할 수 있는 평가기준과 증거가 필요하다. 그럼에도 불구하고, 평가기준을 설정하는 것이 쉽지 않을 뿐 아니라 평가기준이 있을 경우에도 그에 해당하는 자료를 활용할 수 있는지는 별개의 문제이다.

볼로냐 프로세스에 기반을 둔 국제교류 촉진을 위한 정책수단들이 성공했는지 평가하려면 유럽고등권역 내에서 전입 및 전출교류 학생수가 증가하였는지 증거를 살펴보아야 한다. 그런데 유럽고등교육권역(EHEA)국가의 범위는 고정된 상황이 아니라 매년 증가하여 왔으므로, 시계열 자료를 통하여 평가하는 데는 어려움이 따른다.

여기에서는 유럽고등권역 내에서 학점교류와 학위교류를 포함한 국제교류가 얼마나 증가하였는지, 교류흐름의 국가 간 균형은 어떠한 지를 살펴보기로 하겠다. 증거자료로는 교류학생의 숫자를 가지고 판단하는 방법, 그리고 볼로냐 프로세스 집행보고서 등에 보고된 고등교육기관 대표들을 대상으로 한 설문조사 결과를 활용하기로 하겠다. 이어서 유럽고등교육권역 또는 권역 내의 주요국가들의 교류 현황을 주요경쟁국가인 미국 및 호주 등과 비교하여 목적지로서 유럽고등권역에 소재한 고등교육기관의 매력이 높아졌는지 파악하기로 하겠다.

1. 유럽고등교육권역 내의 에라스무스 프로그램 학생교류

에라스무스 프로그램에 참여하는 국가는 29개 EU회원국가에 4개국이 추가된 총 33국가이다. 그러므로 EHEA에 참여하는 47개 국가와 비교하면 참여국가의 수가 적다.

1) 교류학생 증가추세

에라스무스 프로그램이 시작된 1987년 이래, 그 프로그램 보조금의 혜택을 받은 학생수는 꾸준하게 증가하였다. 첫해인 1987/88년에 3,244명으로 출발하였다([그림 6-2] 참조). 볼로냐 선언이 이루어진 1999/00년에는 107,666명의 학생이 혜택을 보게 되었다. 2009/10년에는 최초로 20만 명을 초과하였다. 2011/12년에 교육 또는 훈련을 위하여 해외에 나간 학생은 252,827명으로 증가하였는데, 이는 1년 전 대비 9% 증가한 수치이다. 한편 2010/11년 증가율은 8.5%였다.[1] 2011/12년 참여학생 25만 여명은 33개 에라스무스 참여국가의 총학생수 24백만명 가운데 1% 정도에 해당한다. 고등교육기관의 평균 재학기간은 4~5년(학사와 석사)이므로, 유럽학생의 약 4.5%가 재학기간 중 에라스무스 보조금을 받은 것으로 추산할 수 있다. 이들 가운데 68%가 학사과정, 28%가 석사과정, 1%가 박사과정이며 3%가 단기학위과정 학생들이다.[2]

2011/12년 에라스무스 교류학생 1인당 월평균 EU 보조금은 252유로이며, 이는 직전 연도의 250유로와 유사한 수준이다. 학점교류 학생의 월평균 보조금은 234유로(직전 226유로), 직장경험 학생들의 월평균 보조금은 361유로인데 이는 지난해 366유로와 대비하여 약간 삭감된 액수이다.

에라스무스 위원회는 전입국가의 생활비를 기초로 월 단위 보조금의 상한선을 설정한다. 그러나 각 사례에서 정확한 액수는 그 프로그램을 관리하는 각국의 기관과 고등교육기관이 설정한다. 2011/12년의 경우 에라스무스 교환학생에 참여하는 336명이 특수한 니즈 또는 장애 때문에 추가적 재정지원을 받았는데, 이는 직전 연도의 254명보다 크게 늘어난 숫자이다.

---

1) 이하 http://europa.eu/rapid/press-release_MEMO-13-647_en.htm 2014년 7월 29일 접근 참조.

2) http://europa.eu/rapid/press-release_MEMO-13-647_en.htm p. 4

2011/12년 에라스무스 교류학생 252,827명 가운데 204,744명이 교육을 목적으로 해외에 나가게 되었다. 학생들은 평균적으로 6.3개월을 수학하는 것으로 나타났다. 에라스무스 교류학생들 가운데 사회과학, 경영학, 법학 전공학생이 41.4%로 가장 많았으며, 뒤이어 인문학과 예술 21.9%, 그리고 공학, 생산 및 건설 15.1% 수준이었다. 2007년부터 에라스무스 프로그램은 외국의 회사 또는 기관에서 업무경험을 쌓을 수 있는 기회를 제공하고 있다. 2011/12년에는 에라스무스 교류학생 가운데 약 1/5, 즉 252,827명 가운데 48,083명이 이러한 옵션을 선택하였는데, 이는 지난해보다 18% 증가한 숫자이다. 교류학생의 업무 경험기간은 평균 4.3개월이었다.

에라스무스 프로그램에 참여한 누적 학생 수는 2001/02년에 1백만 명을 돌파하였고, 2008/09년에는 2백만 명을 돌파하였다. 2014/15년까지 누적학생 수 3백만 명을 목표로 하고 있는데, 무난히 달성할 수 있을 것으로 보인다.

볼로냐 협약에서는 2020년까지 유럽고등교육권역의 대학생들이 졸

그림 6-2 에라스무스 참여 학생 수의 변화: 1987/88~2011/12

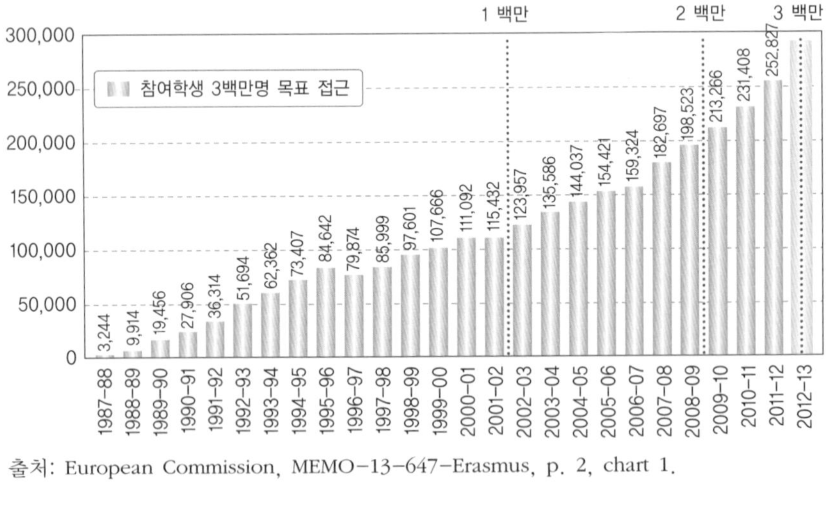

출처: European Commission, MEMO-13-647-Erasmus, p. 2, chart 1.

업 시까지 해외학습 또는 훈련 경험자가 20% 이상이 될 것으로 목표를 설정한 바 있다. 이러한 목표달성에 에라스무스 프로그램은 어느 정도 기여할 수 있을 것인가? 지난 1997년 이후 에라스무스 프로그램 참여 학생 비율의 증가추세를 고려하여 2020년까지 참여 학생 비율이 어느 정도 증가할 것인지 [그림 6-3]에 그 예측 값이 제시되어 있다(EACEA, 2012: 160).

그림 6-3 2020년까지 에라스무스 참여 학생 비율 예측
(학생이 4년 동안 고등교육기관에 재학할 경우 에라스무스 프로그램에 참여할 확률)

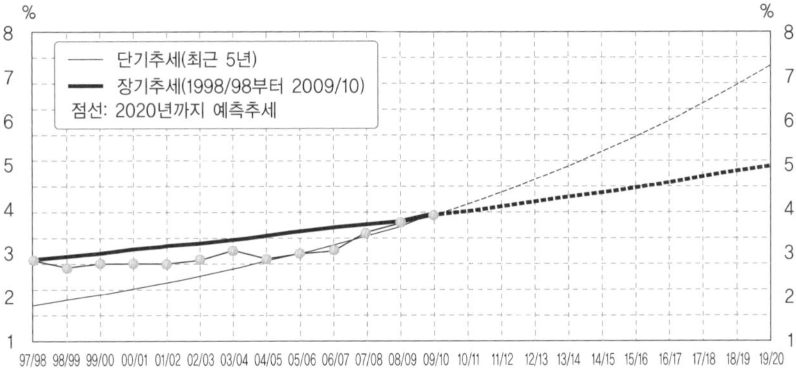

출처: EACEA(2012), p. 162, Figure 7.10.

[그림 6-3]의 수치는 학생이 4년 동안 고등교육기관에 재학할 경우 에라스무스 프로그램에 참여할 확률을 나타낸 것으로 한 해 동안 전체 학생 수 대비 실제로 프로그램에 참여한 학생 수보다는 확률이 훨씬 높다. [그림 6-3]에서 알 수 있듯이 에라스무스 참여 학생 비율은 1997년부터 2004/05년까지는 현상유지 정도가 그쳤을 뿐 크게 증가하지 않았다. 그러다가 2004/05년 이후 참여 학생 비율이 가파르게 증가하였다.

[그림 6-3]에는 1997/98년부터 2009/10년까지 장기적 추세를 고려한 추세선과 지난 5년간, 즉 2004/05년부터 2009/10년까지의 단기적 추세를 고려한 추세선이 제시되어 있다. 보수적으로 추산한 10년간 장기

추세를 고려할 경우에도 2020년에는 해당 학생의 약 5%가 에라스무스 프로그램에 참여할 것으로 예측된다. 한편 지난 5년간만의 자료를 토대로 예측할 경우에는 해당 학생들의 약 7%가 에라스무스 프로그램에 참여할 것으로 예측된다.

2) 에라스무스 전입교류와 전출교류의 국가별 비교

(1) 국가별 전출교류

먼저 국가별 전출교류(out-bound)학생 수를 살펴보기로 하자. 〈표 6-1〉에 제시된 바와 같이 수학 및 실습을 포함한 모든 참여 학생 수를 기준으로 판단할 때, 2011/12년의 경우에는 스페인 39,545명, 독일 33,363명, 프랑스 33,269명 등 3만 명 이상의 학생을 유럽으로 내보낸 것으로 나타났다. 1만 명 이상 내보낸 국가는 이탈리아 23,377명, 폴란드 15,315명, 영국 13,662명, 그리고 터키 11,826명의 순서로 나타났다. 이어서 네덜란드 9,310명, 벨기에 7091명의 순서로 학생들을 내보냈다. 스페인은 상당기간 전출학생수가 가장 많은 국가였으며, 뒤이어 독일, 프랑스, 이탈리아가 뒤따르고 있다. 이들 '전통적'인 EU 회원 국가들의 전출학생은 절대 수치는 많지만 이미 정점에 도달하였기 때문에 그 증가율은 그리 높지 않다(Breznik et al., 2013; 1373). 한편 전년 대비 증가율로 살펴보면 크로아티아 61.8%, 덴마크 19.8%, 슬로베니아 17.2%, 터키 17.1%, 스웨덴 13.1% 순서로 나타났는데, 이들은 인구규모가 비교적 적은 '신입' 국가들이며 따라잡기 위한 노력으로 증가율이 매우 높은 것으로 나타났다.

최근 10개 유럽 국가의 졸업생들을 대상으로 한 설문조사결과에 따르면, 네덜란드와 오스트리아에 있는 졸업생의 20% 이상이 에라스무스 프로그램 참여 등으로 다른 국가에서 적어도 한 학기를 공부했다고 응답하였다(Schomburg & Teichler, 2011). 독일에서는 학사학위 프로그램 졸업생의 16%, 석사학위 프로그램 졸업생의 17%가 다른 국가에서 적어

표 6-1 국가별 에라스무스 전출교류(수학 및 실습포함) 학생수, 2010/11~2011/12

국가	HR 크로아티아	DK 덴마크	SI 슬로베니아	TR 터키	SE 스웨덴	LV 라트비아	NO 노르웨이	DE 독일	IE 아일랜드	ES 스페인	SK 슬로바키아
2010/11	545	2,768	1,480	10,095	3,160	1,959	1,529	30,274	2,511	36,183	2,458
2011/12	882	3,315	1,735	11,826	3,573	2,194	1,690	33,363	2,754	39,545	2,685
연간증가율	61.8%	19.8%	17.2%	17.1%	13.1%	12.0%	10.5%	10.2%	9.7%	9.3%	9.2%

국가	CZ 체코	PT 포르투갈	NL 네덜란드	PL 폴란드	AT 오스트리아	UK 영국	EE 에스토니아	IT 이탈리아	FR 프랑스	HU 헝가리	EL 그리스
2010/11	6,433	5,964	8,590	14,234	5,216	12,833	1,028	22,031	31,747	4,164	3,437
2011/12	7,004	6,484	9,310	15,315	5,590	13,662	1,092	23,377	33,269	4,361	3,591
연간증가율	8.9%	8.7%	8.4%	7.6%	7.2%	6.5%	6.2%	6.1%	4.8%	4.7%	4.5%

국가	BE 벨기에	LT 리투아니아	FI 핀란드	LU 룩셈부르크	BG 불가리아	MT 몰타	LI 리히텐슈타인	CH 스위스	RO 루마니아	IS 아이슬란드	CY 키프로스
2010/11	6,824	3,417	5,081	441	1,837	0	38	0	4,604	263	264
2011/12	7,091	3,548	5,272	450	1,852	149	38	2,714	4,578	261	257
연간증가율	3.9%	3.8%	3.8%	2.0%	0.8%	n.a.	0.0%	n.a.	-0.6%	-0.8%	-2.7%

출처: http://europa.eu/rapid/press-release_IP-13-657_en.htm Annex 1.

도 한 학기를 공부했다. 학사학위로부터 석사학위로 진학한 비율뿐 만 아니라 여러 학위의 빈도를 고려할 때, 독일 대학을 졸업한 졸업생의 17~18%가 학위과정 동안 해외에서 공부한 것으로 추측된다. 그러나 이와는 대조적인 경우도 있다. 영국 학부 졸업생의 오직 4%만이 해외에서 공부했고, 폴란드의 경우에는 학부 졸업생의 2%, 석사 졸업생의 3%만이 해외에서 공부한 경험이 있는 것으로 나타났다. 이러한 결과는 자국 졸업생이 해외에서 공부한 비율이 유럽국가 마다 차이가 있다는 것을 보여준다.

(2) 국가별 전입교류

전입교류 학생이 많은 국가들을 살펴보기로 한다. 〈표 6-2〉에 2011/12년 기준 국가별 전입교류학생수가 제시되었다.

2011/12년의 경우 전입학생이 가장 많은 국가는 스페인 39,300명, 프랑스 28,964명, 독일 27,872명, 영국 25,760명, 이탈리아 20,204명 등

표 6-2 국가별 에라스무스 전입교류(수학 및 실습포함) 학생수, 2011/12

ES 스페인	FR 프랑스	DE 독일	UK 영국	IT 이탈리아	SE 스웨덴	NL 네덜란드	PT 포르투갈	PL 폴란드	BE 벨기에	FI 핀란드
39,300	28,964	27,872	25,760	20,204	10,354	9,892	9,197	8,972	8,593	6,906
DK 덴마크	CZ 체코	AT 오스트리아	IE 아일랜드	TR 터키	NO 노르웨이	CH 스위스	HU 헝가리	EL 그리스	LT 리투아니아	RO 루마니아
6,501	5,834	5,751	5,751	5,269	4,347	3,897	3,757	2,760	1,877	1,732
SI 슬로베니아	SK 슬로바키아	MT 몰타	EE 에스토니아	BG 불가리아	LV 라트비아	CY 키프로스	IS 아이슬란드	LU 룩셈부르크	HR 크로아티아	LI 리히텐슈타인
1,696	1,355	1,202	1,084	908	892	693	571	498	377	61

출처: http://europa.eu/rapid/press-release_IP-13-657_en.htm Annex 2.

의 순서이다. 교류의 목적지로 학생들이 선택한 것은 그만큼 매력적이라는 의미를 가지고 있다. 스페인의 경우에는 공부하려는 목적의 학생들 뿐 아니라, 훈련을 받고자 하는 학생들도 가장 선호하는 국가로 나타났다.

(3) 전입교류와 전출교류의 균형

국가별로 전출학생의 숫자와 전입학생의 숫자는 다르다. 이를 비교하기 위하여 〈표 6-3〉에 전입학생수를 전출학생수로 나누어 그 비율을 제시하였다. 이 경우 국가들은 3개 그룹으로 구분할 수 있다.

첫째, 전입전출학생의 비율이 유사한 국가군이다(70%~130%). 여기에는 스페인, 이탈리아, 프랑스, 독일, 오스트리아, 네덜란드 등 해당된다. 이들 나라는 1987년 에라스무스 프로그램이 시작된 이래 프로그램에 활발하게 참여하고 있는 소위 '선발주자'(long runner)들이며, 에라스무스 교류에 있어서 잘 확립된 교류 기관과 전통을 갖추고 있는 국가들이다(Breznik et al., 2013: 1376).

둘째, 전출학생들보다 전입학생이 많은 전입초과 국가군이다(70% 이하). 이들에는 덴마크, 스웨덴, 영국, 노르웨이 그리고 아일랜드가 해당된다. 이들 국가군은 북유럽국가들로 대변되며, 덴마크, 영국 및 아일랜

표 6-3 국가별 에라스무스 전출교류/전입교류학생 비율

국가	RO 루마니아	LV 라트비아	HR 크로아티아	TR 터키	BG 불가리아	SK 슬로바키아	LT 리투아니아	PL 폴란드	EL 그리스	CZ 체코	DE 독일
전출학생수(a)	4,578	2,194	882	11,826	1,852	2,685	3,548	15,315	3,591	7,004	33,363
전입학생수(b)	1,732	892	377	5,269	908	1,355	1,877	8,972	2,760	5,834	27,872
비율(a/b)	264.3%	246.0%	234.0%	224.4%	204.0%	198.2%	189.0%	170.7%	130.1%	120.1%	119.7%

국가	HU 헝가리	IT 이탈리아	FR 프랑스	SI 슬로베니아	EE 에스토니아	ES 스페인	AT 오스트리아	NL 네덜란드	LU 룩셈부르크	BE 벨기에	FI 핀란드
전출학생수(a)	4,361	23,377	33,269	1,735	1,092	39,545	5,590	9,310	450	7,091	5,272
전입학생수(b)	3,757	20,204	28,964	1,696	1,084	39,300	5,751	9,892	498	8,593	6,906
비율(a/b)	116.1%	115.7%	114.9%	102.3%	100.7%	100.6%	97.2%	94.1%	90.4%	82.5%	76.3%

국가	PT 포르투갈	CH 스위스	LI 리히텐슈타인	UK 영국	DK 덴마크	IE 아일랜드	IS 아이슬란드	NO 노르웨이	CY 키프로스	SE 스웨덴	MT 몰타
전출학생수(a)	6,484	2,714	38	13,622	3,315	2,754	261	1,690	257	3,573	149
전입학생수(b)	9,197	3,897	61	25,760	6,501	5,751	571	4,347	693	10,354	1,202
비율(a/b)	70.5%	69.6%	62.3%	53.0%	51.0%	47.9%	45.7%	38.9%	37.1%	34.5%	12.4%

그림 6-4 국가별 전출교류/전입교류학생 비율

드는 에라스무스 초창기부터 참여한 반면, 스웨덴은 1992/93년 참여 국가를 첫 번째로 확장할 때 합류하였다.

셋째, 전입학생들보다 전출학생이 많은 전출초과 국가군이다(130%

이상). 여기에는 루마니아, 라트비아, 크로아티아, 터키, 불가리아, 폴란드, 슬로바키아가 세 번째 국가군에는 동유럽국가들이 주로 포함되는데, '후발주자'(short runners)라고 부를 수 있을 것이다.

한편 개별고등교육기관에 대하여 전입교류와 전출교류가 균형을 이루고 있는지에 관한 설문조사의 응답분포는 [그림 6-5]와 같다.

그림 6-5 고등교육기관의 전입-전출교류 비율 균형에 관한 응답분포

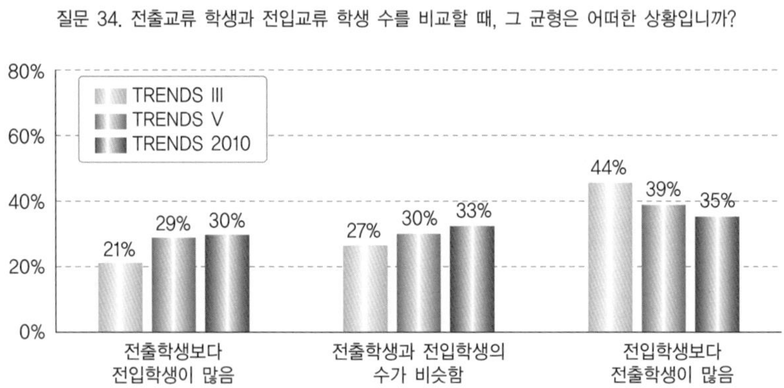

출처: EACEA(2010), p. 77, Table 28.

2010년 서베이 응답을 기준으로 살펴보면, 전입-전출 교류학생이 균형을 이루고 있다는 응답이 33%로 2005년 27%, 2007년 30%와 비교하여 증가하는 추세였다. 또한 전입교류학생이 더욱 많다는 응답은 30%로 2005년 21%, 2007년 29%에 비하여 증가하였다. 한편 전출교류학생이 많다는 응답은 35%였지만, 2005년 44%, 2007년 39%에 비하여 상당히 감소하였다. 그러므로 2010년을 기준으로 보면 고등교육기관들 가운데 세 그룹의 비율이 1/3 정도로 유사하게 나타나고 있다.

2. 유럽고등교육권역 내 학위교류

1) 유럽고등교육권역 국가 간 학위교류에 관한 고등교육기관의 인식

유럽고등교육권역 국가 간 학위교류를 포함한 교류를 확대하기 위하여 볼로냐 프로세스에서는 3단계 학위구조와 학점인정제도 도입 등 다양한 제도 개혁을 추진하였다. 이러한 제도개혁이 실제 학위교류(수직적 교류)에 얼마나 도움이 되었는지 파악하기 위하여 고등교육기관을 대상으로 그 인식을 조사한 결과를 살펴보기로 하자. 800여개의 고등교육기관을 대상으로 한 2010년 조사결과에 따르면, 53%의 응답자가 3단계 학위구조가 학위교류(수직적 교류)를 위한 기회를 '크게 증가시켰다'고 응답하였다([그림 6-6] 참조). 이러한 긍정적 응답비율은 2005년 조사에서의 44%보다 상당히 증가한 것이다. 한편 '전혀 도움이 되지 않았다'라는 응답자의 비율은 2005년 7%에서 2010년 4%로 감소하였다.

그림 6-6 3단계 학위구조가 학위교류(수직적 교류)에 미친 영향에 관한 인식

질문 37. 귀하는 3단계 학위구조가 하나의 고등교육기관에서 다른 고등교육기관으로 상급단계의 학위과정에, 예를 들면 학사학위에서 석사학위(수직적 교류) 진학기회를 더 많이 제공할 것으로 기대합니까?

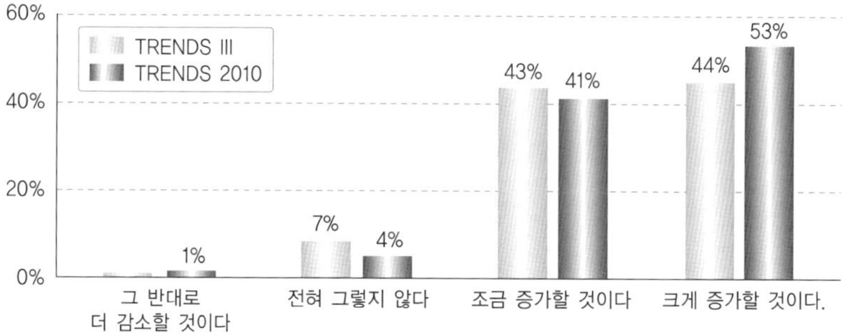

출처: EACEA(2010), p. 76, Table 26.

2) 유럽고등교육권역 내 국가별 전출입 학위교류 현황

(1) 유럽고등권역 내 전입학위 교류

〈표 6-4〉에 2008/09년 기준 유럽고등권역 내 국가들로부터 전입한 학위교류학생수가 제시되었다. 〈표 6-4〉에 나타났듯이 유럽고등권역 내 전입학생 총수는 59만 4156명이다. 이 수치는 같은 해 에라스무스 교류학생수 19만 8천여명의 3배에 해당한다.

전입학생들이 선택한 목적지 국가는 영국 130,203명, 독일 85,326명, 프랑스 54,725명, 오스트리아 52,191명, 이탈리아 37,019명, 러시아 32,079명, 체코 26,577명, 스위스 25,500명, 네덜란드 19,081명, 스페인 15,126명의 순서로 나타났다. 이는 이들 국가들이 전입교류학생의 수요를 충족시키는 학위 프로그램을 가지고 있다는 것을 의미한다. 가장 많은 학생들이 전입한 목적지 국가는 영국으로 에라스무스 학점교류학생들이 가장 선호하는 목적지 국가인 스페인과는 다르다. 학위전입교

표 6-4 국가별 EHEA 전입학위교류 학생수, 2008/09

UK 영국	DE 독일	FR 프랑스	AT 오스트리아	IT 이탈리아	RU 러시아	CZ 체코	CH 스위스	NL 네덜란드	ES 스페인
130,203	85,326	54,725	52,191	37,019	32,079	26,577	25,500	19,081	15,126
HU 헝가리	**BE 벨기에**	**PL 폴란드**	**DK 덴마크**	**BG 불가리아**	**TR 터키**	**NO 노르웨이**	**UA 우크라이나**	**SE 스웨덴**	**RO 루마니아**
11,471	10,367	9,684	9,474	8,656	8,141	7,500	7,038	7,022	6,337
SK 슬로바키아	**FI 핀란드**	**IE 아일랜드**	**AM 아르메니아**	**PT 포르투갈**	**CY 키프로스**	**SI 슬로베니아**	**MK 마케도니아**	**LV 라트비아**	**EE 에스토니아**
5,545	5,207	5,079	2,697	1,895	1,615	1,535	1,409	1,287	942
MD 몰도바	**HR 크로아티아**	**IS 아이슬란드**	**LI 리히텐슈타인**	**LT 리투아니아**	**MT 몰타**	**합계**			
797	675	613	559	528	257	594,156			

주: 다음 국가의 경우, 교류학생이 아니라 외국인 국적 학생의 수에 관한 자료임. 아르메니아, 오스트리아, 아제르바이잔, 체코, 핀란드, 전 유고슬라비아 공화국의 마케도니아, 프랑스, 아일랜드, 이탈리아, 라트비아, 몰타, 몰도바, 노르웨이, 폴란드, 러시아, 터키, 그리고 우크라이나.

출처: EACEA(2012), p. 157, Figure 7.6.

그림 6-7 국가별 EHEA 전입학위교류학생 비율, 2008/09

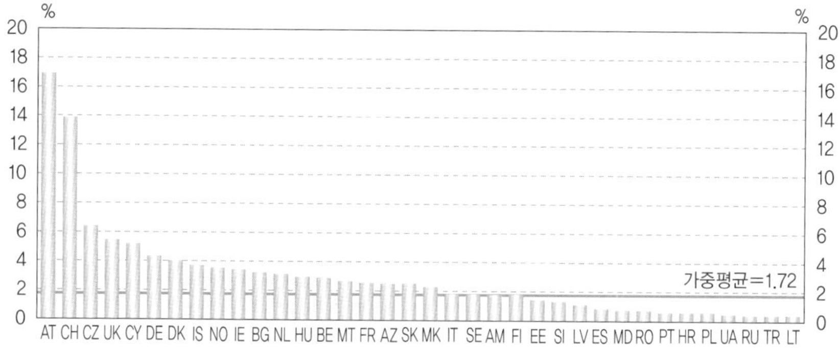

출처: EACEA(2012), p. 157, Figure 7.5.

류 목적지로서 스페인은 10위에 머무르고 있다.

[그림 6-7]에 2008/09년 기준 국가별 등록학생수에 대비한 EHEA 전입학위교류학생 비율(%)이 제시되었다. 오스트리아와 스위스의 전입교류학생 비율이 각각 16.94%, 13.91%로 가장 높다. 뒤이어 체코, 영국, 키프로스의 전입교류 학생 비율이 5% 이상이다. 모든 국가의 가중평균 교류학생 비율은 1.72%이다.

(2) 유럽고등권역 내 전출학위 교류

〈표 6-5〉에 다른 EHEA국가로 전출한 학위교류 학생 수가 제시되었다. 독일이 76,717명으로 가장 많고, 뒤이어 프랑스 35,428명, 러시아 32,303명, 우크라이나 40,459명, 이탈리아 29,031명, 폴란드 28,192명, 슬로바키아 27,434명, 그리스 26,060명의 순서이다.

[그림 6-8]에 국가별로 자국 졸업생수와 대비한 EHEA국가로 전출학위교류로 졸업한 학생의 비율(%)이 제시되었다. 키프로스와 리히텐슈타인이 그 비율이 50%으로 가장 높다. 뒤이어 아이슬란드, 그리스, 아일랜드, 몰타, 슬로바키아 그리고 마케도니아가 10%에서 14%의 수치를 나타내고 있다. EHEA대다수 국가들은 그 비율이 5% 미만이다. 이들 자료를 토대로 할 때, 2008/09년의 국가별 가중평균은 1.83%이다.

표 6-5 국가별 유럽고등권역 내 전출학위 교류학생수, 2008/09

DE 독일	FR 프랑스	RU 러시아	UA 우크라이나	IT 이탈리아	PL 폴란드	SK 슬로바키아	EL 그리스	TR 터키	RO 루마니아	BG 불가리아	ES 스페인
76,717	35,428	32,303	30,459	29,031	28,192	27,434	26,060	21,707	20,101	19,744	16,954

IE 아일랜드	AL 알바니아	CY 키프로스	MD 몰도바	SE 스웨덴	PT 포르투갈	UK 영국	AT 오스트리아	CZ 체코	AZ 아제르바이잔	NO 노르웨이	RS 세르비아
16,751	15,546	12,191	12,028	10,000	9,913	9,539	9,450	9,297	9,175	9,103	8,812

BE 벨기에	CH 스위스	NL 네덜란드	GE 조지아	LT 리투아니아	LU 룩셈부르크	HU 헝가리	BA 보스니아헤르체고비나	FI 핀란드	HR 크로아티아	MK 마케도니아	AM 아르메니아
8,705	8,488	8,399	7,687	7,032	6,577	6,457	5,868	5,761	5,044	4,827	4,735

LV 라트비아	DK 덴마크	EE 에스토니아	IS 아이슬란드	SI 슬로베니아	AD 안도라	MT 몰타	LI 리히텐슈타인	ME 몬테네그로	합계
3,798	3,638	3,408	2,120	2,092	1,293	1,076	877	341	594,158

주: EHEA 내부에서 다음 목적지 국가들은 포함되지 않았음. 알바니아, 안도라, 아제르바이잔, 보스니아-헤르체고비나, 조지아, 교황청, 몬테네그로, 그리고 세르비아.
다음 국가에서 전입한 학생은 교류학생이 아니라 외국인 국적 학생의 수에 관한 자료임. 아르메니아, 오스트리아, 아제르바이잔, 체코, 핀란드, 전 유고슬라비아 공화국의 마케도니아, 프랑스, 아일랜드, 이탈리아, 라트비아, 몰타, 몰도바, 노르웨이, 폴란드, 러시아, 터키, 그리고 우크라이나.
출처: EACEA(2012), p. 157, Figure 7.6.

그림 6-8 국가별 유럽고등권역 내 전출학위 교류학생 비율, 2008/09

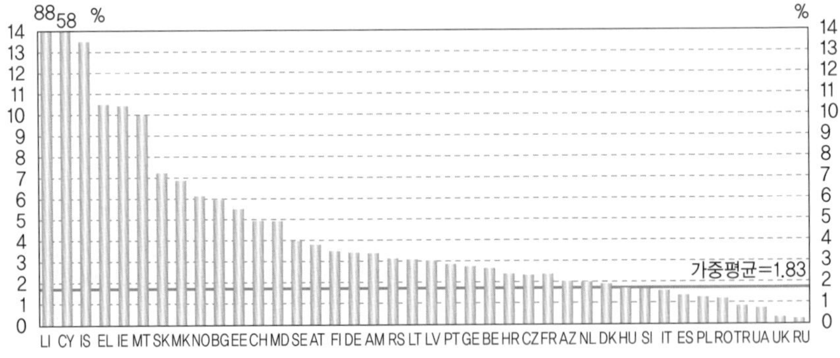

출처: EACEA(2012), p. 158, Figure 7.7.

3) 국가별 학생교류의 균형과 불균형

2007년 런던 선언에서부터 EHEA 권역 내 국가 간 학생교류에서 보다 형평성이 있는 균형교류에 관심을 갖게 되었다(EACEA, 2012: 161). 또한 2009년 루밴 선언에서는 EHEA국가간 전출 및 전입교류 흐름이 보다 균형을 갖추어야 한다고 언명함으로써 균형교류에 관한 기대가 더욱 강화되었다.

균형교류의 개념은 직관적으로 볼 때 바람직한 것처럼 보이지만, 현실은 복잡하다. 예를 들면 교류가 긍정적이라고 가정할 경우에 낮은 수준의 전출교류와 낮은 수준의 전입교류가 이루어질 경우 균형은 맞추었지만 바람직하지는 않은 상황이다. 한편 높은 수준의 전출교류와 높은 수준의 전입교류가 이루어질 경우에도 교류흐름에 포함된 모집단의 특성이나 교류 이유를 알지 못한다면, 바람직하다고 판단하기는 어렵다.

앞의 [그림 6-7]과 [그림 6-8]에서 전입교류학생과 전출교류학생의 비율을 비교하여 보자. 그 차이는 키프로스와 오스트리아가 각각 30.59%와 13.30%로 가장 크다. 뒤이어 아이슬란드, 아일랜드, 리히텐슈타인, 몰타, 몰도바, 슬로바키아, 그리고 스위스가 6~9%이다. 이들 국가 가운데 스위스와 오스트리아는 예외이지만, 그 차이는 전출교류가 큰 것으로 나타났다. 유럽고등권역국가 내에서 전입교류와 전출교류가 균형을 이루고 있는 국가들로는 벨기에, 핀란드, 프랑스, 독일, 이탈리아, 노르웨이, 폴란드, 루마니아, 슬로베니아, 스페인, 스웨덴, 터키와 우크라이나 등으로 1%의 미만의 차이를 보이고 있다. 이들 국가의 경우에는 유럽국가 내부의 흐름만 가지고 본다면 교류의 균형을 이루고 있다고 볼 수 있다.

[그림 6-9]에는 EHEA 국가들이 4개의 그룹으로 구분되었다.

첫째, 우측 하단 4분면에는 전출교류학생수가 비교적 작지만 전출보다는 전입교류학생의 훨씬 많은 국가들이 분포되어 있다. 이들 국가들은 매우 '매력적'인 국가들이라고 볼 수 있다.

그림 6-9 **고등교육시스템의 매력도 측정수단으로서 학생교류 균형, 2008/09 (EHEA내부와 외부교류흐름 포함)**

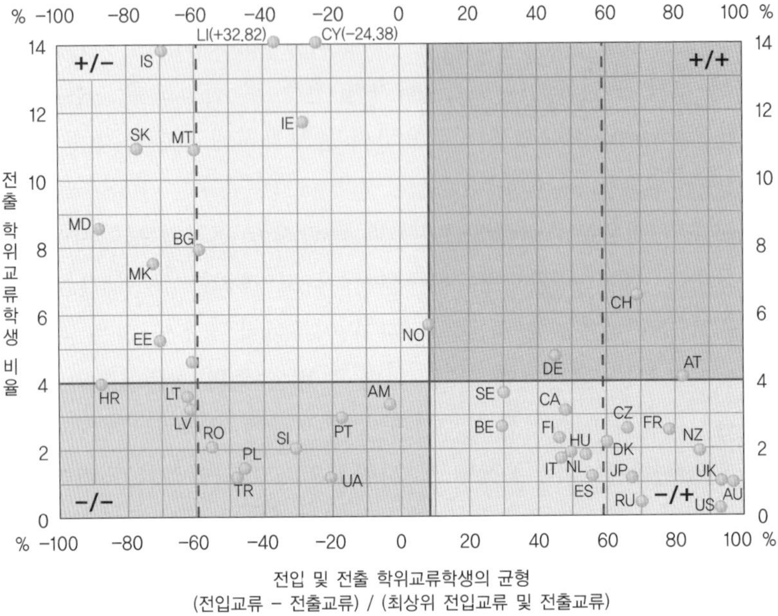

'제한된' 시스템 (높은 전출학생수이면서 부(-)의 균형)	+/-	+/+	'개방적' 시스템 (높은 전출학생수이지만 양(+)의 균형)
'폐쇄적' 시스템 (낮은 전출학생수이면서 부(-)의 균형)	-/-	-/+	'매력적' 시스템 (낮은 전출학생수이지만 양(+)의 균형)

주: 다음 국가의 경우, 교류학생이 아니라 외국인 국적 학생의 수에 관한 자료임. 아르메니아, 오스트리아, 아제르바이잔, 체코, 핀란드, 전 유고슬라비아 공화국의 마케도니아, 프랑스, 아일랜드, 이탈리아, 라트비아, 몰타, 몰도바, 노르웨이, 폴란드, 러시아, 터키, 그리고 우크라이나.

교류의 목적지 국가로 고려된 곳은 EHEA. 단 알바니아, 안도라, 호주, 아제르바이잔, 보스니아-헤르체고비나, 조지아, 교황청, 일본, 몬테네그로, 뉴질란드, 세르비아, 그리고 미국은 제외.

〈그림 이해의 지침〉

이 그림은 전출교류에 대한 균형을 나타냄.

점들은 해당 국가를 표시함.

오른쪽에 위치한 국가들은 전입교류학생이 많은 불균형 국가이며, 왼쪽에 위치한 국가들은 전입교류학생이 많은 불균형 국가이고, 중앙에 가까울 수록 균형잡힌 국가들임.

위쪽이 위치한 국가들은 전출교류학생비율이 높은 국가들이며, 아래쪽에 위치한 국가들은 전출교류학생비율이 적음.

부(-)의 균형은 전출교류학생수가 전입교류학생보다 많음을 의미.

양(+)의 균형은 전입교류학생수가 전출교류학생보다 많음을 의미.

가장 균형잡힌 국가들(자료입수가 가능한 국가들 가운데 균형잡힌 50% 이내 국가로 규정)은 수직의 두 점선 사이에 위치함.
수직의 실선은 전입전출균형의 평균을 나타내며, 수평의 실선은 전출교류의 평균(국가별로 가중되지 않음)을 나타냄. 두 실선이 교차하는 지점은 국가별 위치 지도의 중앙을 나타냄.
출처: EACEA(2012), p. 162, Figure 7.10.

둘째, 우측 상단 4분면에는 전출교류학생보다 전입교류 학생이 압도적으로 많기 때문에 '매력적'이면서도, 동시에 비교적 전출교류학생이 많은 국가들이 분포되어 있다. 이들 국가들은 상당수의 학생들이 해외로 전출하면서도 더 많은 학생들이 해외에서 전입하기 때문에 '개방적' 고등교육시스템이라고 볼 수 있다.

셋째, 좌측 상단 4분면에는 비교적 높은 비율의 전출학생을 가지고 있으면서도, 전입학생에 비해 전출학생이 많은 국가들이 분포되어 있다. 이유는 다양하겠지만 이들 국가들은 상당수의 학생들이 해외로 전출되면서도 전입해 오는 학생들을 유인할 수 있는 매력이 부족하다. 따라서 이들 국가들은 '제한된' 고등교육시스템을 가지고 있다.

넷째, 좌측 하단 4분면에는 비교적 낮은 수준의 전출교류 학생을 가지면서도 해외로부터 전입하는 학생들은 더욱 적은 국가들이 분포되어 있다. 이들 국가들은 해외 학생들을 유인할 수 있는 매력이 적을 뿐 아니라, 학생들이 다른 나라에서 공부하기 위하여 전출하지도 않기 때문에 '폐쇄적' 고등교육시스템을 가진 것으로 볼 수 있다.

위의 자료를 토대로 살펴보면 '개방적' 고등교육시스템을 가진 것으로 평가될 수 있는 국가들은 오스트리아, 독일, 노르웨이 및 스웨덴이다. 독일과 노르웨이는 개방적이면서도 균형을 유지하고 있다. 균형을 유지한 국가들(-60%에서 60% 사이)가운데 14개 국가가 EHEA국가의 평균보다 낮은 전출학위교류 비율을 가지고 있다.

[그림 6-10]에 전입교류와 전출교류의 지역별 불균형에 관한 국가별 인식에 관한 자료가 제시되었다. 일반적 경향은 동-서 불균형으로 전입학생들은 압도적으로 동유럽 및 남유럽국가에서 오며, 전출교류학생들

그림 6-10 학생교류의 균형에 관한 국가별 인식, 2010

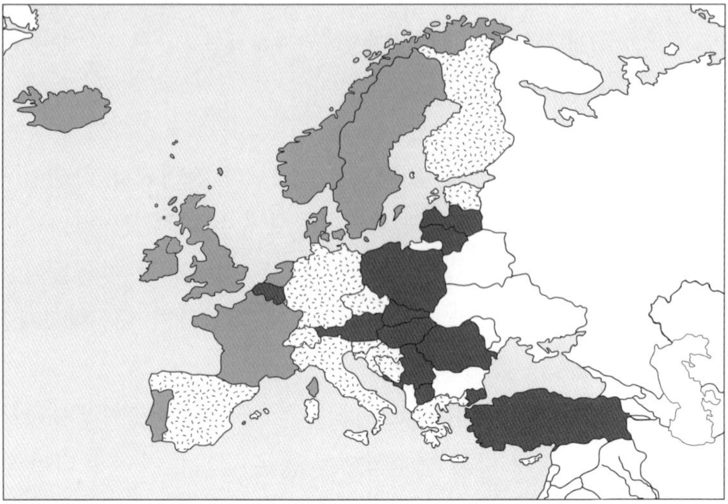

(회색)	전입국가	(13)
(점무늬)	균형국가	(13)
(검정)	전출국가	(14)

출처: EACEA(2010), p. 78, Map 13.

은 서부유럽 및 북부유럽 국가들을 목적지로 하고 있다. [그림 6-10]에 알 수 있듯이 중부유럽 국가들은 전입과 전출의 균형을 맞추고 있다.

3. 유럽고등권역 외부와 국제교류

1) 에라스무스 문더스 프로그램 집행성과

(1) 에라스무스 문더스 프로그램 개요

에라스무스 문더스 프로그램은 유럽연합 차원의 고등교육분야 협력과 교류프로그램으로 유럽고등교육이 직면한 국제화의 과제에 대응하여 유럽고등교육기관의 수월성과 매력도를 제고하고자 2004년부터 추진되었다. 이 프로그램은 1단계 추진계획(2004~2008)에 이어 2단계 추진계

획(2009~2013)이 진행되었다.[3)]

2단계 프로그램은 다음 세 가지 실행계획으로 구성되었다.

- 실행계획 1(Action 1): 석사(Action 1A)와 박사(Action 1B) 수준의 공동학위 과정의 실행과 공동학위 프로그램에 참여하는 개별학생에 대한 장학금과 펠로우십 수여.
- 실행계획 2(Action 2): 에라스무스 문더스 파트너십
- 실행계획 3(Action 3): 유럽 고등교육의 촉진

실행계획 1은 수월성의 중심기관을 형성하고 고도로 훈련된 인적자원을 제공한다는 관점에서 유럽과 제3국가 고등교육기관의 협력을 촉진하자는 것이다. 공동프로그램은 콘소시움 참여기관 사이에 반드시 교류가 이루어져야 하며, 학업을 성공적으로 이수한 학생 및 박사후보자들에게 공인될 수 있는 공동학위, 복수학위를 수여하는 방향으로 추진되어야 한다.

2009년부터 2013년까지 2단계 추진계획의 실행계획 1의 활동에 투입되는 예산과 기대되는 성과는 다음과 같이 계획되었다.

실행계획 2는 유럽과 제3국가 고등교육기관 간 기관차원의 협력과 교류활동을 목적으로 하는 계획이다. 이 실행계획은 에라스무스 문더스 1단계 프로그램의 연장선상에서 추진되고 있다. 실행계획 2에도 4억6천만 유로가 배정되어 있으며, 이를 토대로 약 100개 기관의 협력파트너를 선정하도록 계획되어 있다.

실행계획 3은 전 세계에서 유럽고등교육기관의 매력도, 이미지, 가시도와 접근성을 제고할 수 있는 국가 간 사업, 프로젝트, 이벤트, 그리고 활동에 지원을 제공한다. 여기에 배정된 예산은 약 1억6천만 유로이며, 대체로 50개 정도의 프로젝트에 예산을 배정할 예정이다.

3) Erasmus Mundus 2009-2013 Program guide, version 11/2013.

표 6-6 에라스무스 문더스 제2기(2009~2013) 투입예산과 기대성과

	2013년까지 계획된 숫자	투입예산추정치 (백만유로)
공동학위		
에라스무스 문더스 석사과정(EMMCs)	150	19
에라스무스 문더스 박사과정(EMJDs)	35	6
공동학위 프로그램 합계	185	25
개별 장학금/펠로우십		
범주 A(제3국가) 석사학생 장학금	5,300	245
범주 B(유럽국가) 석사학생 장학금	3,400	63
범주 A(제3국가) 박사학생 펠로우십	440	35
범주 B(유럽국가) 박사학생 펠로우십	330	30
EMMCs 제3국가 학자 장학금	1,900	28
EMMCs 유럽 학자 장학금	1,900	28
장학금/펠로우십 합계	13,270	429
총지정예산		454

출처: Erasmus Program Guide(2009–2013), p. 6.
http://eacea.ec.europa.eu/erasmus_mundus/programme/programme_guide_en.php, 2014년 7월 29일 접근

(2) 에라스무스 문더스 프로그램 집행성과

에라스무스 문더스 프로그램에 따라 실제로 선정되어 혜택을 받은 석사, 박사, 그리고 학자의 숫자와 이들이 소속된 국가의 숫자는 〈표 6-7〉에 제시되었다.

에라스무스 문더스 석사과정 수혜자(유럽국가와 제3국가 포함)는 2004년 19개 국가 140명에서 출발하여, 2008년에는 103개 국가 2,031명으로 증가하였다. 그 이후 수혜학생수는 2,000명 내외를 유지하고 있으며 2013년 수혜국가는 138개 국가로 증가하였다. 2004년부터 2013년까지 연인원 15,923명의 석사과정 학생들이 수혜를 받았다. 2004년부터 2013년까지 기간 중 1,000명 이상의 학생들이 수혜받은 국가는 인도 1,519

표 6-7 연도별 에라스무스 문더스 수혜자 및 수혜국가의 수

연 도		2004	2005	2006	2007	2008	2009	2010	2011	2012	2013	합계
석사과정	수혜자	140	808	1,377	1,825	2,031	1,795	2,141	1,917	1,923	1,966	15,923
	국가	19	37	58	80	103	103	116	123	130	138	
박사과정	수혜자							128	216	297	364	1,005
	국가							13	24	34	42	
학자	수혜자	28	133	231	273	460	489	835				2,449
	국가	16	35	45	48	60	70	89				

출처: http://eacea.ec.europa.eu/erasmus_mundus/results_compendia/statistics_en.php 에서 필자가 계산.

명, 중국 1,339명이다. 300명 이상이 수혜를 받는 국가는 방글라데시 422명, 브라질 578명, 콜롬비아 335명, 에티오피아 523명, 인도네시아 344명, 멕시코 535명, 파키스탄 402명, 러시아 509명, 세르비아 362명, 스페인 302명, 우크라이나 329명, 미국 467명, 베트남 313명 등이다.

에라스무스 문더스 박사과정 수혜자(유럽국가와 제3국가 포함)는 2010년 13개국 128명에서 시작하여 2013년에 42개국 364명으로 증가하였다. 2010년부터 2013년까지 총 1,005명이 혜택을 받았다. 2010년부터 2013년까지 30명 이상 수혜를 받는 국가는 브라질 32명, 중국 77명, 독일 50명, 인도 79명, 이란 44명, 이탈리아 56명, 파키스탄 36명, 러시아 34명, 세르비아 38명, 터키 33명 등이다.

에라스무스 문더스 학자지원 수혜자(유럽국가와 제3국가 포함)는 2004년 16개 국가 28명에서 시작하여 2010년에는 89개 국가 835명으로 증가하였다. 2004년부터 2010년까지 총 2,449명의 학자가 혜택을 받게 되었다.

〈표 6-7〉에 제시된 교류성과를 〈표 6-6〉에 제시된 계획과 비교하기로 한다. 에라스무스 문더스 석사학생 장학생의 경우 2009년에서 2013년 기간 중 계획된 8,900명보다 많은 9,742명이 혜택을 받았고, 박사학

생 펠로우십의 경우에도 계획 770명 대비 1,005명이 혜택을 받아 계획된 목표를 초과달성하였다. 한편 학자 장학금은 3,800명이 계획되어 있었으나, 2009년과 2010년 1,324명이 혜택을 받았으며, 2011년 이후에는 데이터가 없는 실정이다. 세 가지 프로그램의 성과를 종합하면 에라스무스 문더스 프로그램도 계획대로 차질없이 진행되는 것으로 판단할 수 있을 것이다.

2) 유럽고등권역국가와 외부 국가 간 국제교류

(1) 유럽고등교육권역 외부로부터 전입학위교류의 흐름

〈표 6-8〉과 [그림 6-12]에 2008/09년을 기준으로 유럽고등교육권역 외부로부터 권역내부국가로 전입한 학위교류 학생비율이 제시되었다. 그 비율은 유럽고등교육권역 국가별로 유럽고등교육권역(European

표 6-8 국가별 유럽고등교육권역 외부의 전입학위 교류학생비율, 2008/09년

CY 키프로스	UK 영국	FR 프랑스	IE 아일랜드	CH 스위스	DE 독일	SE 스웨덴	NO 노르웨이	FI 핀란드	AT 오스트리아
26.4	9.6	8.3	5.2	4.3	4.0	3.4	2.7	2.5	2.4
MT 몰타	PT 포르투갈	ES 스페인	AM 아르메니아	IT 이탈리아	DK 덴마크	LT 리투아니아	AZ 아제르바이잔	IS 아이슬란드	RU 러시아
2.0	1.9	1.8	1.5	1.3	1.2	1.1	1.1	1.0	1.0
BE 벨기에	UA 우크라이나	CZ 체코	HU 헝가리	NL 네덜란드	MK 마케도니아	RO 루마니아	TR 터키	PL 폴란드	SK 슬로바키아
1.0	0.9	0.9	0.8	0.7	0.5	0.4	0.4	0.3	0.3
BG 불가리아	LI 리히텐슈타인	LV 라트비아	EE 에스토니아	SI 슬로베니아	MK 마케도니아	HR 크로아티아	가중평균		
0.3	0.3	0.2	0.2	0.1	0.0	0.0	2.25		

주: 다음 국가에서 전입한 학생은 교류학생(공부를 위하여 해당국가에 온 학생)이 아니라 외국학생(외국 국적의 학생)의 수에 관한 자료임. 아르메니아, 오스트리아, 아제르바이잔, 체코, 핀란드, 전 유고슬라비아 공화국의 마케도니아, 프랑스, 아일랜드, 이탈리아, 라트비아, 몰타, 몰도바, 노르웨이, 폴란드, 러시아, 터키, 그리고 우크라이나. EHEA 총계에 다음 목적지 국가는 제외되었음. 알바니아, 안도라, 아제르바이잔, 보스니아-헤르체고비나, 조지아, 교황청, 몬테네그로, 그리고 세르비아.

출처: EACEA(2012), p. 155, Figure 7.2.

Higher Education Area, EHEA) 국가를 제외한 전 세계로부터 유입된 전입교류학생을 해당국가의 고등교육기관에 등록된 전체학생의 퍼센트로서 계산된 것이다.

〈표 6-8〉에 따르면 37개 국가의 전입교류학생 가중 평균비율은 2.25%이다. 이는 EHEA 권역 내 국가로부터 전입하는 가중평균 교류학생 비중인 1.72%보다 높다. 그러므로 유럽국가로 전입하는 외국학생의 숫자는 EHEA 권역 내부보다는 외부에서 오는 학생들이 많다. 목적지 국가별로 살펴보면 키프로스, 영국, 프랑스, 아일랜드 등 4개 국가만이 전입 학위교류 학생(incoming degree mobility students) 비율이 5% 이상이었다. 이들 국가들이 유럽고등교육권역 외부로부터 오는 학생들에게 가장 매력적인 국가인 것처럼 보인다. 반면, 16개 국가의 전입 학위교류 학생의 비율은 1%보다 적다. 전입교류 학생 비율과는 달리 전입교류 학생의 절대수치는 상당히 다르다. 학위취득의 목적지 국가별 전입교류 학생의 분포를 보면 영국, 프랑스, 러시아, 독일이 유럽고등교육권역 외부로부터 오는 모든 교류학생의 76%를 차지한다.

(2) 유럽고등교육권역 내부로부터 외부로의 전출학위교류의 흐름

〈표 6-9〉에 2008/09년 기준 유럽고등교육권역국가에서 세계의 다른 지역으로 나간 국가별 전출학위 교류학생비율이 제시되었다. 전출 학위교류 학생(outward degree mobility students)의 비율은 모국에서 졸업하는 전체 학생 수와 대비하여 모국이 아닌 다른 국가에서 졸업한 교류학생의 비율을 퍼센트로 나타낸 것이다. 〈표 6-9〉에 따르면 36개 국가 전출교류 가중 평균비율은 0.34%에 지나지 않는다. 이는 전입교류학생 가중 평균비율은 2.25%과 대비된다. 유럽국가에는 전출학생보다는 전입학생이 압도적으로 많다는 것을 의미한다.

국가별로 살펴보면, 아이슬란드와 키프로스와 같은 작은 국가에서 그 비율이 2% 이상으로 가장 높다. 다음으로 노르웨이, 스위스, 스웨덴, 불가리아, 리히텐슈타인 국가가 1%~1.5%의 비율을 보이면서 그 뒤를

표 6-9 국가별 유럽고등교육권역 외부로 나간 전출학위 교류학생비율, 2008/09년

IS 아이슬란드	CY 키프로스	NO 노르웨이	CH 스위스	SE 스웨덴	BG 불가리아	LI 리히텐슈타인	IE 아일랜드	FR 프랑스	DE 독일
2.54	2.16	1.45	1.26	1.13	1.10	1.10	0.93	0.78	0.73
DK 덴마크	UK 영국	MT 몰타	MK 마케도니아	AT 오스트리아	TR 터키	HR 크로아티아	EE 에스토니아	NL 네덜란드	MD 몰도바
0.60	0.58	0.56	0.55	0.52	0.48	0.46	0.44	0.41	0.39
FI 핀란드	BE 벨기에	PT 포르투갈	RO 루마니아	LV 라트비아	CZ 체코	AM 아르메니아	SK 슬로바키아	IT 이탈리아	ES 스페인
0.36	0.32	0.31	0.30	0.29	0.28	0.27	0.26	0.25	0.24
LT 리투아니아	SI 슬로베니아	HU 헝가리	PL 폴란드	UA 우크라이나	RU 러시아	가중평균			
0.22	0.22	0.22	0.15	0.08	0.07	0.34			

주: EHEA 외부지역의 목적지로 고려된 국가는 호주, 캐나다, 일본, 뉴질랜드, 그리고 미국임. 일본이 목적지인 경우에는 교류학생이 아니라 외국인 국적 학생의 수에 관한 자료임.
출처: EACEA(2012), p. 155, Figure 7.3.

따르고 있다. 국가별로 전출학생수를 살펴보면, 프랑스, 터키, 독일, 영국 등 네 국가 출신의 학생들이 유럽고등교육권역 이외의 국가에서 공부하고 있는 유럽고등교육권역 출신 전출교류학생의 거의 절반을 차지한다.

4. 미국 등 경쟁국가와 유럽고등교육기관의 매력도 비교

학위교류(degree mobility)에 관한 자료는 UNESCO, OECD, 유럽연합통계청(Eurostat)을 통해 회원국 정부로부터 수집된다.[4] 〈표 6-10〉에

4) 그런데 일부 국가에서는 외국 국적을 가진 자국 학생들을 외국인으로서 분류하였다. 예를 들어 독일에서는 전 생애를 독일에서 거주한 터키 국적 학생들이 외국인으로 분류된다. 국적을 이렇게 분류할 경우 이민 인구 대비 귀화비율이 낮은 국가들에서 외국학생 규모를 과대평가하는 결과를 초래할 수 있다. 학생교류에 대한 통계자료 수집방식을 개선하기 위하여 OECD, 유럽연합통계청(Eurostat), UNESCO는 2005년에 자료수집방법을 수정하였고, 국제학생에 대한 새로운 개념을 도입하였다. '국제학생'을 공부하려는 분명한 의도를 가지고 국경을 넘은 학생을 의미하는 것으로 규정한 것이다. 그렇지만 학생교류 측정은 대체로 이민법과 자료의 제약 때문에 영향을 받는다.

표 6-10 세계 및 대륙별 전출학위교류 학생수, 2000~2012

(단위: 1000명)

연 도	2000	2001	2002	2003	2004	2005	2006	2007	2008	2009	2010	2011	2012	증가율(%) (2012-2000)
세계	1,788	1,893	2,139	2,355	2,383	2,500	2,510	2,668	2,840	3,052	3,239	3,430	3,510	96.31%
아프리카	231	248	282	313	311	317	325	334	345	364	381	402	404	74.89%
아시아	777	829	979	1,114	1,190	1,271	1,270	1,368	1,502	1,638	1,743	1,862	1,915	146.46%
유럽	573	597	627	662	618	638	635	662	678	721	774	824	850	48.34%
북아메리카	120	128	147	154	154	161	166	174	173	179	181	180	182	51.67%
남아메리카	65	67	80	88	82	86	87	102	112	119	128	129	125	92.31%
오세아니아	22	23	25	25	27	26	27	29	29	31	32	32	33	50.00%

출처: UNESCO statistics(http://stats.uis.unesco.org/unesco/).

2000년부터 2012년까지 전 세계 및 대륙별 전출학위 교류학생 수가 제시되었다. 전 세계적으로 전출교류 학생 수는 2000년 178만8천명에서 2012년 351만 명으로 96.31%, 즉 약 두 배 가깝게 증가하였다. 이를 대륙별로 살펴보면 중국 및 인도를 포함한 아시아 대륙학생이 2000년 77만 7천명에서 2012년 191만 5천명으로 146.46% 증가하여 가파르게 증가하였다. 아시아 이외 대륙의 증가율은 아프리카 74.89%, 유럽 48.34%, 북아메리카 51.67%, 남아메리카 92.31%, 오세아니아 50.00%로 세계평균에 미치지 못한다.

이들 전출학생들의 교류목적지를 살펴보기로 하자. 〈표 6-11〉에 2000년부터 2012년까지 전세계 및 대륙별 전입교류학생 비율(%)이 제시되었다. 지난 10여년간 전 세계적으로 대학재학생수도 증가하였기 때문에 전출입교류학생수의 증가에도 불구하고 전입교류학생 세계평균 비율은 2000년 2.07%에서 2012년 2.04%로 큰 변화가 없다. 그러나 대륙별로 살펴볼 경우, 그 비율이 크게 증가한 지역은 유럽과 오세아니아이다.

유럽의 경우 2000년 3.68%에서 2012년 5.49%로 1.81%포인트 증가하였다. 2008년에는 4.26%였다. 이는 [그림 6-7]에 제시된 유럽고등교육권역 내 국가로부터 전입교류학생 가중평균 1.72%와 〈표 6-8〉에 제시된 유럽고등권역 외부로부터 전입교류학생 비율 2.25%를 합산한 수치보다 약간 크지만, 각 통계별로 포함된 국가의 수가 다르기 때문에 나타난 현상으로 보아야 할 것이다. 유럽에서 그 이전 증가율과 비교할 때 2008년 이후 증가율은 훨씬 높다.

오세아니아의 경우, 2000년 11.36%에서 2012년 18.04%로 6.68%포인트 증가하였다. 한편 북아메리카는 2000년 3.00%에서 2012년 3.23%로 0.23%포인트 증가에 그쳤다. 아프리카, 아시아, 그리고 남아메리카는 그 비율에 큰 변동이 없다.

이러한 통계 결과는 해외에서 공부하기를 원하는 학생들에게 유럽국가의 대학들이 아주 매력적인 곳이라는 것을 의미한다고 볼 수 있다 (Charlier & Croché, 2008 참조). 따라서 볼로냐 프로세스의 목표인 유럽권역 내 국가간 교류 촉진과 미국 등과 대비하여 유럽고등교육기관의 경쟁력을 제고한다는 목표가 어느 정도 달성된 것으로 볼 수 있다.

표 6-11 전세계 및 대륙별 전입교류학생 비율(%), 2000~2012

연 도	2000	2001	2002	2003	2004	2005	2006	2007	2008	2009	2010	2011	2012	차이 (2012-2000)
세계	2.07	2.01	2.09	2.12	2.04	2.03	1.94	1.96	1.98	2.01	2.05	2.06	2.04	-0.02
아프리카	-	-	-	1.64	1.59	1.49	1.52	1.54	1.58	1.54	1.58	1.68	1.69	0.05
아시아	0.83	0.77	0.79	0.76	0.75	0.75	0.74	0.74	0.74	0.78	0.80	0.78	0.77	-0.06
유럽	3.68	3.69	3.70	4.06	4.02	4.08	3.95	4.06	4.26	4.45	4.81	5.25	5.49	1.81
북아메리카	3.00	2.96	3.16	3.11	2.98	3.01	2.91	3.04	3.07	3.11	3.08	3.14	3.23	0.23
남아메리카	-	0.12	0.12	0.13	0.11	0.12	-	-	0.22	-	-	-	-	0.10
오세아니아	11.36	12.73	16.48	17.81	16.70	17.25	17.43	18.56	19.41	20.36	20.15	19.26	18.04	6.68

출처: UNESCO statistics(http://stats.uis.unesco.org/unesco/).

〈표 6-12〉에 2000년부터 2012년까지 유럽국가와 주요 경쟁국가의 연도별 전입교류학생 비율(%)을 제시하였다. 먼저 경쟁 국가를 살펴보기로 하자. 미국은 2000년 3.60%에서 2012년 3.53%로 정체상태에 머물고 있다. 한편 오세아니아 국가인 호주와 뉴질랜드는 각각 2000년 12.51%와 4.77%에서 2012년 18.30%와 15.79%로 상당히 증가하였다. 아시아 국가인 한국과 일본도 각각 2000년 0.11%와 1.50%에서 시작하여 2012년 1.77%와 3.83%로 크게 증가하였다.

〈표 6-12〉에 제시된 바와 같이 외국 학생의 비율은 유럽국가 사이에서도 상당히 차이가 난다. 가장 최근 통계(2011년 또는 2012년)를 기준으로 외국학생의 비율이 10%이상인 국가는 오스트리아 15.42%, 키프로스 23.46%, 프랑스 11.82%, 리히텐슈타인 78.96%, 스위스 16.50%, 영국 17.14%이다. 한편 2000/12 기간 중 그 증가율이 2배 이상인 국가는 체코(2000년 2.16%에서 2012년 8.96%), 핀란드(2000년 2.06%에서 2012년 5.71%), 그리스(2002년 1.63%에서 2011년 4.97%), 이탈리아(2000년 1.41%에서 2012년 4.04%), 슬로바키아(2000년 1.16%에서 2012년 4.09%), 네덜란드(2000년 2.87%에서 2012년 7.25%) 등이다. 한편 1%포인트 이상 감소한 국가들은 벨기에(2000년 10.91%에서 2012년 8.98%), 크로아티아(2001년 2.61%에서 2012년 0.54%), 라트비아(2000년 6.57%에서 2012년 2.80%) 등이다. 나머지 국가들은 대체로 1~2%포인트 증가하였다.

〈표 6-11〉에서 보는 바와 같이 학위의 목적지 국가로서 유럽의 매력은 볼로냐 선언 이후 상당히 높아졌다. 가장 큰 경쟁지역인 북아메리카와 비교할 때 2012년 전입학생 비율은 유럽 5.49%인 데 비하여 북아메리카는 3.23%에 불과하다. 2000년부터 2012년까지 증가율을 고려한다면 유럽은 1.81%포인트 증가한 반면, 북아메리카는 0.23%포인트 증가에 그쳤다.

그렇다면 고등교육의 목적지로서 유럽의 매력은 모든 유럽국가에 유사하게 나타나는가? 〈표 6-12〉에 따르면 그렇지 않다는 것이 분명하게

표 6-12 유럽국가와 주요 경쟁국가의 연도별 전입교류학생 비율(%), 2000~2012

연 도	2000	2001	2002	2003	2004	2005	2006	2007	2008	2009	2010	2011	2012	차이 (2012-00)
주요 경쟁국가														
호주(AU)	12.51	13.93	17.75	18.70	16.65	17.28	17.76	19.52	20.63	21.47	21.25	19.83	18.30	5.79
일본(JP)	1.50	1.60	1.89	2.17	2.92	3.12	3.19	3.12	3.21	3.40	3.69	3.90	3.88	2.38
뉴질랜드(NZ)	4.77	6.23	9.58	13.48	17.02	16.99	-	13.62	12.92	14.58	14.23	15.58	15.79	11.02
한국(KR)	0.11	0.12	0.15	0.24	0.33	0.48	0.69	1.00	1.26	1.55	1.81	1.87	1.77	1.66
미국(US)	3.60	3.50	3.66	3.53	3.39	3.42	3.34	3.36	3.42	3.46	3.35	3.38	3.53	-0.07
유럽국가														
오스트리아(AT)	11.63	11.97	12.72	13.53	14.13	-	15.54	16.70	18.75	19.38	19.59	19.50	15.42	3.79
벨기에(BE)	10.91	10.62	11.00	11.18	6.79	5.40	6.30	6.40	7.43	7.98	8.11	8.19	8.98	-1.93
불가리아(BG)	3.11	3.29	3.50	3.48	3.63	3.59	3.84	3.52	3.50	3.44	3.50	3.63	3.93	0.82
크로아티아(HR)	-	2.61	0.62	2.33	-	2.57	2.50	2.49	3.30	0.50	0.56	0.45	0.54	-2.07
키프로스(CY)	19.44	20.71	21.96	28.91	32.04	24.38	25.79	25.15	27.94	31.78	31.93	27.99	23.46	4.02
체코(CZ)	2.16	2.98	3.43	3.60	4.68	5.51	6.33	6.74	7.11	7.35	8.00	8.53	8.96	6.80
덴마크(DK)	6.80	6.53	7.38	8.98	4.55	4.41	5.32	5.47	2.77	5.36	7.54	7.82	8.13	1.33
에스토니아(EE)	1.61	1.05	0.75	1.71	1.26	1.57	1.55	1.40	1.51	1.59	1.78	-	2.54	0.93
핀란드(FI)	2.06	2.25	2.38	2.52	2.64	2.76	3.73	3.26	3.65	4.25	4.64	5.09	5.71	3.65
프랑스(FR)	6.80	7.25	8.15	10.46	11.00	10.81	11.24	11.32	11.25	11.47	11.58	11.87	11.82	5.02
독일(DE)	-	-	-	-	-	-	-	-	-	-	-	7.52	7.04	-0.48
그리스(EL)	-	-	1.63	2.22	2.41	2.43	2.54	3.51	-	-	4.18	4.97	-	3.34
헝가리(HU)	3.23	3.40	3.32	3.13	3.06	3.12	3.30	3.50	3.74	3.65	4.01	4.31	4.60	1.38
아이슬란드(IS)	4.17	4.13	4.07	4.35	3.32	-	4.55	4.95	4.33	4.63	4.92	5.83	-	1.66
아일랜드(IE)	4.62	4.93	5.22	5.62	6.74	6.91	6.85	8.80	7.17	7.08	6.95	10.71	5.76	1.14
이탈리아(IT)	1.41	1.61	1.53	1.89	2.05	2.23	2.42	2.82	3.39	3.27	3.53	3.74	4.04	2.63
라트비아(LV)	6.57	7.70	2.95	2.01	1.02	1.28	-	1.11	1.15	1.27	1.56	1.91	2.80	-3.77
리히텐슈타인(LI)	-	-	-	-	77.44	-	90.09	86.48	81.63	74.40	75.22	78.96	-	1.52
리투아니아(LT)	0.44	0.46	0.46	0.41	0.40	0.44	0.61	0.95	1.44	1.34	1.48	1.61	1.79	1.35
룩셈부르크(LU)	-	-	-	-	-	-	42.24	-	43.81	-	41.41	-	-	-0.83

연 도	2000	2001	2002	2003	2004	2005	2006	2007	2008	2009	2010	2011	2012	차이 (2012-00)
몰타(MT)	5.56	4.58	4.82	4.57	5.62	6.41	7.16	6.19	4.61	4.34	-	4.10	4.84	-0.72
네덜란드(NL)	2.87	3.29	3.65	3.90	4.81	4.67	4.66	4.65	4.99	3.83	4.30	4.92	7.25	4.38
노르웨이(NO)	4.56	4.65	4.82	5.21	5.79	6.26	6.66	7.26	7.57	7.98	7.00	7.24	7.75	3.19
폴란드(PL)	0.39	0.38	0.39	0.38	0.40	0.48	0.53	0.61	0.69	0.79	0.85	1.00	1.17	0.78
포르투갈(PT)	2.99	-	3.96	3.86	4.09	4.47	4.65	4.89	2.15	2.45	2.88	-	4.75	1.76
루마니아(RO)	2.78	2.19	1.82	1.51	1.53	1.46	1.03	1.01	1.31	0.94	1.35	1.84	-	-0.94
슬로바키아(SK)	1.16	1.17	1.08	1.04	0.94	0.89	0.81	0.87	2.26	2.69	3.39	3.87	4.09	2.93
슬로베니아(SI)	0.93	0.94	0.96	0.95	0.85	0.97	0.95	1.03	1.18	1.78	1.68	1.84	2.27	1.34
스페인(ES)	2.22	2.18	2.45	2.91	0.82	0.98	1.02	1.82	2.12	2.69	2.98	3.21	2.84	0.62
스웨덴(SE)	7.37	7.35	7.49	7.83	4.02	4.68	5.04	5.35	5.57	6.40	6.93	7.88	6.32	-1.05
스위스(CH)	16.58	16.99	17.23	17.66	18.22	18.42	17.89	17.98	14.12	14.92	15.36	16.22	16.50	-0.08
터키(TR)	-	1.04	0.97	0.66	0.78	0.86	0.81	0.78	0.80	0.75	0.73	0.82	0.89	-0.15
영국(UK)	11.01	10.92	10.14	11.16	13.35	13.92	14.13	14.88	14.67	15.28	15.73	16.85	17.14	6.13

※ 일부자료가 없는 국가(크로아티아, 독일, 그리스, 아이슬란드, 룩셈부르크, 루마니아, 터키)의 증가율은 최신 연도의 자료와 가장 빠른 시점의 자료를 기준으로 계산한 것임.
출처: UNESCO statistics (http://stats.uis.unesco.org/unesco/).

드러난다. 2012년 기준 전입학생 비율이 유럽평균 5.49%보다 높은 국가는 오스트리아(15.42%), 벨기에(8.98%), 체코(8.96%), 덴마크(8.13%), 프랑스(11.82%), 독일(7.04%), 아일랜드(5.76%), 네덜란드(7.25%), 노르웨이(7.75%), 스웨덴(6.32%), 스위스(16.50%), 영국(17.14%) 등이며 이들이 전입교류학생들의 주요 목적지가 되고 있다. 따라서 이러한 국가간 불균형 문제를 해결하는 것이 심각한 향후 과제가 될 것이다.

V. 종합 논의

이 장에서는 유럽고등교육권역 국가들이 볼로냐 협약 이후 국제교류 분야에서 달성한 집행성과를 학생교류를 중심으로 살펴보았다. 볼로냐 선언 이전에 유럽연합은 회원국가간 학생교류를 촉진하기 위하여 1987년부터 Erasmus 프로그램을 추진하였고 2004년부터 Erasmus Mundus 프로그램을 추진하여 왔다. EU 차원은 물론, 회원국가와 고등교육기관 차원에서도 유럽고등교육 권역 내 교류는 물론 외부의 고등교육기관과의 학생교류를 촉진하기 위한 전략과 실행계획을 수립하고, 국가별 재정지원 프로그램을 운영하여 왔다. 교류 성과를 세 차원으로 구분하여 살펴보았다.

첫째, 유럽고등교육권역 내 국가 간 학점교류(수평적 교류)의 대표적인 프로그램 교류흐름을 살펴보았다. 에라스무스 프로그램에는 33국가가 참여하는데, 이 프로그램이 시작된 1987년 이래, 그 보조금의 혜택을 받은 학생수가 꾸준하게 증가하였다. 1987년에 3,244명으로 출발하여, 볼로냐 선언이 이루어진 1999/00년에는 107,666명의 학생이 혜택을 보게 되었다. 2011/12년에 교육 또는 훈련을 위하여 해외에 나간 학생은 252,827명으로 증가하였다. 이 수치는 33개 에라스무스 참여국가의 총학생수 2천4백만 명 가운데 1% 정도에 해당하는데, 평균 재학기간은 4-5년(학사와 석사)이므로, 유럽학생의 약 4.5%가 재학기간 중 에라스무스 보조금을 받은 것으로 추산할 수 있다. 이러한 추세가 지속될 경우 2020년에는 해당 학생의 5%에서 7%가 에라스무스 프로그램에 참여할 것으로 예측된다.

이같이 에라스무스 교류학생 증가추세에도 불구하고, 국가별 전입과 전출학생수 및 비율은 상당히 다르다. 스페인, 프랑스, 독일, 영국, 이탈리아가 가장 에라스무스 교류학생이 가장 선호하는 목적지로 나타났다.

에라스무스 전입-전출교류 학생의 비율이 유사한 국가는 스페인, 이탈리아, 프랑스, 독일 등이다. 전입초과국가는 영국, 덴마크, 스웨덴, 노르웨이 등 북유럽국가들인 반면, 전출초과국가는 루마니아, 터키, 불가리아, 크로아티아, 라트비아 등 동유럽국가들이다.

둘째, 유럽고등교육권역 내 국가 간 학위교류(수직적 교류)의 흐름도 살펴보았다. 고등교육기관들을 대상으로 하는 2000년 설문조사결과에 따르면 3단계 학위구조 개편이 학위교류에 큰 도움이 된다는 응답이 53%에 달하였다. 2008/09년 기준 유럽고등권역 내 국가들로부터 전입한 전입학생 총수는 59만 4156명으로, 같은 해 에라스무스 교류학생수 19만 8천여명의 3배에 해당한다. 가장 많은 학생들이 전입한 목적지 국가는 영국이며, 에라스무스 학점교류학생들이 가장 선호하는 목적지 국가인 스페인은 10위에 머물렀다. 한편 독일, 프랑스가 다른 EHEA국가로 전출학생이 가장 많은 국가였다. 2007년 런던 선언에 이어, 2009년 루밴 선언에서 EHEA국가 간 전출 및 전입교류 흐름이 보다 균형을 갖추어야 한다고 언명함으로써 균형교류에 관한 기대가 더욱 강화되었다.

일반적 경향은 동-서 불균형으로 전입학생들은 압도적으로 동유럽 및 남유럽국가에서 오며, 전출교류학생들은 서부유럽 및 북부유럽 국가들을 목적지로 하고 있다. 대체로 중부유럽 국가들은 전입과 전출의 균형을 맞추고 있다.

셋째, 유럽고등권역 외부와 국제교류를 살펴보았다. 에라스무스 문더스 프로그램은 유럽고등권역국가와 제3국가 사이의 고등교육분야 협력과 교류를 강화하기 위한 프로그램으로 석사(Action 1A)와 박사(Action 1B) 수준의 공동학위 프로그램에 참여하는 학생과 학자에 대한 장학금과 펠로우십 수여 등이 포함된다. 에라스무스 문더스 석사학생 장학생, 박사학생 펠로우십, 학자 장학금 등 세 가지 프로그램의 성과를 종합하면 에라스무스 문더스 프로그램도 계획대로 차질없이 진행되는 것으로 판단할 수 있다.

2008/09년 기준 37개 국가에서 유럽고등교육권역 외부로부터 권역 내부국가로 전입한 학위교류 학생 가중 평균비율은 2.25%이다. 이는 EHEA 권역 내 국가로부터 전입하는 가중평균 교류학생 비중인 1.72%보다 높다. 그러므로 유럽국가로 전입하는 외국학생의 숫자는 EHEA 권역 내부보다는 외부에서 오는 학생들이 많다. 학위취득의 목적지 국가별 전입교류학생의 분포를 보면 영국, 프랑스, 러시아, 독일이 유럽고등교육권역 외부로부터 오는 모든 교류학생의 76%를 차지한다. 한편 36개 국가 전출교류 가중 평균비율은 0.34%에 지나지 않는다. 이는 전입교류학생 가중 평균비율은 2.25%과 대비되며, 유럽국가에는 전출학생보다는 전입학생이 압도적으로 많다는 것을 의미한다.

그런데 해외에서 공부하기를 원하는 학생들에게 유럽국가의 대학들이 아주 매력적인 곳인가? 가장 큰 경쟁지역인 북아메리카와 비교할 때 2012년 전입학생 비율은 유럽 5.49%인데 비하여 북아메리카는 3.23%에 불과하다. 2000년부터 2012년까지 증가율을 고려한다면 유럽은 1.81%포인트 증가한 반면, 북아메리카는 0.23%포인트 증가에 그쳤다. 그러므로 볼로냐 협약 이후 학위의 목적지 국가로서 유럽의 매력은 볼로냐 선언 이후 상당히 높아졌다고 볼 수 있다.

그렇다면 고등교육의 목적지로서 유럽의 매력은 모든 유럽국가에 유사하게 나타나는가? 통계자료에는 그렇지 않다는 것이 분명하게 드러난다. 2012년 기준 전입교류학생의 주요목적지가 되는 국가는 오스트리아(15.42%), 벨기에(8.98%), 체코(8.96%), 덴마크(8.13%), 프랑스(11.82%), 독일(7.04%), 아일랜드(5.76%), 네덜란드(7.25%), 노르웨이(7.75%), 스웨덴(6.32%), 스위스(16.50%), 영국(17.14%) 등이다. 따라서 국가 간 불균형 문제를 해결하는 것이 심각한 향후 과제가 될 것이다.

참고문헌

남궁 근 · 김상묵 · 김소영 · 노종호 · 손명구 (2014). **유럽연합의 대학개혁**. 서울: 법문사.

노명환 (2001). **역사와 문화의 차원에서 본 유럽통합의 제 문제**. 서울: 한국외국어대 출판부.

조상식 (2010). '볼로냐 프로세스'와 독일 고등교육개혁. **교육의 이론과 실천**, 15(3): 193-215.

Breznik, Kristijan, V. Skrbinjek, K. Law & G. Dakovic (2013). On the Erasmus Student Mobility for Studies, paper presented at *Active Citizenship by Knowledge Management & Innovation: Management, Knowledge and Learning*, International Conference 2013, 19-21 June 2013, Zadar, Croatia.

European Commission (2004). *Progress towards the Lisborn Objectives in Education and Training: Indicators and Benchmarks*. Commission Staff working paper, Brussels, 21 January, SEC(2004) 73. Brussels: European Commission.

EACEA (2010). *Focus on Higher Education in Europe. The Impact of the Bologna Process.* Brussels: EACEA P9 Eurydice.

EACEA (2012). *The European Higher Education Area in 2012: Bologna Process Implementation Report.* Brussels: EACEA P9 Eurydice.

King, Russell & Parvati Raghuram (2012). International Student Migration: Mapping the Field and New Research Agendas, *Population, Space and Place*, 19(2): 127-137.

Papatsiba, Vassiliki (2006). Making Higher Education More European through Student Mobility? Revisiting EU Initiatives in the Context of the Bologna Process, *Comparative Education*,

42(1):93-111.

Reichert, S. & Tauch, C (2005). *Trends IV: European Universities Implementing Bologna*, www.bologna-bergen2005.no/Docs/02-EUA/050425_EUA_TrendsIV.pdf

Schomburg, H. & Teichler, U (eds.) (2011). *Employability and Mobility of bachelor Graduates in Europe: Key Results of the Bologna Process.* Rotterdam and Taipei: Sense Publishers.

Teichler, Ulrich (2012). International Student Mobility in Europe in the Context of the Bologna Process, *Journal of International Education and Leadership*, 2(1): 1-13.

Voegtle, Eva Maria & Timm Fulge (2013). *The Bologna Process' Impact on cross-national student mobility: A multi-method evaluation*, TranState Working Papers, no. 179.

West, A. and Barham, E (2009). Student mobility, qualification and academic recognition in the EU. *Assessment in Education: Principles, Policy & Practice*, 16(1): 25-37.

Van Mol (2013). Intra-European Student Mobility and European Identity: A Successful Marriage? *Population, Space, and Place*, 19: 209-222.

Charlier, Jean_Emile & Sarah Croché (2008). The Bologna Process: The Outcome of Competition between Europe and The United States and a Stimulus to this Competition. *European Education*, 39(4): 10-26.

Erasmus Mundus 2009-2013 Program guide. version 11/2013.

http://stats.uis.unesco.org/unesco/.

http://europa.eu/rapid/press-release_IP-13-657_en.htm

제7장
집행성과 요약 및 향후과제

Ⅰ. 서 론

볼로냐 협약에서는 2010년까지 유럽고등교육권역(EHEA)을 구축한다는 정책목표를 설정하고, '교육의 질 보장', '학위구조 개편', '학점교환 시스템 채택', '학생과 교직원 교류 확산'등을 주요과제로 추진하기로 하였다. 볼로냐 선언 이후 10여년이 경과한 현시점에서 본다면, 볼로냐 프로세스는 유럽의 고등교육을 상당히 변모시켰다(EACEA, 2012). 실제로 모든 국가에서 유럽고등교육권역이 출현할 수 있도록 지원하고, 다양한 사회적 욕구를 충족시킬 수 있는 고등교육기반을 구축하는데 기여하는 중요한 변화가 이루어졌다. 즉, 고등교육의 구조가 개혁되었으며, 질보장 시스템이 개발되었고, 국제교류를 촉진하는 메커니즘이 확립되었으며, 고등교육의 사회적 차원에 관련된 주요 이슈들이 확인되었다. 자발적인 협력을 기반으로 47개 국가의 고등교육시스템이 공동의 목표에 합의하고, 이를 집행하는 프로젝트의 규모는 역사상 유례가 없는 것이다.

이 책의 분석대상은 볼로냐 협약에 가입한 47개 국가이다. 1999년 이탈리아 볼로냐에서 2010년까지 유럽 각국의 고등교육 시스템을 통합하여 하나로 표준화하는데 합의한 국가는 29개국이다. 볼로냐 선언 이후, 협약 참여국가 교육부 장관들은 매 2년마다 모임을 갖고, 유럽고등교육의 개혁을 위해 협력하기로 결의하였고, 참여국가의 수도 꾸준하게 증가하였다. 2010년 부다페스트-비엔나 회의에서 카자흐스탄이 47번째 회원국가로 가입하였다(EACEA, 2012: 15). 1999년 가입한 29개 국가와 비교할 때, 그 이후 가입한 국가들은 동유럽지역과 중앙아시아의 옛 소련 국가들이 주축을 이루고 있다.

47개 볼로냐 협약 참여국가는 참여시기가 다를 뿐 아니라, 지리적 위치, 인구규모, 국민소득, 고등교육 참여율, 국가재정 지원의 정도 등 여러 가지 측면에서 다양한 국가들로 구성되어 있다. 이같이 유럽고등교육권역(European Higher Education Area, EHEA)의 47개 국가는 매우 다른 맥락에서 고등교육정책을 집행해왔으며, 이들 국가에서 볼로냐 협약의 핵심영역별 집행정도는 상당히 다르다.

이 책에서는 볼로냐 협약의 1단계 목표 기간인 2010년이 경과한 시점에서 협약의 주요 영역별로 집행과정과 성과를 점검하고 평가하였다. 2012년 EU 집행보고서에서는 볼로냐 프로세스의 집행성과를 (1) 학제개편, (2) 품질보장, (3) 교육기회균등, (4) 고용가능성 제고, (5) 평생교육, (6) 국제 교류 분야로 구분하여 분석하였다(EACEA, 2012). 이 책에서는 2012년 EU 집행보고서의 영역 구분을 토대로 2000년 이후 2012년까지 집행성과를 살펴보았다.

Ⅱ. 분야별 집행성과 요약

1. 학제개편

유럽고등교육권역 국가의 학위체제 개편은 소르본느 선언에서부터 핵심과제의 하나이다. 1998년 소르본느 선언에서 학 · 석사 2단계 시스템의 필요성이 분명하게 제시되었다. 1999년 볼로냐 협약에서는 공통의 2단계 학위체제, 즉 1단계 학사과정(최소 3년)과 2단계 석 · 박사과정을 도입하기로 합의하였다. 이와 연계하여 유럽고등교육권역 국가들이 쉽게 이해되고 비교가능한 학위체제를 채택하여 졸업생들의 취업가능성을 제고하는 것은 물론 유럽고등교육체제의 경쟁력 제고를 추구하기로 하였다. 2003년 베를린 회의에서 기존의 2단계 학위체제(학사 및 석 · 박사)를 넘어서 최초로 박사과정이 포함된 3단계 학위체제(학사 · 석사 · 박사)

도입이 논의되었다. 즉, 2단계 석사학위는 3단계 학위인 박사과정으로 진학할 수 있는 통로가 되어야 한다는 것이다.

유럽 고등교육에서는 2004년에 3단계 학위과정을 새롭게 강조하였다. 2단계 학위체제에 추가적인 3단계 학위체제를 박사과정으로 도입한 것이다. 결과적으로 볼로냐 프로세스에 따른 교육개혁은 3~4년간의 학사과정, 1~3년간의 석사과정에 이은 3~4년간의 박사과정을 기본적인 학위체제로 도입하게 되었다. 그러나 이러한 조치가 엄격하게 지켜지도록 규정된 것은 아니어서 국가별, 분야별 자율성은 인정되고 있다.

쉽게 이해되고 양립가능한 학위체제를 채택하고 3단계 학위체제를 도입하는 학제개편은 현재 47개 협약국가에서 집행되고 있다. 26개 국가에서 볼로냐 2단계 학위체제에 상응하는 프로그램에서 공부하는 학생의 비율은 90%이며, 다른 13개 국가에서는 70~89%의 학생이 볼로냐 체제에 상응하는 프로그램에서 공부하고 있다. 일부 국가에서는 법률개정이 늦어졌기 때문에 그러한 프로그램에 참여하는 학생수의 비율이 소규모에 불과하다.

그럼에도 불구하고, 거의 모든 국가에서 유럽연합 지침 2005/36/EC, 그리고 개별 국가의 법률에 따라 5~6년의 학업기간을 필요로 하는 의학, 치의학, 약학, 공학, 그리고 수의학, 더 나아가 기간을 짧지만 공학, 법학, 신학 및 교사교육 분야와 같이 규제가 필요한 직업부문의 전문가를 양성하는 분야에서는 통합 프로그램을 운영하고 있다.

첫 번째 단계의 학위소지자 가운데 두 번째 단계로 진학하는 비율은 유럽고등권역 국가별로 차이가 매우 크다. 대다수의 국가에서 두 번째 단계로 진학하는 비율은 10~24%이지만, 13개 국가에서 그 비율은 75~100%에 이른다. 첫 번째 단계의 학위과정에서 두 번째 단계의 학위과정으로 진학비율이 매우 높은 국가의 경우, 첫 번째 단계를 이수한 것만으로는 노동시장에 진입할 수 있는 자격을 갖추지 못한 증거라고 볼 수도 있다.

유럽고등교육권역(EHEA)의 전체 고등교육에서 학제개편의 실행 목표를 달성하는 것은 시간문제이다. 그러나 일부 국가들의 경우 볼로냐 3단계 체제에서 공부하는 학생의 실제 비율은 여전히 낮은데, 그 이유는 고등교육 기관들이 최근에야 학부 및 대학원 프로그램에 학생들을 받아들이기 시작했기 때문이다. 또한, 일부 국가들 경우 특정적으로 규제되는 직업 및 일부 특정 분야는 아직 2단계 체제에 포함되어 있지 않다.

실제로 볼로냐 프로세스의 성공은 고등교육에서 학습성과에 대한 접근이 종합적으로 이루어지는가에 달려있다. 학습성과는 3단계 학위 제도의 토대이다. 또한, 이는 국가적 교육 틀에 부합한 유럽고등교육권역(EHEA)내에서 대단히 중요한 자격검정 체제 내에서 특징적으로 나타난다. 이는 ECTS에 적합한 학점 축적과 교환 절차 및 품질 보증 시스템에서 필수적인 요소이다. 이것은 자격검정의 투명성 및 인정(recognition)을 더욱 쉽게 관리할 수 있게 해준다. 즉, 학습성과에 대한 체계적인 접근방식은 볼로냐 프로세스의 교육체제가 학습자 중심적이라는 것을 단적으로 보여준다.

2009년 실적조사 및 기타 자료를 고려하면 학습성과의 효과적인 실행은 특히 3주기 학위 제도를 통합하는 국가 자격 체계의 개발을 포함하여 학점 축적 및 교환, 자격검정과 사전 학습에 대한 인정, 평생 학습의 일환인 유연한 학습 경로 제공 등 볼로냐 프로세스 목표의 성공적 달성에 연관되어 있다는 것이 분명하다.

유럽 사회는 볼로냐 프로세스를 통하여 학제적 수준에서 고등교육분야를 유연하게 구축하고, 학생들의 이동성을 증가시키며, 인정을 촉진시키고, 교육 품질을 더욱 향상시키기 위한 연대적 노력이 가능하도록 하였다. 또한 교육과정 내용과 표준에 관한 논의에까지 착수함으로써 볼로냐 프로세스를 실질적으로 지지한 것으로 볼 수 있다.

2. 고등교육의 질 보장

고등교육의 질 보장(quality assurance)은 교육의 질적 수준을 달성, 유지 또는 증진하기 위해서 고등교육기관, 교육프로그램 및 자격요건이 교육, 장학, 인프라의 세부기준에 부합하도록 설계된 정책, 검토과정 및 실행을 총칭하는 의미이다.

1999년 볼로냐 협약에서 고등교육의 질 평가를 위한 기준과 방법을 모색하여야 한다고 선언하였다. 2001년 프라하 회의에서 대학을 비롯한 고등교육기관, 정부기구 및 유럽교육품질보장네트워크(European Network of Quality Assurance in Education: ENQA) 등이 관련 기관들과 서로 협력하여 공통기준을 마련하고 모범사례를 공유하도록 촉구한 이후, 질 보장 분야에서 진전이 이루어져 왔다.

유럽고등교육권역(EHEA)에서 이루어지는 고등교육의 질 보장은 고등교육기관이 자체적으로 교육프로그램을 평가하고 승인하는 내부 질 보장과 외부의 공인된 질보장기관이 고등교육기관과 교육프로그램을 평가하고 승인하는 외부 질 보장을 통하여 추진되어 왔다. 내부 질 보장은 고등교육기관 내에서 교육프로그램 등 활동분야의 질을 보장하거나 증진하기 위한 모든 과정을 의미하며, 통상 학생 · 교수 · 직원 · 외부이해관계자들의 평가와 행정 자료의 체계적 수집과 분석을 포함한다. 외부 질 보장은 고등교육기관 외부의 전문기관에 의해 수행되는 교육프로그램이나 고등교육기관에 대한 평가 · 감사 과정을 의미하며, 이는 주로 질보장기관 · 인증기관 또는 교육부가 구성한 특별위원회 등이 담당한다.

유럽고등교육권역(EHEA)에서의 교육의 질 보장은 유럽표준지침(ESG)에 대한 합의, 그리고 유럽교육품질보장네트워크(ENQA)와 유럽고등교육질보증기관등록제(EQAR)의 확립에 의해 촉진되었다. 유럽표준지침(ESG)은 고등교육기관의 내부 질 보장, 고등교육의 외부 질 보장, 그리고 외부 질보장기관(인증기관) 등 3개 영역에 대하여 볼로냐 회원국 모두가 이행해야 할 기준과 지침을 제시하고 있다. ENQA는 교육의 질 보장에 있어서 유럽 차원의 협력을 증진하는 역할을 담당하고, EQAR은 유럽에서 활동하는 검증된 질보장기관들을 목록화하는 기능을 수행한다. 대부분의 유럽고등교육권역(EHEA) 회원국들은 질적 기준을 통과한 고등교육기관 또는 교육프로그램을 승인하는 형태로 교육의 질을 보장하고 있다.

2003년 베를린 회의 이후 매 2년마다 볼로냐 협약 주요 과제의 집행실적을 평가하는 볼로냐 협약실적조사를 실시하고 있다. 실적조사는 각 회원국이 2년마다 제출하는 국가보고서를 토대로 한 질적·양적 분석을 통하여 볼로냐 협약에 따른 회원국들의 이행성과를 평가하는 방식으로 이루어진다. 볼로냐 협약 이후 지난 10년 간 고등교육의 질 보장 분야에서 어떤 변화가 있었는지를 4번(2005년, 2007년, 2009년, 2011년)에 걸친 실적조사 결과보고서를 바탕으로 살펴보았다.

유럽고등교육권역(EHEA)의 실적조사에서 나타난 특징은 다음 네 가지로 정리할 수 있다. 첫째, 모든 회원국들이 고등교육의 질 보장의 중요성에 공감하고 지속적인 개선을 추진하였다는 점이다. 이미 일부 국가에서는 1999년 볼로냐 협약 이전부터 고등교육에 대한 외부 질 보장 시스템을 갖추고 있었으나, 많은 회원국들은 지난 10년 동안 새로 국가 차원의 독립적인 질보장기관을 설치하였다. 대부분의 회원국은 고등교육기관뿐만 아니라 정부로부터도, 법적으로 그리고 운영에 있어서도 독립적인 질보장기관을 설립하였다. 그리고 유럽표준지침(ESG)에 따라 고등교육기관과 교육프로그램에 대한 외부 질 보장시스템과 내부 질 보장시스템을 발전시켜 왔다. 전반적으로 지난 10년 동안 유럽고등교육권역(EHEA)에서는 고등교육의 질 보장 분야에서 괄목할 만한 성과가 이루어졌다고 볼 수 있다.

둘째, 2년마다 회원국을 대상으로 실적조사를 하면서 회원국들의 이행실적을 반영하여 평가지표를 변경하거나 등급별 평가기준을 상향조정하는 방법으로 회원국들의 이행을 유도하였다. 회원국에 대한 실적조사에서 이미 상당히 확산되고 정착된 사항에 대해서는 평가지표에서 제외하거나 보다 성과 향상이 요구되는 부분에 대해서는 등급별 평가기준을 상향조정하는 방법을 통하여 회원국들의 분발을 유도하고 있다. 이러한 실적조사를 통하여 고등교육의 질 보장을 위한 ESG가 유럽고등교육권역(EHEA) 전반에 걸쳐 확산되고 적용되는 수렴현상이 나타나고 있다.

셋째, 고등교육의 질 보장을 위한 제도적 장치는 앞으로도 보다 보완되어야 한다. 유럽고등교육권역(EHEA)에서는 아직 외부 질 보장시스템의 완전한 구축, 질 보장시스템에의 학생 참여 및 국제 협력 분야에 있어서 회원국 간 상당한 차이가 있다. 2011년도 실적조사 결과, 전체 47개 회원국 가운데 외부 질 보장시스템 발전단계 평가에서 '미흡' 판정을 받은 회원국이 6개, 질 평가과정에서의 학생참여 수준이 '미흡' 이하 판정을 받은 회원국이 12개, 외부 질 보장과정에의 국제협력 수준이 '미흡' 이하 판정을 받은 회원국도 18개이다. 이미 질 보장시스템이 완비된 회원국과 그렇지 않은 회원국 간에는 상당한 차이가 있음을 알 수 있다. 모든 회원국들이 질 보장을 위한 완전한 시스템을 구축하도록 유럽 차원의 지원과 노력이 보다 이루어져야 할 것이다.

넷째, 고등교육기관의 문화가 질 중심, 학습결과 중심으로 변화되어야 한다. 고등교육의 질 보장을 위한 노력은 궁극적으로 고등교육의 질 향상을 목표로 한다. 이를 위해서는 고등교육에 관여하는 교수, 학생, 직원, 대학당국, 교육부 모두 교육의 질과 학습결과를 중시하는 문화를 공유하여야 한다. 아무리 질 보장을 위한 시스템이 구축되어 있어도 이를 활용하는 이해관계자들이 변화하지 않으면 고등교육의 질 향상을 달성할 수 없다. 따라서 고등교육 당사자들 모두가 교육의 질과 학습결과를 우선순위에 두면서 교육의 내용과 방법을 고민하는 문화를 형성하여야 할 것이다. 유럽 고등교육체계의 국제경쟁력과 고용가능성 제고라는 볼로냐 협약의 목표를 달성하기 위해서는 아직도 개선해야 할 여지가 상당히 존재한다고 할 수 있다.

3. 고등교육의 기회균등

고등교육의 사회적 측면은 유럽 차원의 협력에 있어서 가장 중요한 도전이다. 사회적 측면은 1999년 볼로냐 선언에서는 언급되지 않았으나, 2001년 프라하 교육부장관회의 이후 볼로냐 협약의 구성요소가 되었다. 2007년 런던 선언에서, 사회적 측면의 목표를 고등교육을 받는 학생들은 인구의 다양성을 반영하여야 한다는 사회의 염원이라고 정의하였다. 고등교육의 사회적 측면은, (1) 누구나 동등하게 양질의 고등교육을 받을 수 있어야 하며, (2) 학생들은 적절한 학습 · 생활조건을 갖추어, 사회 · 경제적 배경에 따른 장애 없이 적절한 기한 내에 학업을 마칠 수 있어야 하며, (3) 열망과 능력에 따라, 모든 시민이 평생교육 경로를 통하여 고등교육을 받을 수 있는 기회가 증진되어야 하며, (4) 고등교육 진학 확대와 더불어, 정부는 학생들에게 지도 및 상담 서비스를 제공하기 위한 방안을 추진하여야 하며, (5) 학생은 고등교육 거버넌스의 정규 참여자로서, 고등교육 기관과 내용에 참여하여 영향을 미쳐야 하며, (6) 고등교육 진학 확대와 더불어, 정부는 재정적 · 경제적 측면에서 학생, 특히 사회취약계층의 학생들을 지원하기 위한 방안을 추진하여야 한다는 등을 포함하고 있다.

이를 기반으로, 각 회원국은 고등교육의 문호 확대 및 과소진출집단의 참여 증진 등 고등교육의 형평성 제고를 위하여 2020년까지 달성하고자 하는 측정 가능한 목표들을 설정하기로 하였다. 2012년 발표된 「볼로냐 협약 이행보고서」를 중심으로, 사회적 측면에 대한 집행성과를 (1) 고등교육 문호 확대, (2) 모니터링, (3) 다양한 입학경로, (4) 학생서비스, (5) 등록금, (6) 학생의 배경과 고등교육 참여 등으로 구분하여 설명하였다.

고등교육에의 참여와 관련된 자료들은 모든 사회집단에게 동등한 고등교육기회를 부여하려는 목표는 아직 달성되지 못하였음을 보여주고 있다. 물론 지난 10년 동안 성과가 없었던 것은 아니지만, 아직 보다 많은 노력이 필요한 분야가 여전히 존재한다. 특히, 부모의 학력이 여전히 자녀의 고등교육 학위 취득에 큰 영향을 미치고 있으며, 많은 회원국들의 경우 이주자 출신은 고등교육을 이수할 가능성이 제한되어 있다. 반면, 긍정적인 점은 거의 모든 회원국들이 고등교육에의 참여 확대와 증진을 위하여 노력하고 있다는 점이다. 대부분은 모든 범주의 학생들에게 보편적으로 적용되는 일반정책적 접근방법과 과소진출집단에 초점을 두는 접근방법을 병행하여 시행하면서 이러한 문제를 해결하고자 하고 있다. 일반정책적 접근방법은 모든 사회집단이 고등교육의 혜택을 받을 수 있도록 동등한 기회를 제공하는 환경을 조성하는데 초점을 둔다. 이를 통하여 고등교육에 대한 전반적인 참여 수준을 제고할 뿐만 아니라 빈곤계층의 학생들에게도 좋은 영향을 줄 것으로 기대한다. 과소진출 문제를 해결하기 위한 방안은 다양한 양태를 보이고 있으나, 주로 재정지원, 특별전형, 다양한 학생서비스 제공 등을 포함한다. 하지만 이러한 정책의 효과가 항상 모니터링되지는 않으며, 설사 모니터링하고 있다고 하여도 그 영향이 늘 가시적이지는 않다. 대부분의 회원국에서는 아직 모니터링을 통한 자료수집과 정책개발간의 연계가 분명하게 이루어지지 않고 있다고 볼 수 있다.

고등교육에의 대안적(비전통적) 경로 또한 사회적 측면에서 역점을 두는 영역이다. 대안적 경로는 주로 비전통적 학생이 정규학교 외부에서 획득한 지식과 기술에 대한 인정, 대학입학자격 범위의 확대, 고등교육 이수에 필요한 지식과 기술이 부족한 지원자 대상 대학진학을 위한 예비프로그램 제공 등이다. 주로 이전 학습의 인정 형태로 이루어지지만, 47개 회원국 가운데 22개 회원국만이 최소한 1개 이상의 대안적 경로를 확립하고 있을 뿐이다.

학생서비스 영역은 워낙 복잡하여 비교가능한 전반적인 특성을 설명하기 어렵다. 학생서비스는 다양하지만, 주로 학습지도서비스, 진로지도 서비스, 심리상담서비스에 중점을 둔다. 학습지도 및 진로지도 서비스는 대부분의 회원국에서 공통적으로 제공하며, 심리상담서비스는 회원국의 약 2/3 정도가 제공한다. 이 외에도 약 1/2 정도의 회원국들은 학생들에게 의료서비스, 편의시설(기숙사), 스포츠 및 사회 · 문화활동을 위한 서비스 등을 제공하고 있다. 하지만, 이런 서비스를 모든 학생들이 받을 수 있는지, 그리고 상이한 학생들의 요구에 대하여 적절히 대응하고 있는지 등을 파악할 수 있을 만큼 충분한 평가는 아직 이루어지지 않고 있다.

또한, 등록금 및 학비 지원과 같은 교육비 측면이 고등교육에의 참여 확대라는 사회적 측면을 지원하고 있는지 살펴보았으나, 각 나라마다 다양한 요인들을 고려해야하기 때문에 분명한 결론을 내리기는 어렵다. 유럽고등교육권역(EHEA)에는 모든 학생의 등록금이 무료이며 모두 지원을 받는 회원국부터 모든 학생이 등록금을 납부하지만 지원은 거의 받지 못하는 회원국에 이르기까지 등록금 및 학비 지원의 양태가 워낙 다양하며, 또한 등록금과 학비 지원 수준도 천차만별이다. 이러한 복잡한 문제에 대하여 전반적인 특성을 설명하기는 어렵지만, 고등교육에서의 교육비 문제는 고등교육의 사회적 측면에 심대한 영향을 미친다는 점은 분명하다고 할 수 있다.

지금까지 많은 회원국들이 이미 특정 사회집단의 고등교육에의 과소진출 문제를 해결하고자 다양한 정책을 시행하고 있으나, 아직 고등교육의 사회적 측면을 통하여 이룩하고자 하는 목표들은 달성되지 않고 있는 실정이다. 사회적 측면의 목표기한은 2020년이므로, 남은 기간 동안 각 회원국의 고등교육정책은 고등교육의 사회적 측면을 우선적으로 고려해야 할 필요성이 여전히 존재한다고 할 수 있다.

4. 고등교육성취수준과 취업

볼로냐 협약의 맥락에서 취업가능성(employablity)이란 취업하여 고용상태를 유지하며 노동시장에서 이동할 수 있는 능력이라고 정의된다. 취업가능성은 볼로냐 협약의 출발 당시부터 중요한 목적이었다. 즉, 고등교육의 각 학위과정은 노동시장과 관련이 있어야 한다는 것이다. 그럼에도 불구하고 취업가능성은 처음부터 별도의 의제로 논의되지는 않았다. 취업을 별도의 의제로 분리하여 논의하기 시작한 것은 2007년 런던 회의에서부터이다. 런던 회의에서는 학위과정별로 취업 가능성을 검토하고, 취업 향상을 위한 파트너십을 강조하였다.

고등교육의 성취수준 측정은 고등교육의 졸업률 향상과 졸업생들의 취업가능성 제고로 대표될 수 있다. 취업가능성(European Commission, 2012; Working Group on Employability, 2009)을 구체적으로 살펴보면 다음과 같다. 먼저 볼로냐 협약 내에서 취업가능성의 개념은 일자리를 유지하기 위하여, 그리고 노동시장 내에서 활동할 수 있기 위하여 '처음에 의미가 있는 일자리를 얻을 수 있는 능력', 또는 '창업할 수 있는 능력'(the ability to become self-employed)으로 이해될 수 있다. 둘째, 이와 일관된 맥락에서 취업가능성과 관련한 고등교육의 역할은 두 가지로 볼 수 있다. 하나는 졸업생들이 일터에서 필요로 하고 고용주들이 필요로 하는 지식, 기술, 그리고 역량으로 학생들을 무장시키는 것이다. 다른 하나는 졸업생들이 보다 많은 기회들을 유지할 수 있거나 또는 '업무생활'을 통하여 그것들의 기술과 특성을 새롭게 하는 것을 보장하는 것이다.

특히 취업가능성은 볼로냐 협약의 초기부터 중심 목표들 가운데 하나로 자리 잡아 왔고, 그것은 졸업생의 실업에 관한 우려의 결과였다. 또한 취업가능성은 유럽노동시장 출현과 관련되는 것이었다. 런던회담에서는 3단계 학위체제별로 그리고 평생학습 맥락과 관련하여 취업가능성을 향상시키는 방법을 검토할 것을 후속집행집단에 주문하였다. 이것은 취업가능성 연구팀(Employablity Working Group)에 의하여 이루어졌다. 이 연구팀의 권고 사항에 따라서 루밴 회의에서는 '기술 인력을 유지하고 새롭게 함에 있어서' '정부, 고등교육기관, 사회적 파트너들과 학생들 간의 긴밀한 협력'의 필요성을 강조하였다. 또한 그 회의에서는 고등교육기관들이 고용주들의 요구사항에 보다 민감해져야만 하며, 또한 취업알선과 직무연수(on-the-job training)의 중요성을 강조하였다.

졸업률을 높이고 졸업생 취업가능성을 개선하는 것은 EHEA에서 계속 과제가 될 것이다. 하지만 취업가능성을 측정함에 있어서의 한계와 자료 활용가능성의 부족이 현 상황에 대한 평가에 방해가 된다. 고등교육 졸업과 관련하여 자료 활용 가능성이 제약된 상황에서 적합한 지표를 개발하는 방법론은 여전히 개발 중에 있다. 2008년도 졸업률은 22개국에 대해서만 활용 가능하다. 그 국가들의 졸업률 중위수는 72%이다. 현 상황의 다양성은 순 입학 및 졸업률(net entry and graduation rates)에 관한 통계정보로 확인된다. EHEA국가들의 대다수가 졸업률을 증가시키기 위한 적절한 정책들을 설정하고 입법으로 제정된 수단들의 범위와 내용에서 상당한 다양성이 존재한다고 보고한다. 오직 소수의 국가들만이 졸업중도 탈락의 광범위한 요인들을 다루는 포괄적인 국가 전략을 채택하였다. 그러한 전략들은 국가와 기관 수준 모두에서의 계획들을 결합시키고 기관과 학생들에 대한 인센티브를 포함한다. 더 나아가 이런 수단들은 잘 개발된 모니터링 메커니즘으로 보완되어 왔다. 그 외의 국가들은 비록 졸업률 증가를 직접 목표로 하지는 않지만, 광범위한 정책 계획들이 졸업률 개선에 기여할 것으로 예상된다고 보고한다. 다른 사례들에서는 이 문제를 다루기 위한 수단들이 없거나 또는 단절되고 적은 규모의 프로젝트만이 존재한다.

'취업가능성'의 개념이 비록 정책 담론에서 광범위하게 활용되기는 하지만, 그 상황이 개선 또는 개악인지를 신뢰할 수 있게 보여줄 수 있는 지표들을 정의하는데 문제들이 있다. 통상적인 자료는 보다 낮은 교육적 성취 수준을 갖는 사람들과 비교한 고등교육 졸업생들의 노동시장 상황을 반영한다. 실업률에 관한 통계정보는 고등교육 학력을 취득하는 것이 대부분의 국가들에서 청년들의 취업전망을 개선시켜준다는 것을 보여 준다. 유사하게 높은 교육적 성취를 갖는 사람들은 중등교육수준만을 갖는 청년집단들보다 더욱 빨리 첫 취업자리를 찾고 평균적으로 보다 많은 수입을 얻는다.

하지만 고등교육 졸업생들 가운데에는 차이점들이 있다. 최근의 졸업생들은 노동시장에 진입하면서 어려움에 직면할 수 있다. EHEA국가들의 절반에서는 최근 졸업생들의 실업률이 10% 이상 높고, 졸업 이후 3년 이상인 청년들의 실업률 중위수의 3배 이상이나 된다. 더 나아가, 졸업생들의 20% 가량이 취업한 직무에 대하여 자격초과로서 간주될 수 있고, '서비스업'에 있어서 졸업생들은 그 가능성이 더욱 높을 것으로 예상된다. 이 비율은 2000년과 2010년 사이에 변화가 없는데, 이는 자격초과비율이 학생 인원수 증가에 의한 것보다는 노동시장 구조와 기술혁신에 의하여 더욱 영향을 받는 것임을 시사한다. 이는 또한 일반적인 경제 상태에서의 변화들이 직업기회의 질과 활용 가능성의 중요한 결정요인이기 때문에, 취업제고 정책들의 영향력을 평가하는 것이 매우 어렵다는 점을 알 수 있게 한다.

5. 평생교육

2001년 프라하 회의 이래 평생학습은 유럽고등교육권역(EHEA)의 핵심요소로 인식되어 왔다. 프라하 회의에서는 평생학습을 지식기반 사회 · 경제에 토대를 둔 미래 유럽에서 경쟁력 향상과 신기술 활용을 위하여, 그리고 사회적 응집력과 기회균등 및 삶의 질을 위하여 필요한 전략이라고 정의하였다. 2009년 장관들은 평생교육을 전체 교육제도의 일부로 규정함으로써 광범위한 참여를 이끌어 낼 수 있다고 강조하였다.

고등교육 분야가 제공할 수 있는 서비스를 확대하고 평생교육의 참여를 증진시키기 위하여, 정부나 관련기관에서는 평생교육을 보다 수준 높은 고등 교육에 포함시키기 위한 노력을 진행하였다. 유럽 대학 평생학습 헌장은 평생학습이라는 말은 여러 개념을 포용하고 중요한 지역, 지방, 국가적 해석에 따른다고 명시하고 있다. 이는 여러 EHEA 국가들의 각 고등교육 체계에서 이루어지는 평생학습 개념의 이해와 해석 방식이 다양할 수 있도록 공인되었음을 의미하기도 한다. 실제로 '평생교육'이라는 단어의 의미가 광범위하고 국가마다 다르게 해석되고 있으며, 평생교육이라는 개념은 상황과 맥락적 요소에 따라 달라진다.

고등교육 기관에서 평생학습을 제공하는 가장 일반적인 방식은 정규 학위 프로그램과 함께 개인에게 제공하는 비정규 과정이었다. 거의 모든 EHEA 국가들이 단기 심화 교육 과정, 학위 제도/학습 프로그램 외 과정, 개인 개발 과정 등 다양한 표현으로 비슷한 내용을 제공하고 있다.

평생교육을 둘러싸고 개념과 제공방식, 유형 면에서 다양성이 혼재하고 있긴 하지만, 유럽사회는 평생교육을 중요한 의제로 고려하고 이에 대한 정책적 방향을 지속적으로 모색해왔다. 2006년 11월 유럽연합 의회 법령에 의해 추진된 평생학습 프로그램(Lifelong Learning Programme: LLP)은 학교교육, 고등교육, 성인교육, 직업교육을 통합하는 교육체제 개혁 시스템 구축의 결과물이다. 이는 유럽사회에서 볼로냐 선언(1999), 리스본 전략(2000)을 통하여 유럽연합 내 과학기술 혁신, 고용 창출, 경제적 성장, 사회적 통합, 교류 활성화를 위하여 종합적이고 일관된 교육시스템 구축이 요구된다는 점에 폭넓은 합의가 이루어졌음을 의미한다.

평생교육의 전망에 관해 정부와 당사자들의 긍정적 관심이 증가하면서 볼로냐 개혁에 참여한 대부분의 국가에서 구체적인 발전이 이루어지게 되었다. 24개국에서는 일부 또는 전체 고등교육기관이 법적으로 평생 교육을 제공하도록 되어 있다. 이런 법적 조치는 최초로 프랑스가

1968년에 채택하였으며 2002년에는 법령을 현대화해서 현재의 기존교육 인정(Recognition of Prior Learning)의 포괄적인 제도로 정착시켰다. 최근 십 년간 상당수의 국가가 평생교육에 관해서 고등교육의 책임이 관련된 법령을 채택을 했다. 이들 법령은 일반적으로 평생교육을 고등교육 기관의 목표로 정의를 하거나, 아니면 정해진 프로그램을 제공하던지 또는 일반인과 직업인들을 겨냥한 활동에 참여하던지 하는 방법으로 제도권에 특정한 과정을 제공하도록 강제하는 방안이었다.

평생교육의 촉진은 불가피하게 고등교육의 사회적인 차원과 연계된다. 고등교육의 평등 기회는 학습 경로가 유연하고 고등교육의 세계가 사회의 개발과 더욱 밀접하게 정렬될 때에만 현실성이 있다. 특히 고등교육은 유럽의 지식사회의 요구와 인구 구성비 변화라는 도전에 부응해야 한다. 이는 고등교육 참여 인구의 증가와 확대를 위하여 지속적인 관심을 가져야 한다는 것을 의미하며 평생교육은 이러한 유럽사회의 요구에 현실적으로 부응하는 체제이기도 하다.

평생교육을 정책적으로 촉진하기 위하여 유럽사회는 다양한 경로의 기관들과 활동가들이 평생교육의 기회에 관해서 대중에게 정보를 제공하고 있다. 일부 국가는 이 일을 고등교육 기관이나 노사의 지부에 일임하고 있으며, 다른 국가에서는 중앙에서 정보 캠페인을 조직하고 있다. 볼로냐 개혁에 참여한 대부분의 국가들은 전용 웹 사이트를 통해서 관심이 있는 단체들에게 정보를 제공하고 있다. 볼로냐 개혁에 참여한 국가들의 반 정도는 민간 부문(일반 기업과 산업)과 고등교육 기관의 협력을 강화하기 위한 실질적 조치들을 구체화하고 있다.

기관 활동으로서의 평생학습은 실질적으로 모든 유럽 고등교육기관에서 찾아볼 수 있다. 국가 평생학습 전략을 갖춘 국가들에서 고등교육기관은 일반적으로 대상과 구조를 갖춘 평생학습 제공 방식을 개발하였다. 이러한 방식으로는 전문능력 업그레이드, 직접 대면 방식이나 원거리 교육 방식으로 제공되는 여러 가지 형태의 교육을 의미한다.

6. 국제교류

학생 및 교직원의 학술교류는 1998년 소르본느 선언에서부터 핵심 과제로 여겨져 왔다. 1999년 볼로냐 협약에서는 학생과 교직원들이 EHEA 내에서 자유롭게 이동하고, 이런 기회를 효과적으로 활용할 수 있도록 하자는 데 합의하였다. 볼로냐 선언 이전에 유럽연합은 회원국가간 학생교류를 촉진하기 위하여 1987년부터 *Erasmus* 프로그램을 추진하였고 2004년부터 *Erasmus Mundus* 프로그램을 추진하여 왔다. EU 차원은 물론, 회원국가와 고등교육기관 차원에서도 유럽고등교육 권역 내 교류는 물론 외부의 고등교육기관과의 학생교류를 촉진하기 위한 전략과 실행계획을 수립하고, 국가별 재정지원 프로그램을 운영하여 왔다. 교류 성과를 세 차원으로 구분하여 살펴보았다.

첫째, 유럽고등교육권역 내 국가 간 학점교류(수평적 교류)의 대표적인 프로그램인 에라스무스 교류흐름을 살펴보았다. 에라스무스 프로그램에는 33국가가 참여하는데, 이 프로그램이 시작된 1987년 이래, 그 보조금의 혜택을 받은 학생수가 꾸준하게 증가하였다. 1987년에 3,244명으로 출발하여, 볼로냐 선언이 이루어진 1999/00년에는 107,666명의 학생이 혜택을 보게 되었다. 2011/12년에 교육 또는 훈련을 위하여 해외에 나간 학생은 252,827명으로 증가하였다. 이 수치는 33개 에라스무스 참여국가의 총학생수 2천4백만 명 가운데 1% 정도에 해당하는데, 평균 재학기간은 4~5년(학사와 석사)이므로, 유럽학생의 약 4.5%가 재학기간 중 에라스무스 보조금을 받은 것으로 추산할 수 있다. 이러한 추세가 지속될 경우 2020년에는 해당 학생의 5%에서 7%가 에라스무스 프로그램에 참여할 것으로 예측된다.

이같이 에라스무스 교류학생 증가추세에도 불구하고, 국가별 전입과 전출학생수 및 비율은 상당히 다르다. 스페인, 프랑스, 독일, 영국, 이탈리아가 가장 에라스무스 교류학생이 가장 선호하는 목적지로 나타났다.

에라스무스 전입-전출교류 학생의 비율이 유사한 국가는 스페인, 이탈리아, 프랑스, 독일 등이다. 전입초과국가는 영국, 덴마크, 스웨덴, 노르웨이 등 북유럽국가들인 반면, 전출초과국가는 루마니아, 터키, 불가리아, 크로아티아, 라트비아 등 동유럽국가 들이다.

둘째, 유럽고등교육권역 내 국가 간 학위교류(수직적 교류)의 흐름도 살펴보았다. 고등교육기관들을 대상으로 하는 2010년 설문조사결과에 따르면 3단계 학위구조 개편이 학위교류에 큰 도움이 된다는 응답이 53%에 달하였다. 2008/09년 기준 유럽고등권역 내 국가들로부터 전입한 학위교류학생 총수는 59만 4156명으로, 같은 해 에라스무스 교류학생수 19만 8천여명의 3배에 해당한다. 가장 많은 학생들이 전입한 목적지 국가는 영국이며, 에라스무스 학점교류학생들이 가장 선호하는 목적지 국가인 스페인은 10위에 머물렀다. 한편 독일, 프랑스가 다른 EHEA 국가로 전출학생이 가장 많은 국가였다. 2007년 런던 선언에 이어, 2009년 루밴 선언에서 EHEA국가 간 전출 및 전입교류 흐름이 보다 균형을 갖추어야 한다고 언명함으로써 균형교류에 관한 기대가 더욱 강화되었다.

일반적 경향은 동-서 불균형으로 전입학생들은 압도적으로 동유럽 및 남유럽국가에서 오며, 전출교류학생들은 서부유럽 및 북부유럽 국가들을 목적지로 하고 있다. 대체로 중부유럽 국가들은 전입과 전출의 균형을 맞추고 있다.

셋째, 유럽고등권역 외부와 국제교류를 살펴보았다. 에라스무스 문더스 프로그램은 유럽고등권역국가와 제3국가 사이의 고등교육분야 협력과 교류를 강화하기 위한 프로그램으로 석사(Action 1A)와 박사(Action 1B) 수준의 공동학위 프로그램에 참여하는 학생과 학자에 대한 장학금과 펠로우십 수여 등이 포함된다. 에라스무스 문더스 석사학생 장학생, 박사학생 펠로우십, 학자 장학금 등 세 가지 프로그램의 성과를 종합하면 에라스무스 문더스 프로그램도 계획대로 차질없이 진행되는 것으로 판단할 수 있다.

2008/09년 기준 37개 국가에서 유럽고등교육권역 외부로부터 권역 내부국가로 전입한 학위교류 학생 가중 평균비율은 2.25%이다. 이는 EHEA 권역 내 국가로부터 전입하는 가중평균 교류학생 비중인 1.72% 보다 높다. 그러므로 유럽국가로 전입하는 외국학생의 숫자는 EHEA 권역 내부보다는 외부에서 오는 학생들이 많다. 학위취득의 목적지 국가별 전입교류학생의 분포를 보면 영국, 프랑스, 러시아, 독일이 유럽고등교육권역 외부로부터 오는 모든 교류학생의 76%를 차지한다. 한편 36개 국가 전출교류 가중 평균비율은 0.34%에 지나지 않는다. 이는 전입교류학생 가중 평균비율은 2.25%과 대비되며, 유럽국가에는 전출학생보다는 전입학생이 압도적으로 많다는 것을 의미한다.

그런데 해외에서 공부하기를 원하는 학생들에게 유럽국가의 대학들이 아주 매력적인 곳인가? 가장 큰 경쟁지역인 북아메리카와 비교할 때 2012년 전입학생 비율은 유럽 5.49%인데 비하여 북아메리카는 3.23%에 불과하다. 2000년부터 2012년까지 증가율을 고려한다면 유럽은 1.81% 포인트 증가한 반면, 북아메리카는 0.23%포인트 증가에 그쳤다. 그러므로 볼로냐 협약 이후 학위의 목적지 국가로서 유럽의 매력은 볼로냐 선언 이후 상당히 높아졌다고 볼 수 있다.

그렇다면 고등교육의 목적지로서 유럽의 매력은 모든 유럽국가에 유사하게 나타나는가? 통계자료에는 그렇지 않다는 것이 분명하게 드러난다. 2012년 기준 전입교류학생의 주요목적지가 되는 국가는 오스트리아(15.42%), 벨기에(8.98%), 체코(8.96%), 덴마크(8.13%), 프랑스(11.82%), 독일(7.04%), 아일랜드(5.76%), 네덜란드(7.25%), 노르웨이(7.75%), 스웨덴(6.32%), 스위스(16.50%), 영국(17.14%) 등이다.

Ⅲ. 향후과제

볼로냐 협약의 출발점은 1998년 5월 소르본느 대학 개교 800주년을 기념하기 위하여 초대된 유럽 주요 4개국(프랑스, 독일, 이탈리아, 영국) 교육장관들의 소르본느 선언이다. 이 선언에서는 유럽에서 고등교육의 잠재적 매력은 대학학위 및 교육시스템의 '쉽게 이해하기'(readability)에 달려 있다고 강조하면서 유럽 고등교육 시스템 구축의 조화를 요청하였다. 1999년 이탈리아 교육부 장관이 소르본느 선언의 후속조치 회의에 유럽연합 회원국가들을 초청하면서 성사된 볼로냐 협약에는 29개 국가가 참여하였다. 볼로냐 선언에서 합의한 여섯 가지 핵심과제는 1) 쉽게 이해되고 비교가능한 학위체제 채택; 2) 공통의 2단계 학위체제 도입; 3) 유럽학점교류시스템(ECTS)과 같은 학점체제 구축; 4) 학술교류 촉진(학생/교직원); 5) 유럽 질 보장 협력 촉진; 그리고 6) 차별적인 유럽만의 고등교육 특성 확보 등이었다.

볼로냐 협약 이후 매 2년 마다 교육부장관 회의가 개최되어 볼로냐 협약의 집행성과를 점검하는 한편 새로운 과제를 추가하였다. 프라하 회의(2001년), 베를린 회의(2003년), 베르겐 회의(2005년), 런던 회의(2007년), 루뱅/루뱅-라-뇌브 회의(2009년)가 개최되었는데 볼로냐 협약 참여국가도 꾸준하게 증가하여 2009년 현재 47개 국가가 동참하고 있다. 선발 29개 국가와 비교할 때, 후발 참여국가는 동유럽 및 중앙아시아의 옛 소비에트 연방국가들이다.

2009년 루뱅 회의에서는 1999년 이후 10년간 볼로냐 협약의 이행상황을 점검하고, '볼로냐 협약 2020' 즉 2020년까지 향후 10년간 유럽고등교육권역(EHEA)에서 추진하여야 할 우선적 조치를 확인하였는데, 다음은 그 전문(前文)이다.

(1) 2020년까지 향후 10년 동안 유럽 고등교육은 창의적이며 혁신적

인 '지식 유럽'(Europe of knowledge)을 구현하는 데 많은 기여를 하게 될 것이다. 인구의 노령화에 직면하여, 모든 시민들의 잠재력과 능력을 극대화하고 평생학습 및 고등교육에의 참여 확대를 통하여 이러한 노력은 결실을 거둘 수 있을 것으로 보았다.

(2) 유럽 고등교육은 새로운 형태의 학습과 신규 학습자 및 교육자의 등장과 아울러 세계화 및 급속한 기술발전이라는 거대한 도전과 기회에 직면하고 있다. 학생중심의 학습과 학술교류는 학생들이 변화하는 환경에서 요구되는 역량을 개발하도록 도와주며, 이들이 적극적이고 책임적인 시민으로 성장하도록 힘을 실어주게 될 것이다.

(3) 유럽사회는 최근 세계적인 재정 · 경제 위기의 결과를 마주하고 있다. 지속가능한 경제 회복과 성장을 위하여, 역동적이고 신축적인 유럽 고등교육은 모든 계층에 있어서 교육과 연구 간의 통합을 토대로 혁신을 위해 노력해야 할 것이다. 당면한 도전에 성공적으로 대응하고 유럽사회의 문화적 · 사회적 발전을 추진하는 데 고등교육이 핵심적 역할을 담당해야 한다고 인식하고 있다. 그러므로 고등교육에 대한 공적 투자를 최우선으로 고려하여야 한다.

(4) 고등교육은 공적 책임성의 영역이며, 고등교육기관들은 사명의 다양성을 통하여 광범한 사회적 요구에 대응해야 한다는 유럽고등교육권역(EHEA)의 목적에 전적으로 동의한다. 고등교육기관들은 필요한 자원을 확보하여 학생들을 민주사회의 적극적인 시민으로 육성하고, 학생들이 자신의 성장과 미래 경력을 위해 준비하도록 하며, 광범한 첨단 지식기반을 형성하고 관리하고, 연구와 혁신을 자극하여야 한다.

'볼로냐 협약 2020'에서는 위의 전문(前文)에 뒤이어 '지난 10년간 성과와 결산'을 간략하게 요약하였는데, "여러 이해관계자들 간의 지속적인 협력을 통하여 유럽고등교육권역(EHEA)을 발전시켰다는 점", "고등교육체제의 비교가능성과 양립가능성을 제고하고 학생들의 교류를 용이하게 하며 유럽 이외지역의 학생과 학자들을 유치하기 쉽도록 했다는 점"을 특별히 지적하였다. 마지막으로 볼로냐 선언에서 명시한 목적과 후속 정책들은 여전히 유효하며, 아직 모든 목적들이 완전히 달성되지 않았기 때문에, 유럽 차원이나 국가 단위 및 교육기관 차원에서 이러한 목적들을 완전히 달성하기 위하여 2010년 이후에도 지속적인 추진이 요구된다고 강조하였다.

유럽고등권역에서 추진하여야 할 '향후 10년 동안 고등교육 우선순위'로 (1) 사회적 통합: 동등한 접근과 완성, (2) 평생학습, (3) 취업가능성, (4) 학생중심 학습과 고등교육의 사명, (5) 교육, 연구 및 혁신, (6) 국제적 개방성, (7) 학술교류, (8) 자료수집 개선, (9) 다차원의 투명성 장치, (10) 재정에 관하여 강조하고 있다.

이같이 유럽의 고등교육권역을 하나의 지식공동체로 통합하고자 하는 볼로냐 협약의 목표는 분야별로 차이는 있지만 일정한 성과를 거두었다. 볼로냐 협약의 집행을 통하여 유럽 고등교육의 매력은 미국 등 경쟁국가들과 비교하여 상당히 증가하였다고 평가된다. 그러나 볼로냐 선언에서 명시한 목적들이 완전히 달성되지 않았기 때문에 앞으로도 협약의 과제들이 지속적으로 추진되어야 할 것이다.

또 다른 과제는 유럽고등권역국가들 사이에 집행성과의 격차를 해소시킬 수 있는 방안을 모색하는 것이다. 앞에서 살펴본 바와 같이 소르본느 선언에 참여한 주요 4개국을 포함한 29개 선발국가와 비교할 때 후발참여국가의 고등교육의 질은 현저하게 낙후되어 있다. 앞으로 유럽고등권역 국가 간 불균형 문제를 해결하는 것이 심각한 향후 과제가 될 것이다.

찾아보기

ㄱ

ㄴ

ㄷ

ㅇ

ㅎ

기타

인명 색인

저자 약력

■ **남궁 근**

서울대학교 정치학과 졸업(정치학사)
서울대학교 행정대학원 졸업(행정학석사)
미국 피츠버그대학교 졸업(행정학박사)
한국행정학회장 역임
미국 UC Berkeley, 벨기에 루벤 카톨릭대학교 방문교수
현 서울과학기술대학교 총장

■ **김상묵**

한양대학교 행정학과 졸업(행정학사)
한양대학교 대학원 행정학과 졸업(행정학석사)
미국 미시간주립대학교 대학원 정치학과 졸업(정치학박사)
영국 엑시터대학교(University of Exeter) 방문교수
벨기에 루벤가톨릭대학교(Katholieke Universiteit Leuven) 연구교수
현 서울과학기술대학교 행정학과 교수

■ **김소영**

연세대학교 교육학과 졸업(문학사)
연세대학교 대학원 교육학 인적자원개발전공(교육학석사)
미국 Florida State University(교육공학 박사)
현 서울과학기술대학교 기초교육학부 조교수

■ **손명구**

광운대학교 법학과 졸업(법학사)
중앙대학교 행정대학원 졸업(행정학석사)
서울과학기술대학교 IT정책전문대학원 졸업(정책학박사)
예비역 공군소령(인사장교)
현 사단법인 글로벌지역발전정책연구원(GDPI) 이사장 겸 원장

볼로냐 협약의 집행성과

2014년 8월 10일 초판 인쇄
2014년 8월 20일 초판 1쇄 발행

저 자 남 궁 근 외
발행인 배 효 선

발행처 도서출판 法 文 社

413-120 경기도 파주시 회동길 37-29
등 록 1957. 12. 12 / 제2-76호 (윤)
TEL 031) 955-6500~6 FAX 031) 955-6525
e-mail (영업): bms@bobmunsa.co.kr
(편집): edit66@bobmunsa.co.kr
홈페이지 http://www.bobmunsa.co.kr
조 판 법 문 사 전 산 실

정가 26,000원 ISBN 978-89-18-02427-1